U0945170

二十世纪中国文学回顾与反思书系

山东省社会科学规划研究项目文丛 · 重点项目
山东省教育厅20世纪中国文学与青春主题研究课题
上海师范大学中国语言文学博士后流动站 · 出站报告

二十世纪中国青春文学史研究

——百年文学青春主题的文化阐释

◉ 刘广涛 著

齊鲁書社

序

为刘广涛博士写序已是第二次。第一次是为他的博士论文出版作序,这一次是为他的博士后流动站出站论文出版作序。两本专著都是研究20世纪中国青春文学的,但前者偏重于主题学的研究,除总论外,还把青春主题分成“青春理想”、“青春崇拜”、“青春反叛”、“青春流浪”、“青春病态”、“青春情爱”作分门别类的论述,而后者则在此理论建构的基础上把范围扩大到“文学史研究”。所谓文学史研究并不等同于写一部中国青春文学史,而是从史论结合的角度对百年中国的青春文学作一次较为全面深入的探讨。如本书上编对20世纪中国青春文化内涵的研究,就兼具史的构想和文化学的阐释,中、下编则有选择地对中国现当代的一些重要作家和作品进行了青春主题学阐释,既有细读式的文本分析,更用史的眼光去打量。凡此种种,都属于宏观的文学史研究,或者说是文学史方向的文化研究。

从青春主题或青春学的角度重新梳理和阐释中国20世纪的文学史,可谓别开生面,又顺理成章。“五四”运动以摧枯拉朽的气势动摇了几千年“老年本位”的社会根基,拉开了通向“青年本位”的历史闸门。在新文化、新思想、新道德全方位的出击和推动下,一种迥异于旧文化、旧思想、旧道德、旧文学的新文学破土而出,蔚为壮观,终成潮流。而青春文化和青春文学则是新文化、新文学的排头兵、突击队，也是一道最亮丽的风景，它们以前所未有的姿态出现在大众和文学读者面前，尤其引起青年大众的兴趣，给人以激动和激励，催人猛进或发人深思。它们冲决着旧世界的罗网，诅咒着戕害了世世代代青春年华的封建主义、专制主义文化，塑造了带有反叛色彩的青年形象，刻画了追求个人自由和社会进步的普遍心理，蕴涵了新的社会理想和新的审美情趣。青春文学与时代的风尚息息相关，是各个历史时期青年心理的或一表征，往往带有鲜明的代际特征。它们也不总是高昂的、狂飙突进式的，可能有过低回或消沉，甚至颓废或迷茫，从而成为我们测定某一时期精神气候的风向标。

刘广涛博士从对青春文学进行理论建构起步，现在又深入到文学史研究的领域，其间的辛勤耕耘和丰盛的收获，我都是近距离的目击者。我从他的这本新著中，又看到了他继续从事这一课题的未来规划和构想。更重要的是，我看到了他执著钻研的态度和求实创新的精神。他在史与论均较为空白的地方，不断地开拓与掘进，立志要打出一口属于他自己的深井，乃至一片湖区。与其说他是一位垂钓者，不如说他是一位开拓者。

王纪人

2007 年 10 月 23 日于上海西区 e 斋

目　录

下编　20 世纪中国文学文本的青春学阐释

20世纪中国青春

文化内涵研究

上

第一章　百年中国青春文化成因

20世纪是呼唤青春的世纪，中国社会的青春文化在20世纪蔚为大观，青春、青春文化，成为20世纪中国社会的关键词。20世纪中国青春文化的形成从外因上分析是受西方社会和日本的影响，从内因上分析是由于现代工业经济的出现、家庭结构的变化、政治改革的需要和有识之士的大声呼唤，“五四”时期的新文化运动大大推进了青春文化的传播和发展。下面笔者对20世纪中国青春文化的成因进行简要分析。

时代呼唤青春文化

世纪之初的1900年，梁启超在《清议报》上发表了震撼人心的世纪雄文——《少年中国说》。在文章之后的“作者附识”中，梁启超慷慨引用岳武穆“三十功名尘与土，八千里路云和月。莫等闲，白了少年头，空悲切”的词句自勉，并且激昂地表示：“自此以往，弃‘哀时客’之名，更名曰‘少年中国之少年’。”《少年中国说》采用梁启超独特的“新文体”，行文流畅，气势如潮：

欲言国之老少，请先言人之老少。老年人常思既往，少年人常思将来。惟思既往也故生留恋心，惟思将来也故生希望心；惟留恋也故保守，惟希望也故进取；惟保守也故永旧，惟进取也故日新。惟思既往也，事事皆其所已经者，故惟知照例；惟思将来也，事事皆其所未经者，故常敢破格。老年人常多忧虑，少年人常好行乐。惟多忧也故灰心，惟行乐也故盛气；惟灰心也故怯懦，惟盛气也故豪壮；惟怯懦也故苟且，惟豪壮也故冒险；惟苟且也故能灭世界，惟冒险也故能造世界。老年人常厌事，少年人常喜事。惟厌事也，故常觉一切事无可为者；惟好事也，故常觉一切事无不可为者。

……

使举国之少年而果为少年也，则吾中国为未来之国，其进步未可量也；使举国之少年而亦为老大也，则吾中国为过去之国，其澌亡可翘足而待也。故今日之责任，不在他人，而全在我少年。少年智则国智，少年富则国富，少年强则国强，少年独立则国独立，少年自由则国自由，少年进步则国进步，少年胜于欧洲，则国胜于欧洲，少年雄于地球，则国雄于地球。①

这是一代思想家、革命家发出的“世纪之声”，对古老中华民族的觉醒具有振聋发聩的警醒作用。两年之后，梁启超在《新民丛报》上连载他的长篇论文《新民说》，此后一段时期梁启超不断使用“新民”一词来作为他小说或文章的主题词。1902 年梁启超发起的“小说界革命”揭开了中国小说史上新的一页，他发出呼吁：“欲新一国之民，不可不先新一国之小说。”②很明显，梁启超发动“小说界革命”的目的在于“新一国之民”，而他“新民”之目的是因为“东亚病夫”难以完成艰巨的政治革命，从而使中华民族自立于世界民族之林。那时，梁启超就清醒地认识到中国人的国民素质：“今我国民

① 转引自《自由心影录——梁启超散文精品》，四川文艺出版社 1998 年版，第 243 ~ 248 页。《少年中国说》原刊 1900 年 2 月 10 日《清议报》。

② 梁启超：《论小说与群治之关系》，《梁启超文选》（下），中国广播电视出版社 1992 年版，第 3 页。

轻薄无行，沉溺声色，绻恋床第，缠绵歌泣于春花秋月，消磨其少壮活泼之气，青年子弟，自十五岁至三十岁，惟以多情多感，多愁多病为一大事业，儿女情多，风云气少，甚者为伤风败俗之行。”①梁启超将这种状况归结为“惟小说之故”，今天看来确有偏颇之处，但他对国民（特别是青年人）身心现状的描绘却流露出他对国民素质的深深忧思。

到了“五四”时期，陈独秀、李大钊、鲁迅、周作人等时代思潮的引领者，在新文化运动中继续围绕中国社会中“人的问题”展开“启蒙运动”。发现“人”——用周作人的话来说叫“辟人荒”——是启蒙者们最大的功绩。周作人最先把“五四”新文学命名为“人的文学”，这在理论上具有高度的概括性和思想深度。周作人说：“我们现在应该提倡的新文学，简单的说一句，是‘人的文学’，应该排斥的，便是反对的非人的文学。”②周作人认为：“欧洲关于这‘人’的真理的发现，第一次是在十五世纪，于是出了宗教改革和文艺复兴两个结果；第二次出了法国大革命；第三次大约是欧战以后将来的未知的事件了。女人与小儿的发现，却迟至十九世纪，才有萌芽，古来女人的位置，不过是男人的器皿与奴隶。中古时代，教会里还曾讨论女子有无灵魂，算不算得一个人呢；小儿也只是父母的附属品，又不认他是一个未长成的人，却当他作具体而微的成人，因此又不知演了多少家庭与教育的悲剧。自从 Froebel 与 Godwin 夫人以后，才有光明出现，到了现在，造成儿童文学与妇女问题这两个大研究，可望长出极好的结果来。”③

周作人在《人的文学》一文中写道：

中国讲到这类问题却须从头做起，人的问题，从来未经解

① 梁启超：《论小说与群治之关系》，《梁启超文选》（下），中国广播电视出版社 1992 年版，第 7 页。

②③ 参见 1918 年 12 月《新青年》第 4 卷第 5 号。

决。女人小儿就更不必说了。如今第一步先从人说起。生了四千余年，现在却还讲人的意义，从新要发现“人”，去“辟人荒”，也是可笑的事。但老了再学，总比不学该胜一筹罢。我们希望从文学上起首，提倡一种人道主义思想，便是这个意思。①

漫长的中国封建社会，中国有的是为“家族”和“国君”而存在的缺乏主体精神的人，而没有具有独立人格的“现代”意义上的“自由人”。郁达夫认为：“五四运动的最大的成功，第一要算‘个人’的发现，以前的人，是为君而存在，为道而存在，为父母而存在，现在的人才晓得为自我而存在了。我若无何有乎君，道之不适于我者还算什么道，父母是我的父母；若没有我，则社会、国家、宗族等哪里会有？”②中国人丧失“自我”，以奴隶的身份苟活着已经数千年，到“五四”时期终于意识到找回“自我”，寻求具有主体意志与情感的自我回归，确认独立的自我存在的价值。

“五四”新文化运动发现了人，也发现了青年。不仅如此，呼唤青春、讴歌青春也成为“五四”时期强大的社会思潮的主流。李大钊在《〈晨钟〉之使命》一文中热情讴歌青春：

一日有一日之黎明，一稘③有一稘之黎明，个人有个人之青春，国家有国家之青春。今者，白发之中华垂亡，青春之中华未孕，旧稘之黄昏已去，新稘之黎明将来。……吾侪振以“晨钟”，期与我慷慨悲壮之青年，活泼泼地之青年，日日迎黎明之朝气，尽二十稘黎明中当尽之努力，人人奋青春之元气，

---

① 参见1918年12月《新青年》第4卷第5号。

② 郁达夫：《中国新文学大系·散文二集·导言》，上海良友图书公司1935年版，第5页。

③ 稘，“百年”为“一稘”；稘，即世纪也。例如：严复《斯密亚丹传》：“当十七稘中叶。”

发新中华青春中应发之曙光，……故青年者，人生之王，人生之春，人生之华也。青年之字典，无“困难”之字，青年之口头，无“障碍”之语；惟知跃进，惟知雄飞，惟知本其自由之精神，奇僻之思想，锐敏之直觉，活泼之生命，以创造环境，征服历史。①

时代之进步，常常起因于青年的觉悟。“五四”运动是我国现代革命历史的起点，人们当然不会忘记，这个运动本身又叫“青年运动”——换句话说，由于青年一代的觉悟，将我国的历史带向了一个新的起点。历史上的先哲们大概觉察到了这一点，他们常常把希望寄托在青年一代的觉醒上。为“五四”运动做出了重要舆论工作的《新青年》，在它1915年9月的创刊号上，登了一篇《社告》，这篇《社告》向青年做了这样的动员工作：“国事陵夷，道衰学弊，后来责任，端在青年。本志之作，盖欲与青年诸君商榷将来所以修身治国之道。”它还告诉青年：“今后时会，一举一措，皆有世界关系。我国青年，虽然蛰伏研究之时，然不可不放眼以观世界。”一方面将未来救国重任托付给青年，一方面又教育青年面向世界，这是当时的先驱们所能够具有的历史眼光。“五四”时期的“少年中国”运动与新文化运动有着极为密切的关系。“五四”新文化运动的倡导者们提出“创造青春之家庭、青春之国家、青春之民族”的口号时，实际上已经确立了“少年中国”的基本含义。李大钊在其后的《“少年中国”的“少年运动”》中就提出：“我们的理想，是在创造一个‘少年中国’。”②《新青年》的创刊成为“少年中国”运动的先声。“少年中国学会”③的成立，使这一文化运动向着明确化方向发展。这一

① 李大钊：《〈晨钟〉之使命》，1916年8月15日《晨钟》创刊号。

② 参见1919年9月15日《少年中国》第1卷第3期。

③ “少年中国学会”发起于1918年6月，成立于1919年7月，发起人为王光祈。其宗旨是：“本科学的精神，为社会的活动，以创造少年中国。”其会刊为《少年中国》，发表过一批有关青年学方面的文章。

人员构成极为复杂的社团，在其创办的《少年中国》杂志上，标明“少年中国”的基本态度。与此同时，《晨钟》、《创造》季刊、《觉悟》等报刊也发起了对青春中国的呼唤。周海波认为：“就一种文化概念来论，‘少年中国’运动实质上是指中国民族精神的青年化。这种文化包括的范围十分广泛，泛指‘五四’前后一切立足于民族新生、人格新生的文化运动，就其内容来说，‘少年中国’运动，是人们对当代青年人的一种期望，既是青年范围内的一场运动，又是对整个中国、民族精神的一种呼唤。”①

从某种意义上说，“五四”运动是民族精神的复活运动，也是一场“少年中国”文化运动，“五四”以后的中国新文学，不断探索民族青春，丰富青春内容。

家庭变革与青春文化

从代际关系考察20世纪中国社会，会发现一个明显的变化趋势——从“老年本位”向“青年本位”（或称“幼者本位”）转化的趋势。这种转化趋势又与20世纪中国家庭由“大家庭”向“小家庭”的转化趋势同步。中国传统家庭由“大”到“小”的变化主要是由于生活方式的变化和经济因素造成的，同时又有政治原因和文化原因。研究20世纪文学中的“青春主题”，需要研究“青年本位”的确立过程和原因，其中离不开对中国家庭和家庭制度的考察分析。人们在社会中所属的群体是多种多样的，家庭这个建立在婚姻和血缘关系上的基本群体，是人们的首属群体。尽管现代社会人们的互动方式越来越多，家庭仍然是最基本的形式，仍然作为社会的细胞而存在。正如社会学家孔德所说：“个人是被家庭引入社会

① 周海波：《青春文化与“五四”文学》，百花文艺出版社1996年版，第31页。

的，家庭在微观上提供统治、服从与合作的经验。”[①]因此，对家庭结构、家庭制度特别是代际关系的考察分析有助于了解青年人的家庭地位和社会地位，以及他们的成长或社会化过程。家庭结构是指家庭成员的组合情况，它是家庭中的代际结构和人口结构的同一组合形式。中国家庭结构的主要类型一般有三种，即核心家庭[②]、主干家庭[③]和联合家庭[④]。所谓家庭小型化，用“家庭社会学”术语来说，就是联合家庭逐渐减少而核心家庭逐渐增多。一般地说，家庭小型化是世界家庭发展的趋势。[⑤] 家庭小型化使青少年在一定程度上摆脱了大家庭中那种事事要“论资排辈”的约束，个人获得较多的自由。因此，随着家庭小型化的逐步实现，中国家庭逐步由“老年本位”向“青年本位”转化。家庭如此，社会自然如此。在这一转变过程中，青年地位原则上逐步提高，这种变化对 20 世纪中国文学中“青春主题”的大量涌现具有十分重要的意义。

中国社会的家庭大变革始于近代。自 1840 年鸦片战争以来，中国的社会、经济发生了很大的变化。与此同时，中国的家庭制度无论在理论上，还是在实践上，都相应地发生了巨大变化。在理论

---

① [美]D. P. 约翰逊：《社会学理论》，国际文化出版公司 1988 年版，第 108 页。

② “核心家庭”通称“小家庭”，一般由一对夫妇及其未婚子女生活在一起而组成。这种家庭规模小，人数少，只有一个核心，即夫妻关系。家庭中父母与子女构成稳定的家庭三角。

③ “主干家庭”即一般家庭，是由一对夫妇与父母和未婚子女聚居生活的家庭。主干家庭是以直系亲属为主的几代同堂的家庭，它是核心家庭纵向扩展的结果。

④ “联合家庭”通称“大家庭”，是指由父母和几个已婚子女以及孙子女组成的家庭。联合家庭是一种多代多偶家庭，几代的男系血亲及其配偶都在一个家庭里生活。家庭的权力主要集中在第一代或第二代长房的一对配偶手中。在旧中国，这种家庭形式较为普遍。

⑤ 刘豪兴主编：《社会学概论》，高等教育出版社 1999 年版，第 257 页。

上出现了同几千年来的传统家庭理论截然不同的理论,在实践上出现了同几千年来的传统家庭截然不同的家庭。“中国近代家庭变革的走向,简单说来,就是家庭功能在一天天地由多到少,家庭规模在一天天地由大到小,家庭结构在一天天地由紧到松,家庭观念在一天天地由浓到淡,家庭理论在一天天地由浅入深,由旧变新,月异日新。”①对中国近代家庭变革走向的描述,其实也适用于整个20世纪中国家庭的嬗变情况。中华民族是一个尊老爱幼的民族,但是在“老”和“幼”的关系上并不对等,特别是在漫长的封建社会中,在本质上是以老年为本位的。《礼记》中如此记载:

> 乡饮酒之礼,六十者坐,五十者立侍以听政役,所以明尊长也。六十者三豆,七十者四豆,八十者五豆,九十者六豆,所以明养老也。民知尊长养老,而后乃能入孝弟。②

在这种礼制下,以老年人拥有的经验为宝贵,重知识而轻观点,每个人被限定在既定的框架中,以中老年人标准为奋斗目标,并极力维护老年人的利益。这种老年本位观念体现在封建宗法制度下的家庭中,则是家庭实行家长统治。家长对家庭事务有绝对的决策权,其他家庭成员则处于被动的、受左右的位置;在具体的家庭关系中,“强调父权和夫权的至高性,‘父为子纲’、‘夫为妻纲’,父亲对子女拥有绝对的支配权,丈夫对妻子拥有绝对的控制权,子女、妻子则处于从属地位。家庭权力呈现出一种极不平等、和谐的局面。”③传统的父系父权家庭中,家长与子女的矛盾主要来自于“家长特权”。“子女为父母私有财产,生杀由之,子女对父母有绝对服从的义务,否则就是有罪;而子女不能对父母有任何反抗,社会对

---

① 邓伟志:《近代中国家庭的变革》,上海人民出版社1994年版,引文见《序言》部分。

② 参见《礼记·乡饮酒礼》。

③ 刘豪兴主编:《社会学概论》,高等教育出版社1999年版,第246页。

于家长的专制和特权毫不干涉。”①到了近代，经济及社会的变化对传统的家庭制度产生冲击。随着资本主义在中国的发展，工商业化程度的提高，自给自足的自然经济日趋崩溃，固有的经济基础为之动摇。农村经济疲敝，许多人离开家庭去工厂做工，从经济上不再依赖家庭；通过外出经商、打工等途径获得的收入，不再愿意交给家长，而是用于置办自己小家庭的家产或用于生产投资。在这种背景下，大家庭逐渐涣散，分裂为几个小家庭，家庭作为生产、分配、交换、消费的基本单位的职能逐渐弱化。父权家长制的经济基础开始动摇。

20 世纪初期，中国一些无政府主义者否定国家和政府，强调个人的绝对自由，主张废私产、废姓氏、废家庭、废婚姻。最早对国内进行系统的无政府主义宣传和介绍的报刊是《天义报》②和《新世纪》③。汉一在 1907 年第 7 期《天义报》上发表《毁家论》，认为“欲开社会革命之幕者，必自破家始矣”。鞠普发表在《新世纪》（1908 年第 5 期）上的《毁家谭》一文认为④：第一，家庭是万恶之源；第二，家庭束缚自由；第三，家庭造成不平等；第四，家庭妨碍进化。无政府主义者的“毁家论”是无视历史运行规律、超越历史发展进程的极端主张，由于没有现实性，无政府主义者的家庭观很快就销声匿迹。“五四”时期，一些思想先驱者向几千年来传统的中国社会的封建专制主义和封建礼教展开了猛烈批判，传统家庭成了他们攻击的“众矢之的”，吴虞、陈独秀、鲁迅、周作人、李大钊、胡适等人纷纷著文声讨传统家族制度和家庭的“罪恶”。他们有的从个性

① 邓伟志：《近代中国家庭的变革》，上海人民出版社 1994 年版，第 5 页。

② 《天义报》于 1907 年在日本东京由张继、刘师培、何震等人创刊。

③ 《新世纪》于 1907 年在法国巴黎由李石曾、张静江等人创刊。

④ 转引自邓伟志：《近代中国家庭的变革》，上海人民出版社 1994 年版，第 56 页。

解放角度批判传统家庭，要青年人“自居征服之位，勿自居被征服之位”，“尊重个人独立自主之人格，勿为他人之附属品”。[①] 有的从伦理角度对“忠孝”展开批判[②]；有的从国与家的关系批判传统家庭，通过批判传统家庭揭露专制体制。“五四”时期一些“家庭革命”的激进派也有“毁家”之论，同前期的无政府主义者的“毁家论”具有惊人的一致性。从鸦片战争到“五四”新文化运动，中国家庭、家庭制度和家庭观念在天平天国运动、戊戌变法、辛亥革命等政治运动中也受到极大冲击和影响，传统大家庭开始出现小型化趋势。不过，“家庭小型化趋势，从根本上说是由社会生产方式和经济制度决定的”[③]。到了“五四”时期，在中国有着悠久历史的“老年本位”观念开始受到质疑和批判，“青年本位”（或幼者本位）思想开始崭露头角。

在中国漫长的封建社会里，由于生产力发展的极端缓慢，社会意识形态的变化也极其微弱。这决定了中国传统思想是以“老”为本位的，“老者”积累着更丰富的经验，“幼者”只有听凭于“老者”才会获得必要知识。但在现代社会里，社会发展的速度骤然加快了，“老者”在旧的社会生活中积累起来的生活经验和形成的思维方式、意识观念已经难以完全包容“幼者”和青年一代所需要的、所能够获得的全部，相反，他们一开始便生活在与上一代人不同的社会生活环境中，易于接受发展变化了的社会生活的新的信息，由此便会浸润并形成与上一代人不完全相同的思维方式和意识观念，这种增长着的新因素恰恰是代表着社会思想发展的新变化。科学

① 陈独秀语，转引自邓伟志：《近代中国家庭的变革》，上海人民出版社1994年版，第76页。

② 李大钊认为家庭伦理的基础是孔门道德和伦理，“忠”使为臣的一方完全牺牲于君，“孝”使为子的一方完全牺牲于父；指出孔门伦理是子弟完全牺牲他自己以奉其尊上的伦理。

③ 刘豪兴主编：《社会学概论》，高等教育出版社1999年版，第257页。

文化的更大普及，使这种过程表现得更加显著。在这时，以“幼者”为本位，以青年为本位，便构成了现代社会意识观念的一个重要内容，它是以承认社会思想、社会伦理道德发展变化的规律为前提的。周作人曾在《儿童问题之初解》中对老年本位文化进行了批判：“东方国俗尚古守旧，重老而轻少，乃致民志颓丧，无由上征，彼以儿童属于家族不知外有社会，以儿童属于祖先而不知上有民族，以是之民为国后盾，虽闭关之世犹或不可，况在今乎！”1919 年，周作人又发表《祖先崇拜》，把中国传统道德归结为“祖先崇拜”，并且提出了“祖先为子孙而生存，并非子孙为祖先而生存”的道德原则，确立了青年本位的文化观念。周作人的这一文化思想与鲁迅极为相同。“五四”时期鲁迅在一系列文章中抨击了老年文化的弊端，张扬青年文化，确立了青年本位的新道德规范。鲁迅认为，中国传统的看法是父母把孩子视为自己的私产和尽孝的材料，误点便在长者本位与利己思想，权利思想很重，义务思想和责任心却很轻。在这类“自己本位”、“长者本位”的父母心目中，孩子再宝贵也只是他们所占有、所利用的材料，永远超不出他们为后代所设定的轨道。中国人之所以长期在“做不成奴隶”与“暂时做稳了奴隶”这两样时代中循环，首先固然是封建专制制度压制的结果，但与这种“父为子纲”、“长者本位”的伦理道德对后代的扼制也大有关系。所以要改变中国人的命运，要创造“第三样时代”，使下一代成为独立、完全的人，成为自己支配自己命运的人，过上历史上从未有过的新生活，就必须一反传统的“长者本位”的观念，树立“幼者本位”的思想，完全解放了我们的孩子。鲁迅的“幼者本位”思想，是建立在生命的进化和发展的生物科学的基础上的。他在《我们现在怎样做父亲》中指出，“后起的生命，总比以前的更有意义，更近完全，因此也更有价值，更可宝贵”，因此，“本位应在幼者”，而不是长者，“置重应在将来”，而不是过去；长者的生命，应牺牲于幼者，而不是相反。从欧美家庭大抵以幼者为本位的社会实践来看，这是合乎生物学真理的办法。鲁迅在进化论思想的作用下形成的以“幼者”为本位、以青年为本位、青年必胜于老年的思想，在总体上是反映着现代社会思想特征的，是与封建传统的以“老者”为本位的思想尖锐对立的。他的“青年必胜于老年”的观点，不论是在后来还是在前期，都是就社会时代发展的系列而言的，而并非个体对个体的绝对比较。

20 世纪中国家庭的小型化还与这一世纪上半叶连绵不断的战争有关，战争造成人口下降，家庭流亡、离散，影响了大家庭的规模。此外，由于青壮年在战争中发挥绝对优势作用，在饥荒岁月甚至青年参军也成为养家糊口的一种方式，这样较之体弱多病的老者，青年地位自然有所提高。应该说战争因素也是促成中国家庭和社会由“老年本位”向“青年本位”转变的又一原因。新中国建立后，中国家庭人口剧增，从家庭结构上看，以主干家庭为主。由于大跃进时期一度提倡的“大食堂”制度，对本来就所剩不多的联合大家庭起到了一定的拆解作用；但此时，核心家庭也不多见，主要集中在大城市里面。由于社会主义家庭制度提倡平等和民主，“家长制”也受到某种程度的挑战，“青春本位”观念也更加深入人心。“新时期”改革开放以来，计划生育成为一项基本国策，这一政策影响到千家万户，中国的家庭结构发生了巨大的变化，“小型化家庭”①开始大大增加，到 90 年代末逐渐成为中国最主要的家庭结构类型。据人口统计资料表明，1997 年中国“小型化家庭”的数量首次突破半数。同小型家庭的增长趋势相比，中国的大型家庭（7 人以上）和中型家庭（5 ~ 6 人）所占比例都在呈下降趋势。像四世同堂或五世同堂那样的传统的大家庭，即使在农村也不多见了。第五次全国人口普查的结果显示，2000 年全国平均家庭户规模为 3.44 人。与家庭规模的缩小相适应，核心家庭逐渐成为中国家庭

① 指一人户、二人户或三人户家庭。

的主要类型。在西方各国,工业化的推进给家庭带来的重大变化之一就是核心家庭成为其主要的家庭形式。中国社会在向现代化迈进的道路上,社会经济的发展改变了主干家庭在中国历史上的长期垄断地位,而将核心家庭作为主角推上了历史大舞台。1999年的中国人口统计资料表明,全国各类家庭中,两代户的比例最高,为61.95%,而其中90%以上是核心家庭。核心家庭已成为中国主要的家庭组织形式。随之而来的现象就是,核心家庭中的"独生子女"在父辈或祖辈的心中地位猛增,成为家庭的中心人物,"小皇帝"一度成为人们对"独生子女"的戏称。可以说,80年代以后由于人们对"独生子女"的高度珍爱,"幼者本位"①观念已为社会普遍接受,随着这一代"幼者"逐渐成长为青年,"青年本位"也就自然而然地普遍为社会接受,这已是大势所趋。

据社会学工作者调查,在我国农村,改革开放以后,出现了老一代家庭"生命周期"②缩短的现象。这种现象往往不是原有家庭形式的解体,而是由"当家人"流动形成的。老一代家庭成员失去了当家人的地位,成为第二代新家庭的家属或赡养对象,于是老一代家庭的生命周期便消融到新一代家庭之中。因此,在分析农村家庭生命周期时,应注意到"当家人"流动的因素。③ 农村"当家人"的流动这一现象说明了家庭中青年地位的提高和老年地位的下降,从社会文化方面说则是"老年本位"向"青年本位"转变的明

① 这时的"幼者本位"其内涵侧重于"儿童",与"青年本位"不太相同,与"五四"时期的"幼者本位"在内涵上也不完全一样;这时的"幼者本位"观念主要受政府计划生育政策影响。

② 家庭社会学上的"家庭生命周期"概念,是指在一定的社会生产方式下,一定的地域范围内,一定的家庭从产生到消亡的生命过程。一般根据家庭人口重大变动来划分不同周期。

③ 参见刘豪兴主编:《社会学概论》,高等教育出版社1999年版,第255页。

显事实。应该说,这种现象的发生,既是一个世纪以来家庭结构、功能和观念发生嬗变的必然结果,又同农村实行“联产承包责任制”以后,青年人有了外出打工的机会从而成为家庭主要创收者紧密相关。政府政策、生活方式、经济因素制约着家庭结构和功能,同时也影响着家庭观念和代际关系,其中经济因素对人格独立的影响尤其重要。早在“五四”时期,陈独秀就对此作过精辟的论述:“现代生活,以经济为之命脉,而个人独立主义,乃为经济生产之大则,其影响遂及于伦理学。故现代伦理学上之个人人格独立,与经济学上之个人财产独立,互相证明,其说遂至不可动摇;而社会风纪,物质文明,因此大进。”①陈独秀不愧为“五四”一代思想先驱,他在当年所论及的“财产独立”对伦理学的制约原理在世纪末再次得到验证。

从19世纪末到20世纪末这段百年家庭变革历史中,可以感受到中国社会“老年”和“青年”之间代际关系的消长变化,在历史的“转型期”这种消长变化以更为激烈的形式表现出来,“代沟”问题随着中国社会由传统社会向现代社会的转型越来越突出。“所谓‘代沟’问题并不仅仅是中国所面临的问题,而是一个世界性的问题。就连‘代沟’(generation)一词,也是从西方引进的。在西方各发达国家,‘代沟’问题自19世纪末20世纪初便产生了。20世纪60年代席卷西方世界的社会浪潮则是年青一代对传统从而也是对老一代的全面挑战。今天在发达国家,老一代已经失去了权威;而在各发展中国家,老一代正在丧失权威,而且不管他们是否愿意承认,其权威感也已开始动摇、崩溃,至少是遇到了严峻的挑战。”②

传统的“老年本位”的社会中存在着一对矛盾:即精神的衰老与经验的丰富。“青年本位”的社会中也存在难以克服的悖论:即

① 陈独秀:《孔子之道与现代生活》,1916年《新青年》第2卷第4号。
② 张永杰、程远中:《第四代人》,东方出版社1988年版,第4页。

生命力旺盛与经验不足。哪种文化“本位”更具优势呢？中国文化学研究者谢选骏认为：“不同的社会和文化模式，对此评价不一。例如美国社会更看重老龄的衰老的一面，而中国社会则更看重老龄的经验丰富的一面。选择的不同，使评价也随之而异。美国因而号称是儿童的天堂，青年的战场，老年的坟墓。而中国则是儿童的游戏场，青年的训练所，中年的工作间，老年的王国。”①以上例子说明了在“青年”和“老年”孰为“本位”的问题上，不同民族之间文化模式和文化心理的差异。从历史上看，在旧中国封建家庭中，每一个家长都希望培养出循规蹈矩、彬彬有礼的孩子，因此儿童自小就接受一套严格的家规礼仪的管制。林语堂说，这种家庭制度“在我们心中从小培养了一种冷静感，使年轻人循规蹈矩，恪守本分。它为我们孩子们提供了过多的保护。很奇怪，很少有孩子们造反或出逃。在以父母为中心的独裁家庭中，这种制度使年轻人失去了事业心、胆量与独创精神”②。由此看来，“老年本位”社会培养出的“好孩子”显然已经不能适应现代社会。从面向世界、面向未来的远大视阈看，中国家庭和社会由“老年本位”向“青年本位”转变无疑具有重要意义。美国人类学家玛格丽特·米德在《文化与价值崇奉》一书中提出著名的三种文化传递模式，即“后喻文化”（Postfigurative）、“同喻文化”（Cofigurative）和“前喻文化”（Prefigurative）。“后喻文化”③是指社会文化由前辈向后辈传递，即由老年

① 张永杰、程远中：《第四代人》，东方出版社1988年版，《序言》第3页。

② 林语堂：《中国人》，浙江人民出版社1988年版，第15页。

③ 这是传统社会文化传递的基本特征。在后喻文化时代，老年人是整个社会公认的行为楷模，更是青年人的行为楷模，青年人的社会化要在老年人的严格控制下进行，青年完全因袭老年生活道路和行为方式。

人传给青年人。“同喻文化”①是指社会文化主要在同辈人之间传递。“前喻文化”②是指社会文化由后辈向前辈传递，即由青年人传给老年人。有人形象地称“后喻文化”是“孙子向爷爷学习”；“前喻文化”是“爷爷向孙子学习”；“同喻文化”则是“孙子之间互相学习，爷爷被抛在一边”。笔者认为大致自20世纪80年代开始，中国社会出现了“前喻文化”（“爷爷向孙子学习”）这种文化传递方式。80年代以来，青年人通过外语和计算机掌握很多知识，而多数老年人却因不会外语和计算机变得落后于时代。“前喻文化”的出现使得“老年本位”向“青年本位”转变的趋势更加明显。“前喻文化”这种文化传递方式又被人称为“文化反哺”现象。所谓“文化反哺”，是指在急速的文化变迁时代所发生的年长一代向年青一代进行广泛的文化吸收的过程。文化反哺实质是青年文化对成人文化的积极、主动的影响过程。文化反哺现象的出现，往往发生在“急速变革时代”。在静止的时代，社会处在平衡的状态中，“所有已经做过的都是好的，即使实验和新方法应当被引进，也没人会以赞赏的态度对待他们。以往的过去有很高威望、了解过去的老年人受到尊敬。人们接受命运和必然，因为人们从来想不到改变条件，戒条和控制起特别大的作用，后继者都有身份，法律有威严，道德行为的准则非常详细，违背是不允许的，人们都有严格的规矩，礼节和仪式是稳定的，社会崇尚艺术、宗教和阶级界限。总之，静

① 老年和青年都以向自己的同辈学习为主，这是一种过渡性质的文化传递方式，产生于“后喻文化”由于战争或移民等原因而崩溃之际，老一代无法向青年人提供符合时代要求的全新的文化，青年人只能根据切身经历创造文化或从同辈那里学习文化。

② 这是现代信息社会一种文化传递现象。由于青年人接受信息快而且丰富，老年人要向他们学习才不致落伍。就中国情况而言，20世纪80年代以后，青年人通过外语和计算机掌握很多知识，多数老年人变得落后于时代。

止的社会是平衡的，和谐的社会。”①而到了变迁的社会，“人们的态度都是追求进步。那里总存在更好的方法。人们喜欢新的，进步构成社会观念的特征，乐观主义很普遍，社会哲学都倾向于今世主义。过去都是要死的，应该抛弃。青年的地位很强固，他们的影响越来越大。权威产生于理性和证据，但危机时还会产生独裁。道德规范已经丧失了影响，好的行为有赖于理解能力。仪式减少，对制度的感情降低，社会条件不再构成阶级间的严格界限，传统的宗教受到敌视。”②总之，到了变迁的社会，文化的各部分不再和谐。时间似乎已经脱节，由于文化各部分变迁速度不一，出现各部分的失调。文化的不同部分（即主流文化与副文化之间）以不同速度在运动，而往往是主流文化相对滞后于副文化—青年文化，所以社会产生了“文化反哺”现象。改革开放 20 多年来，时时可以感受到青年文化对社会发展的影响、参与和推动的力量。如青年的俗语、新的观念、生活方式等，虽然还常常不为成人所理解，但却悄悄地影响着成人文化。许多文化时尚、服装潮流等都是先由青年付诸行动后才慢慢影响到中年、老年文化，逐渐被社会多数人接纳从而成为主流文化的一部分。因此，以市场经济为主体内容的现代社会也不得不关注代表时代领潮者的青年本身，“青年本位”逐渐被社会认可。如果说“文化反哺”是青年文化在社会迅速变迁时期体现出来的并对社会发生巨大影响的积极动力，那么“文化过滤”则是青年文化在未来社会中的优势所在。用一句话来表示，现代社会发展对文化要求首先须经过青年文化的过滤。“文化过滤实质是一个文化选择和替代的过程。它既是上一代文化传递给下一代，又是下一代对上一代传下来的东西，进行‘有选择的积累’的过

①② ［美］威廉·奥格本：《社会变迁——关于文化和先天的本质》，浙江人民出版社 1989 年版，第 227 页。

程。它既是文化同化的过程，又是文化异质化的过程。”①正是青年文化的选择、过滤和不断创新机制，才保证社会的进步。郭沫若曾说过，青年是社会生命力的源泉，如果没有他们，社会就会枯竭，人类就没有发展。人们羡慕青年、赞美青春，就在于此。

在中国社会由“老年本位”向“青年本位”转变的过程中出现的诸如“前喻文化”、“文化反哺”、“文化过滤”等现象，也是“代沟”出现的信号和标示。从此，“代文化”和“代际特征”成为当代中国社会关注的热点。1988 年出版的《第四代人》②一书，成为第一部探讨研究当代中国的“代文化”和“代际特征”的专著。由于它的流行和广泛传播，固定了关于代际划分的论争。作者这样划分四代人③：

1. 第一代人：建国前战争时期长成，被誉为“一代英豪”；

2. 第二代人：五十年代长成，被称为“灰色”的一代；

3. 第三代人：“文革”中长成，被称为“边缘人”；

4. 第四代人：“文革”后改革开放时期成长的青年。

一般认为“代际意识”是从第三代人开始觉醒的。第一代人毫不犹豫地把自己的文化变为要求代代相传的社会主导文化；第二代人无可选择地笼罩在前辈巨大的身影中；第三代人则从革命文化的母体中分娩出来。“没有哪一代像第三代人这样具有明确的代际意识，第三代人作家在他们的文学作品里毫不掩饰地表现着这一点。”④第一代人和第二代人说“我们”，指的是党和国家；第三代人说“我们”，指的是自己这一代；第四代人不再说“我们”，只说“我”。

针对“你择偶的最高原则是什么？”这一问题，有人设想了几种

---

① 金国华主编：《青年学》，中国青年出版社 1999 年版，第 537 页。

② 《第四代人》，作者张永杰、程远中，东方出版社 1988 年出版。

③ 转引自杨东平：《城市季风》，东方出版社 1994 年版，第 393 页。

④ 杨东平：《城市季风》，东方出版社 1994 年版，第 394 页。

回答方式①：

第一代人会说："革命伴侣"；他们的最高行为原则是"革命性"；

第二代人则会说："组织同意"；他们的最高原则是"组织性"；

第三代人的回答是："情投意合"；他们的行为原则是"矛盾的混合体"；

第四代人则会说："没有什么最高原则"；最高原则就是"自我"和"主体性"。

"代际关系"问题严格来讲是一个现代的问题，代际关系的发展程度是判定社会进步程度的一个十分重要的参数。因此，集中而分野深刻的代际关系，总是通过两代人的矛盾冲突与统一表现出来的。一个发展成熟，步入正轨的现代社会，代际关系表现在青年人和成年人之间的对立与和谐，至少在相当长的一段时期内是如此。未来并不仅仅是某项指标、物质财富的积累程度和一些表现在物质上的发明创造，未来更重要的是一种更加良好的环境，这种环境有利于人，首先是有利于青年的成长。

① 张永杰、程远中：《第四代人》，东方出版社 1988 年版，第 299 页。

第二章　百年中国青春文化反思

任何文化都是“群体”而非“个体”的产物，青年文化的产生也有赖于青年群体的形成，在青年群体形成以前，几乎谈不上青年文化。

从世界历史来看，在西方整个古代社会，由于生产力的极为落后和社会发展的极其缓慢，还不能为青年提供充分发展的机会和条件，青年还只具有个体的性质，具有过渡性质的“青年期”在社会中并不普遍。虽然在古代也有将少年进行专门培训的现象，①但也只是局限在极少数贵族子女中，在整个社会中只占极小比例。在以自然经济为主的传统社会里，由于自给自足的小生产方式和保守落后的家族制度，使青年的生活禁闭在狭小的社会范围里，无需走出这片狭小的天地，青年便可以从父辈手中获得关于生产和生活的全部技能和知识，无需与别人合作共事，青年一个人就能单独地从事劳动和生活。在这样的生产和生活方式中，青年彼此间很少横向联系，社会上几乎没有出现过专门的青年群体。而在近代社会，随着机器生产的发展，生产技术日益复杂化，生产组织形式日趋多样化，生产的产品和工序日趋标准化，这种社会化大生产的发展要求青年努力提高生产技术，走出家门参加社会性的劳动组

① 欧洲中世纪培养的骑士，要经过14岁至21岁7年时间的预备训练，然后才能在隆重的仪式中成为一名正式骑士。教会学校的学生在脱离儿童期以后也要学习8~10年才能加入正式社会群体。

织，积极掌握了解社会生活的规范准则，以适应时代发展的需要。这才改变了原先那种封闭狭隘的生活方式，大批青年进入学校，进入工厂，走上社会。只有到这时候，社会上才出现了普遍的青年聚群现象，产生出各种各样的青年群体，并进而兴起了广泛的青年运动。可见，青年群体的发生与社会生产方式和生活方式的发展变化紧密联系在一起。

中国青年群体主要由新式学生及青年工人构成。较早接受近代文化、一定程度上摆脱封建束缚的新式学生群体是近代中国青年群体的雏形。①

与西方工业国家相比，中国的国民教育起步较晚，青年学生群体的出现无疑也要迟缓得多，这主要有两个原因：一是中国的工业化进程起步较晚，直到本世纪前叶中国几乎没有发生过真正的产业大革命，始终是一个以农业小生产为主的国家，因此社会对人的知识素质要求远不如当时欧洲产业革命时那么急迫、强烈。二是自鸦片战争以后，中国始终没有间断过紧张的民族矛盾和阶级斗争，战争与和平的问题远比教育来得重要。政治斗争成为当时社会最重要的兴奋点，而人的发展、人的教育、人的培养等被严重地忽视了。从历史上看，近代中国学生群体是随着新式学堂取代旧学书院而出现的，而新式学堂又是伴随西学东渐的进程逐步引进和发展的。1861 年京师同文馆和次年上海广方言馆的设立，被认为是中国近代教育发端的标志。但总的来说，19 世纪中国新式教育尚处在萌芽状态。据不完全统计，到甲午战争中国人开设的新

---

① 有关资料表明，到“五四”前夕，中国产业工人约有 260 万人，其中青年工人占了很大的比例。平均年龄较小是中国早期工人队伍的特点，加上中国特有的学徒工、包身工及童工的传统制度，工人中的青年是不少的。然而，由于青年工人文化程度低，成长历史短，早期青年工人单独的运动并不多见。新式学生和青年工人合在一起作为一个青年群体的现象，也不是普遍的。

学堂不过25处,维新浪潮在1895～1899年的5年间也仅仅推出150所学堂。直到1905年正式废除科举制后,新式学堂才得以迅速发展。学生人数从1902年的6912人猛增到1909年的近163.9万人,1912年更达到近300万人,成为一股重要的社会力量。据有关资料表明,到“五四”运动前夕中国学生总数已达近570.5万人。这个新兴群体把大批青年按一定序列组合成统一整体,在中国的社会舞台上起着举足轻重的作用。正是由于青年学生群体的出现,使得辛亥革命前后中国政治运动的格局发生了重大改变,1919年的“五四”运动,便是在青年学生运动的前奏曲中拉开序幕的。正是由于中国近现代青年群体的产生,青年文化随之出现,形成一种朝气蓬勃的时代新气象。

随着近现代青年文化的涌现,“青春”成为时代“关键词”,受到讴歌和赞美。对青春的讴歌和赞美与“青年本位”意识的出现有关,这一切都表明,“尚古崇古”的中华民族正在形成一种“纳新维新”的时代风尚。学者钱穆在对“青春”一词的考察上,敏锐地发现了这种民族文化新动态:

> 青年二字,亦为民国以来一新名词。古人只称童年、少年、成年、中年、晚年。男二十而冠女十五而笄,始为成年。亦即称成人。男亦称丁。至是始授田而耕,又当充义务兵役。男女成年始得婚嫁,结为夫妇。至中年,则已为人父母。乃独无青年之称。或称青春,则当在成婚前后数年间,及其为人父母,则不再言青春矣。民初以来,乃有《新青年》杂志问世。其时方求扫荡旧传统,改务西化。中年以后兴趣勇气皆嫌不足,乃期之于青年。而犹必为新青年,乃指在大学时期身受新教育具新知识者言。故青年二字乃民国以来之新名词,而尊重青年亦成为民国以来之新风气。①

① 钱穆:《中国文学论丛》,三联书店2002年版,第26页。

到“五四”时期，整个民族对“青春”的呼唤终于形成波澜壮阔的时代浪潮，青春不仅用来指称个体，还用来指称群体、国家和民族。作为一种文化，青春具有了社会意义和广泛的象征意义。李大钊甚至认为，区分“老人”与“青年”，并不在年龄而关键在于“精神”，“老辈云者，非由年龄而言，乃由精神而言；非由个人而言，乃由社会而言。有老人而青年者，有青年而老人者。老当益壮者，固在吾人敬服之列；少年颓丧者，乃在吾人诟病之伦矣。”①郭沫若认为，“五四”新文化运动又再一次使中国的一切都“透辟地青年化了”②。“五四”新文化运动的思想先驱诸如陈独秀、李大钊等大都倡导青春文化，以青春或青年命名的报纸杂志风行一时。陈独秀在《敬告青年》一文中根据进化论批判陈腐，赞美青春：

> 窃以为少年老成，中国称人之语也；年长而无衰（Keep young while growing old），英美人相勖之辞也：此亦东西民族涉想不同现象趋异之一端欤？青年如初春，如朝日，如百卉之萌动，如利刃之新发于硎，人生最可宝贵之时期也。青年之于社会，犹新鲜活泼之细胞之在人身。新陈代谢，陈腐朽败者无时不在天然淘汰之途，与新鲜活泼者以空间之位置及时间之生命。人身遵新陈代谢之道则健康，陈腐朽败之细胞充塞人身则人身死；社会遵新陈代谢之道则隆盛，陈腐朽败之分子充塞社会则社会亡。③

李大钊清醒地看到了民族的未来就在于民族青春化，1916 年他在北京创办《晨钟》，一心希望“高撞自由之晨钟，壮青年之意志，鼓舞青年中华之运动”。李大钊还把青春文化上升到哲学高度来

---

① 李大钊：《〈晨钟〉之使命》，见 1916 年 8 月 15 日《晨钟》创刊号。

② 转引自周海波：《青春文化与“五四”文学》，百花文艺出版社 1996 年版，第 20 页。

③ 陈独秀：《敬告青年》，见《青年杂志》第 1 卷第 1 号。

认识,提出了独特的“青春哲学”。“为替青春之中华的创造作理论的论证,他亦注意锻造哲学武器。他将由西方传入的进化论通过与古代的辩证法相结合,形成了颇具特色的青春哲学。”①他的青春哲学思想主要集中在《民彝与政治》、《青春》、《自然的伦理观与孔子》、《矛盾生活与二重负担》、《辟伪调和》等文中。有学者认为:“在新文化运动前期,李大钊的影响虽不及陈独秀大,但他的哲学修养要比陈独秀高些。他将西方哲学(主要是进化论,此外还有尼采、柏格森、托尔斯泰、黑格尔等人的思想)、中国传统哲学和辛亥革命以来的经验教训融合于一炉,形成了具有鲜明特色的青春哲学。青春哲学是新文化运动前期中国哲学的杰出代表,它将中国近代资产阶级启蒙哲学提高到一个新水平。”②根据中国传统的相反相成的辩证法,李大钊指出:“吾以为宇宙大化之流行,盛衰起伏,循环无已,生者不能无死,毁者必有所成,健壮之前有衰颓,老大之后有青春,新生命之诞生,故常在累累坟墓之中也。”③他认为,现在正是新旧交替之际,青年的责任,不在白发中华之保存,而在青春中华之创造。他创办《晨钟》就是自觉承担起“创造青春中华”的历史使命。要完成这一使命,新文艺是不可或缺的手段。李大钊说:“由来新文明诞生,必有新文艺为之先声,而新文艺之勃兴,尤必赖有一二哲人,犯当时之不韪,发挥其理想,振其自我之权威,为自我觉醒之绝叫,而后当时有众之沉梦,赖以惊破。”④李大钊痛陈迷信古人、崇拜孔子的危害。认为除崇拜孔子而外,“不复知尚有国民之新使命也,风经诂典而外,不复知尚有国民之新理想也。”崇拜孔子,国民只知有孔子而不知有自我,“人人尽丧其为我,而甘

---

①② 许全兴等:《中国现代哲学史》,北京大学出版社 1992 年版,第 36 页。

③《李大钊文集》(上),人民出版社 1984 年版,第 177 页。

④ 李大钊:《〈晨钟〉之使命》,见 1916 年 8 月 15 日《晨钟》创刊号。

为圣哲之虚声劫夺以去，长此不反”，“吾华者，终底于亡耳。”①针对康有为们“无孔子，无中国”的论点，李大钊则提出：“孔子生，而吾华衰。”把“吾华衰”归之于孔子生，这显然有偏颇之处。但李大钊对迷信古人、崇拜圣人危害的分析是深刻的。无论是崇拜古代圣人，还是迷信现代“圣人”，都有可能导致丧失自我的创造力，丧失其新鲜活泼的新思想。李大钊认为德国民族之所以振兴，其主要原因在于“青年德意志”运动，敢于以青年意识改造民族文化传统，“冲决一切陈腐之历史，破坏一切固有之文明，扬布人生复活国家再造之声，而以德意志民族回春，德意志帝国造于纯美青年之手为理想。”作为文化借鉴，从尼采和柏格森那里汲取了有关主观能动性的思想。他说：

> 中国至于今日，诚已濒于绝境，但一息尚存，断不许吾人以绝望自灰。挽近公民精神之进行，其坚毅足以壮吾人之意气。人类云为，固有制于境遇而不可争者，但境遇之成，未始不可参以人为，故吾人不能自画于消极之宿命说(Determinism)以尼(采)精神之奋进。须本自由意志之理(Theory of free will)进而努力，发展向上，以易其境，俾得适于所志，则Henry Bergson氏之“创造进化论”(Creative Evolution)尚矣。②

李大钊的“青春哲学”把青春文化和青春人格提升到民族复兴的高度，有力地推动了一系列轰轰烈烈的青年运动在中国大地上勃发和展开。

“五四”时代本是一个“青春的时代”。那一时代的“开拓、创造”精神与“凌厉、浮躁”风尚都同“青春文化”紧密相关。“五四”新文化运动的理论先驱有的尚未至“而立之年”，如在1917年刘半农、胡适的年龄均为26岁，李大钊为28岁；有的刚过“而立之年”，

---

①《李大钊文集》(上)，人民出版社1984年版，第160页。

②《李大钊文集》(上)，人民出版社1984年版，第148页。

如在1917年钱玄同30岁、周作人32岁;在1917年鲁迅年龄为36岁,陈独秀为38岁,也未至"不惑之年"。数年之后创造社成立时,其成员大多数处在热血沸腾的青年时代。1921年,郭沫若29岁、郁达夫25岁、成仿吾24岁、张资平28岁、田汉23岁、郑伯奇26岁,其他成员也多在20多岁。这批青年人冲上文坛时,带着年轻人的热情、力量以及他们的不成熟。

创造社成立以前,郭沫若、陶晶孙、郁达夫等人曾共同创办过一本由打印机打印的《Green》。"Green"在英文里有"绿色的"、"青春的"、"未成熟的"以及相应的"绿色"、"青春"、"生手"等含义。"'Green'无疑表明了同人的一种希望:生命的追求、青春的追求、创造的主调。绿色象征着生命,青春寄寓着希望,未熟说明了创造的力量。"①从"Green"到"创造社"表明了创造社同人对青春追求的自觉精神,而那种"创造者"的精神与行为,又表明了创造社一班成员青春的躁动与创造的热情。

与李大钊对孔子的看法不同,郭沫若倾向于挖掘孔子性格中"狂狷"的一面。他认为:"孔子能取狂狷,正是深切地了解青年气质的人。……青年的性质偏于进取,在老成者视之,自不免近于狂。青年的心地洁白无染,有好些俗套的行为在所不屑,在世故者视之,自不免于狷。"②因此,郭沫若推崇孔子"高唱精神之独立与人格之自律"的人生哲学,他称赞孔子"兼有康德和歌德那样的伟大的天才,圆满的人格,永远有生命的巨人。他把自己的个性发展到了极度——在深度如在广度"③。"五四"以来的新文学特别是

① 周海波:《青春文化与"五四"文学》,百花文艺出版社1996年版,第112页。

② 参见郭沫若:《青年哟,人类的春天》,《沫若文集》(第11卷)。

③ 转引自周海波:《青春文化与"五四"文学》,百花文艺出版社1996年版,第67页。

创造社不拘一格的"创造精神"同中国历史上的"狂狷"精神有相通之处，二者都含有"年轻气盛"的因素。创造社的同人们的初衷，是以一种富有青春朝气、生命活力的文艺杂志，冲击当时的文坛。郭沫若借上帝七天创造的比喻，表达了"自我创造"的文学思想。郭沫若赞赏歌德"努力精进"的精神，赞赏孔子的"圆满人格"和勇于进取的精神，以创造民族的精神人格为己任。从这一创作思想出发，创造社比较看重于青年情感的自我流露，也比较看重于多侧面地展示现代青年知识者的自我形象。他们怀着青年人特有的好奇心与特别容易产生的感伤心情来理解人生、对待人生，他们的创作中充满了富有青春气息的生命流动和青春色彩的美。如同他们的社名一样，"创造精神"是创造社的根本精神，这种"创造精神"也正是青春精神。学者王富仁在《创造社与中国现代社会的青年文化》一文中，分析了创造社同青年文化的密切关系，认为"青年文化的传统，按照我的意见，则是创造社首先建立的"。不过，王富仁还认为，经过 1928 年的革命文学论争之后，"创造社便结束了自己的生命"①。——创造社在 20 年代初期首创"青年文化"，仅仅数年之后，"创造社便结束了自己的生命"，其成员"急剧转向"或者"跳来跳去"，这一事实本身恰好说明"青春"和"青春文化"的幼稚、脆弱、多变甚至危险的一面。

从创造社元老郭沫若身上，便可发现"青春"和"青春文化"的一些问题。在实现自我解放的理想追求中，郭沫若把破坏当作第一位的工作。他明白地宣告："我们的事业，在目下的混沌之中，先要从破坏做起。我们的精神为反抗的烈火燃得透明"；我们"要把一切的腐败的存在扫荡尽，烧葬尽，迸射出全部的灵魂，提供出全部的生命"②。所谓破坏，也包含对自我的反省与自我否定，使郭沫

① 王富仁：《灵魂的挣扎》，时代文艺出版社 1993 年版，第 200 页。

② 郭沫若：《我们的新文学运动》，《郭沫若全集》文学编第 16 卷，第 4、5 页。

若有可能从主张“纯文学”走上革命文学的道路,从一个激进的民主主义者转变为共产主义战士。但是,应该承认,诗人的脆弱性、动摇性,也使郭沫若既善于接受新事物,同时又轻易地贬抑自己,匆忙地否定那些本不应该否定的东西。如他原先认为文艺应该是传达“自己的心声”,“不是像留声机一样在替别人传高调”;但是他的文艺观发生突变后便“忏悔”了:从“不当一个留声机器”,转变为要“当一个留声机器”。黄侯兴在《“青春型”诗人——郭沫若》一书中写道:

> 郭沫若从表示不愿当留声机到甘愿当留声机,后又自觉充当党喇叭,他不断地调整自我与社会、阶级、政党的适应度。但民主革命阶段的这种自我调整与社会感应,是以一个年轻的文化战士的姿态出现的,所以仍具有献身革命、追求真理的特点,仍未完全丧失诗人的艺术个性,因此才可能产生《屈原》中的“雷电颂”那样的千古绝唱。开国以后,郭沫若的地位发生了重大变化,他的自我调整就羼杂了为着自我保护而不断调整与社会潮流保持一致的适应度。这应该说是一种泯灭个性、贬抑自我、损害艺术的社会感应性情绪。①

在郭沫若身上,希望与失望、执著与动摇、勇敢与怯懦、兴奋与消沉……构成了一个矛盾的复合体。其实,“青春”和“青春文化”也是这样一种矛盾的复合体。郭沫若多变的“人格”,正是“青春型”诗人在时代影响下“精神脆弱”的表现。

“五四”时期作为中国思想史上急剧转型、动荡时期,出现了“价值失范”现象,但也给多元文化和思想的传播留下了广阔的空间,给创造者提供了并不多见的历史机遇。有学者把“五四”时期的思想界归结为三种主要思潮:其一为激进主义思潮;其二为保守

---

① 黄侯兴:《“青春型”诗人——郭沫若》,山东人民出版社 1994 年版,第 21 页。

主义思潮；其三为自由主义思潮。“五四”时期的几种思潮在斗争中共存，在争辩中互补，成为一种复杂的文化存在或称“多元文化”景观。后来随着政治形势的发展，激进主义成为占据主导地位的时代潮流，获得了充分的发展；新中国成立以后，激进主义作为主流意识形态话语，借助强大的宣传媒体，越来越渗入现实生活中的各种空间，从而获得了天经地义的“合法性”，几乎被奉为革命事业的法宝。回首历史，中国百年思想史上的“激进主义思潮”几乎总是同“青春文化”紧密扭结在一起，形成“火借风势，风助火威”之势，共同演绎了一部百年“青春革命史”——“激情、浪漫”同时“浮躁、偏执”；“狂狷、自由”却又“缺乏理性”；“大破、大非”然而“少有建树”。李欧梵认为，革命与爱情实质上“都是有相同的感情分母不可分割地联系在一起的：恋情和革命激情都是从同一个源泉里喷涌出来的”①。其实，革命与青春、“乌托邦”也有“相同的感情分母”，革命激情、青春激情和“乌托邦”狂热也都是从“同一个源泉里喷涌出来的”。学者林毓生认为，李大钊把马列主义当作促进革命的工具来接受，乃是对中国自辛亥革命以来“三重危机”②的历史性反应。“李大钊所发端的，把乌托邦主义当作发动政治革命的工具的思想，实是中国乌托邦主义异化的滥觞。在中国社会中，……没有多少排距‘乌托邦主义异化’的资源。‘乌托邦主义异化’的结果是：目标愈理想化、政治活动便愈不切实际、愈空洞化。然而，当政者却以为目标愈理想化（愈大、愈猛），便愈能动员干部与群众，也就愈能办事。这一症候群可称为‘空洞化的政治现实主义’。从‘大跃进’到‘文化大革命’虽然它们之间有许多不同，却都呈现了

---

① ［美］李欧梵：《中国现代作家的浪漫一代》，见贾植芳主编：《中国现代文学主潮》，复旦大学出版社1990年版，第78页。

② 指中国传统政治、社会与文化秩序崩溃后的危机。——笔者注。

这一‘空洞化的政治现实主义’的倾向。”①“青春文化”具有两面性，有其自身存在的矛盾；也可以说“青春文化”既有积极的一面，也有其不成熟的幼稚的一面——就像青春一样，它既是美丽的，又是可怕的。然而，长期以来，人们只是简单化地肯定“青春”和“青春文化”的“正命题”，而忽视或否定其“负命题”，结果形成一种“线性思维”方式，这种思维方式以简单化、片面化和幼稚化为特点，影响了人们对于“青春”和“青春文化”理性的、辩证的、全面的把握和认识。且看梁启超《少年中国说》关于“少年人”和“老年人”的多种比喻：

> 老年人如夕照，少年人如朝阳；老年人如瘠牛，少年人如乳虎；老年人如僧，少年人如侠；老年人如字典，少年人如戏文；老年人如鸦片烟，少年人如泼兰地酒；老年人如别行星之陨石，少年人如大海洋之珊瑚岛；老年人如埃及沙漠之金字塔，少年人如西伯利亚之铁路；老年人如秋后之柳，少年人如春前之草；老年人如死海之潴为泽，少年人如长江之初发源。此老年与少年性格不同之大略也。任公曰：人固有之，国亦宜然。②

这篇热情激越的世纪之作，在显示作者风风火火的革命激情和洋洋洒洒的文学才华之余，也流露出思维方式的简单化和片面化，即把“少年”与“老年”二者对立起来，用“青春文化”简单地否定了“老年文化”。如此分析梁任公之名作，也不过意在指出某种思维方式的简单化和片面化，使我们对“青春”和“青春文化”的理解更加理性和全面。

20世纪即将结束的时候，中国学者终于开始了对“青春”和

① 林毓生：《热烈与冷静》，上海文艺出版社1998年版，第160页。

② 转引自《自由心影录——梁启超散文精品》，四川文艺出版社1998年版，第243页。《少年中国说》原刊1900年2月10日《清议报》。

"青春文化"的理性反思。学者钱理群的《青春是可怕的》一文体现出清醒而深刻的理性精神：

> 我们从来都说："青春是美丽的"——这是巴金的名言，也是中国作家、现代知识分子的共同信念，甚至成为现代文学的基本主题。但是，现在，我们必须正视："青春是可怕的"——连同所有与"青春"相联系的乌托邦幻想，一切非理性"抒情诗"都是导向"专制"的可能。正如昆德拉所说："人世间凡属于上帝的一切也可以属于魔鬼。"①

钱理群是在回忆北京101中学一位美术教师在"文革"中被一群"红卫兵"活活打死这一悲剧事件时，开始对20世纪中国社会中的"青春"和"青春文化"进行反思的。钱理群在文中分析道："我们这个民族从'五四'时期就不断呼唤'青春'，这绝非偶然，它表现了中国现代民族蓬勃向上的精神，也显示了它的不成熟性；以至长期以来，我们一直视'青春'为历史正题，而忽视了它的负面。在某种意义上，20世纪的中国历史舞台，不断为青春的表演提供'游乐场'，而最终演出了'文化大革命'那样的青春的专制暴力的大浩劫。20世纪的民族青春史，也就从正面转向了负面。这可以说是历史对我们民族不成熟的一个无情惩罚。"②钱理群对历史、民族和青春的反思是沉重的，他深刻地指出："受到惩罚的民族不会自动走向成熟。如果我们仍然沉湎于青春期的狂梦与焦躁中，不敢正视青春的'可怕'，我们的灾难就不仅是长不大，'文化大革命'那样的疯狂还会以另一种形式莅临我们的国土……"③钱理群对历史、民族和青春的反思深受捷克作家米兰·昆德拉的影响。几乎与北

---

① 钱理群：《钱理群文选——拒绝遗忘》，汕头大学出版社1999年版，第291～292页。

②③ 钱理群：《钱理群文选——拒绝遗忘》，汕头大学出版社1999年版，第292页。

京红卫兵造反的同时，米兰·昆德拉在小说《玩笑》中揭示了这种历史荒诞，虽然他根据的是他50年代在捷克的体验：

青春是一个可怕的东西：它是由穿着高筒靴和化妆服的孩子在上面踩踏的一个舞台，他们在舞台上做作地说着他们记熟的话，说着他们狂热相信而又一知半解的话。历史也是一个可怕的东西：它经常为青春提供一个游乐场——年轻的尼禄，年轻的拿破仑，一大群狂热的孩子，他们假装的激情和幼稚的姿态会突然真的变成一个灾难的现实。

当我想到这一切时，我的一连串评价都出了差错。我对青春产生了一种深深的仇恨，同时又夹杂着对历史罪人的一种自相矛盾的宽容，我突然之间把它们的罪恶仅仅看成是期待着长大的烦躁不安。①

米兰·昆德拉把“青春”所表现出来的“盲目”、“暴力”、“狂热”、“轻信”等这些“负面”因素归结为“期待着长大的烦躁不安”，一旦历史为这样的青春提供“舞台”或“游乐场”，由“青春”酿成的“罪恶”往往会变成“灾难的现实”。米兰·昆德拉对青春的反思以及他提出的“青春是可怕的”这一命题，对我们认识和反思20世纪“青春史”和“青春文学史”极富启示意义。

青年与社会的关系是“青年文化”中无法回避的重要问题。现代社会学和现代青年学认为青年和社会的关系本质上是一种“互动关系”，“在青年与社会的互动过程中，是充满着矛盾、对立与统一的。青年在认识与改造社会的过程中会出现种种不适应的情况，从而产生对社会的不满、惶惑、疏远乃至对立和反抗，而社会在对待青年的态度和做法上也难免存在着不合理、不科学的地方，这些都反映了青年与社会建立新型关系的艰巨性和困难性，同时也

---

① [捷]米兰·昆德拉：《玩笑》，景凯旋译，作家出版社1990年版，第88页。

暗示出青年要与社会达到平衡与统一必须付出艰苦的努力”①。青年身上蕴藏着巨大的社会力量,但这种力量主要是一种盲目的潜能,因而也是易变的、不确定的,如果在不正确思想引导下,青年的社会潜能也可能转变为一种社会的破坏力量、消极力量,从而成为一种不安定因素阻碍社会的向前发展,红卫兵运动的悲剧就是一个绝好的证明。只有将青年的社会潜能积极地开发出来,导向健康进步的方向,才能成为推动社会进步的巨大动力。青年既是社会落后的最大受害者,也往往是社会进步的最大受益者。青年的这一社会特点,决定了他们是最乐于投身于社会进步洪流中去的社会成员,也是最容易爆发社会革命运动的社会群体。20 世纪初期的中国青年,之所以成为反帝反封建革命运动的先锋,其根本原因就在于他们最沉重地遭受着封建社会的压迫。“青年的社会思潮易染上偏激的情绪色彩。尤其在政治思想方面,青年喜欢提激进的口号,表现出冲动的举止,常常以一种‘非常规的政治行动’来表达自己的政治倾向。如震惊世界的美国青年嬉皮士运动、法国学生造反运动、中国大学生的学潮等等都是这方面的极端例证。”②总之,一定的历史条件影响和制约着青年的发展,而青年又以其特殊的方式作用于社会,影响和改变着社会发展的进程和方向,这就是青年与社会的基本关系。

回顾百年中国“青春文化”发展史,不少问题值得深思。当代青年问题已不是单纯的心理学问题,众多学科诸如社会学、教育学、政治学、伦理学、犯罪学、人类文化学等等继心理学之后,纷纷把青年问题纳入到自己的学科研究领域。专门以青年为研究对象

① 金国华主编:《青年学》,中国青年出版社 1999 年版,第 70 页。
② 金国华主编:《青年学》,中国青年出版社 1999 年版,第 82 页。

的“青年学”(或称青春学)也已经建立起来[1],为全面、系统地研究青年和青年文化问题提供了可能。这也要求“青春”和“青春文化”研究者站在更高的知识和思想平台上,看待“青春”和“青春文化”问题。从青年学角度看,当代青年不仅要继承文化基本规范,而且要掌握最新知识和技能以适应不断进步的时代要求。较之历史上的青年,无论当代青年的实际生活发生了多么深刻的变化,无论他们在文化知识和心理的成熟性方面比他们的“前辈”青年提高了多少,当代青年作为过渡时期的特殊社会地位却始终没有发生根本的改变。联合国教科文组织大会在《关于青年状况的报告》中指出:“成人世界的倾向是,认为青年应在社会的大门口等待。”[2]在当代社会,青年为了适应高水平的劳动而延长了培训期,这就使青年的某些社会权利、义务和责任被推迟到成人之后才能履行,从而大大限制了青年的社会独立性。——这是我们在思考当代“青年”和“青年文化”以及“代际关系”问题时应该注意的现实情况。我们站在“青年本位”立场考虑问题,并非把“青年文化”和“老年文化”对立起来,而是提倡“沟通和对话”,尽量填平“青年文化”和“老年文化”之间在文化上的“代沟”。著名学者贺麟在《向青年学习》一文中,对“青年”和“中年、老年”之间的相互学习作了精彩的论述,有助于我们对“青春”、“青年文化”、“代际关系”等问题进行深入反思。贺麟说:“我站在中年人虚怀求进益的地位,我劝老年人、中年人向青年学习,在上者向在下者学习。站在青年人的立场,替青

---

① 美国著名心理学家斯坦利·霍尔(Stanley Hall)所著《青年期——它的心理学及与生理学、人类学、社会学、性、犯罪、宗教和教育的关系》一书,被认为是最早的青年科学研究著作。1983 年,罗马尼亚学者马赫列尔出版了第一部青年学专著《青年学导论》,对青年现象进行整体性的综合研究。在国内,由金国华主编、1999 年出版的《青年学》系普通高等教育“九五”国家级重点教材。

② 转引自金国华主编:《青年学》,中国青年出版社 1999 年版,第 76 页。

年自身设想，我们更愿劝导青年人虚心向前辈学习。必须中年人、老年人向青年人学习，社会文化才会有进步，必须青年人向中年人、老年人学习，历史学术才会有继续性。中年人、老年人不向青年学习便叫做顽固。青年人不向中年人、老年人学习便叫做狂妄嚣张。……一个社会里，年长的人顽固，年青的人嚣张，安得不乱！前辈向青年学习，可医治顽固。青年向长辈学习，可医治嚣张。青年嚣张的风气易转变，老年顽固的习气难破除。青年向长辈学习易，老辈向青年学习难。所以'向青年学习'的虚怀前进的美德，更值得人们的赞赏。"①——显然，贺麟对"青春"和"青春文化"、"代际关系"等问题的思考更具理性深度和哲学、文化学内涵，对我们正确认识上述问题，特别是反思百年"青春史"具有指导意义。研究和反思20世纪中国"青春史"，对于研究和反思百年"文学史"无疑具有重要影响，而对20世纪中国文学史中"青春主题"的研究也必将加深人们对百年"青春史"的认识。

① 贺麟:《文化与人生》，商务印书馆1988年版，第334～335页。

第三章 “成年礼”与青春成长内涵

青春成长作为一个走向成熟的过程,在世界各地普遍存在的成年礼仪式中得到生动的表现和反映,通过对成年礼仪式的考察分析,有助于理解青春成长主题的文化内涵。

“成年礼”和成长悖论

成年礼仪式是世界上各民族史前时期都普遍存在过的习俗。社会发展所处的程度越低,其成年礼仪就越是严格和隆重。为证明一个人的成年,毛利人的少年必须经受住三名成年男子的挑战,秘鲁少年必须跳过一座悬崖,墨西哥少年必须背负巨石泅渡海峡。在南美洲火地岛锡克兰人的成年礼中,男孩们则集中于一个与外界隔绝的环境,只有一点点食物,几乎不准睡觉,经常在老人带领下翻山越岭作长途行军,筋疲力尽回到居地后还必须静听关于历史学和公民学的教导。最为严酷的考验是南美洲古代印加文明中的“瓦拉库”①考验。“瓦拉库”一词来源于“围腰布”的名词“瓦拉”,最早是印加人以颁发围腰布来表示成年的一种仪式,后来“瓦拉库”成为印加王族少年的成年仪式,也成为印加举国欢庆的重大

① 有关“瓦拉库”仪式参见沈小榆:《失落的文明:印加》,华东师范大学出版社2001年版,第38页。

节日。具有王族血统的印加少年们一旦年满16岁，就面临着这项严峻的考验。一开始小伙子们被禁闭一室，开始为期6天的斋戒。斋戒之后是长跑比赛，再后来是真刀真枪的演习。小伙子们被分成两组，一方攻打堡垒，一方则守卫堡垒，双方展开激烈交战。战斗演习中难免会有人受伤，甚至被杀身亡，激烈的交战体现了原始战争的酷烈遗风。在以后的日子里，他们还要经受多种考验，如进行投掷比赛、参加射箭考试，还有拳击、摔跤等项目。整个"瓦拉库"考验仪式由年迈的尊长主持，他们赢得应试者的敬畏，也在必要时候传授经验并提供帮助。军事训练外，由一位长者谆谆告诫年轻人要铭记王族家史，不忘祖先光荣业绩，争取成就一番新的事业，还要教导年轻人具有良好的道德和高尚的行为，无愧太阳神子孙的光荣身份。一个月之后，圆满完成考核的王族男子们被授予"瓦拉库"标志，印加王亲临仪式并发表演说。经过穿耳孔仪式、穿鞋仪式和在腰间系戴围腰布仪式，"瓦拉库"仪式正式完成。赢得"瓦拉库"称号的王族年轻人意味着从此变成了能够肩负使命的成熟男子。

根据犹太教的信仰，犹太人一生中的各个阶段都会由相应的仪式标示出来，通过这些与众不同的仪式，犹太人得以从小便开始获得群族和信仰的认知，学习承担特殊的职责，将自己定位成上帝的选民。犹太男孩到13岁即进入成年，这表示他们应该开始奉行所有的诫命，从此后这个男孩即成为"诫命之子"。男孩子的成年礼，是通过安息日早礼拜中被点名诵读经文来表示的。犹太女孩则在12岁到来时举行类似的成年礼。①

在古希腊时代的斯巴达城邦，由于那里的女性比雅典城邦的女性拥有较高的家庭和社会地位，她们也像男子一样接受体育方

---

① ［美］房龙：《圣经的故事》（插图珍藏本），王伟、刘国鹏译，陕西师范大学出版社2002年版，第187页。

面的训练和考验。她们参加摔跤、掷铁饼和投标枪等活动，并且参加具有宗教仪式意义的跑步比赛。她们这样做是为了将来能够生下健康的后代并能从容地应付分娩的痛苦。这种体育活动似乎也可以看做古希腊女性成长道路上带有成年礼考验性质的一种锻炼。斯巴达新娘是在她们丰满成熟之时，被丈夫用强力抢走的。新娘被抢走后，伴娘负责照顾她，把她的头发贴近头皮剪短，给她披上男子的外衣，穿上男式便鞋，再将她安置在地上的一张简易小床上，让她独自躺在黑暗之中，直到丈夫从外面回来后把她抱上婚床。① 如果这种仪式意味着一个斯巴达女性的成年，那么，这种仪式较之男性的成年礼的考验则有更多的心理残酷和内心屈辱的意义，在她们成年的仪式上就笼罩着男性暴力统治的阴影。

中国的冠礼即成年礼，是人生重要的里程碑，它表示从此和童年告别，正式跨入成年人的行列，人们也按照大人的礼仪来要求和对待他了。在先秦，“礼不下庶人”，冠礼只是贵族男子的专利。周代贵族举行冠礼的年龄依其身份不同而有所区别，地位越高的人似乎行冠礼越早。行冠礼的时候，男子先将头发盘结于头顶为髻，再戴冠，然后用笄将冠与髻一同固定。这种盘发戴冠的仪式要有一个过程。通常是由“筮日筮宾”②、“三加冠”③和“取字”④三个步骤组成。冠礼仪式结束后，行冠礼的年轻人拜见母亲、兄弟、姑姊，再更换冠服，执礼品前往拜见国君，之后还要执礼品拜见乡大夫、乡先生。周代男子一般 20 岁举行“冠礼”，也叫“加元服”，民间俗称“上头”。由于“男子二十而冠”，所以二十岁也称“弱冠”。女子也有成年礼，“十有五年而笄”，把头发挽成髻，插上笄就行了。秦

---

① 陈恒:《失落的文明:古希腊》，华东师范大学出版社 2001 年版，第 130 页。

② 即选定佳期和来宾。

③ 喻示成人的各项权利和义务，也象征德行步步长进。

④ 标志着第二次生命的开始。

汉以后，冠礼成为社会普遍的成年礼仪。冠、笄的年龄不再局限于20岁、15岁，而是因地因人而异。唐宋以后的冠礼，一般在16岁左右，仪式也趋于简朴。司马光讲："俟其子年十五岁以上，能通《孝经》、《论语》，粗知礼义，然后冠之斯为美矣。"①清军人关后，严令汉民蓄发梳辫，汉族数千年的冠冕服制受到致命冲击，冠礼产生重大变异。据各地方志记载，清朝、民国时期的冠礼虽然废去，但仍有冠礼的遗风。有的地方设酒宴邀请亲人朋友，请士人命字，谓之"庆号"；有的地方"男子十五以上随便加冠"；有的地方"成童则加帽"；更多的地方则"以婚礼为冠礼。既婚娶，谓之成人"。所有这些遗风都蕴含"冠而字之"的成年礼风俗。中国古代"敬冠事"，认为"冠者，礼之始也"。"将责成人礼焉者，将责为人子、为人弟、为人臣、为人少者之礼行焉。"②由于冠礼是贵族男子成年而被贵族社会承认的转折点，是巩固宗法制度的重要手段，所以古代社会对冠礼十分重视，认为它是人生礼俗的关键内容。冠礼之后，不仅要以成人的资格和礼仪修养来待人接物，还要承担起对国君、父兄的忠信孝悌之道。结发加冠的这一套礼仪自然会限制青少年的思想和行动，甚至成为控制他们自然人性的枷锁，然而，冠礼又是敦促青少年成熟的界碑，它使一个青年瞬间体会到成熟感，使自尊、自爱、自重、自强成为他们的自觉意识，也使他们自觉承担家族、国家和民族的责任和义务。中国古代的成年礼较之世界其他民族的成年礼，似乎缺少严酷考验的内容，只是一套形式而已。事实上，中国古代社会对青少年的要求和考验是相当严厉的，那种"不打不成器"的传统观念认为，"棍棒之下出孝子"，严厉的体罚就可以使少年及早"成人"。因此，体罚和责骂成为家庭教育和私塾教育中司空见惯的事情，而且对青少年的"成人要求"，早在冠礼之前就开始

---

①② 司马光：《训子孙文》，转引自秦永洲著：《中国社会风俗史》，山东人民出版社2000年版，第275页。

了。以至有人说,中国古代社会少有真正意义上的“儿童”,而多的则是“低龄成年”。从某种意义上说,中国古代少年在走向成年礼的路途中所经受的身体折磨和心灵磨难在世界上也是少见的。我国是多民族国家,少数民族中的成年礼或相当于成年礼的仪式有“换裙礼”(凉山彝族)、“穿裤子礼”(永宁纳西、普米等族)、“包头礼”(瑶族)、“挽髻礼”(藏族)、“文身礼”(高山族)、“拔牙礼”(仡佬族)等等。①

尽管各民族的成年礼在考验的内容和方法上随民族的信仰习惯而各不相同,但在考验的仪式性和严酷性上却完全一致。通过连续性的考验,仪式参加者在忍受种种肉体和心灵的痛苦中经历了一次象征性的“死亡”和“再生”,暗示着他们童稚期、无知和无宗教时期的终结,以及第二次生命意义即成人资格的获得。这种青年礼仪作为社会传承的基本模式流传了相当漫长的年代,在仪式上所进行的文化传喻内容充满了传奇色彩,概括起来有以下几个共同特点:首先,在成年礼仪式上进行社会准则和道德规范教育。由于参加仪式意味着从此获得了成人的权利、责任和义务,因此每一个受礼者必须掌握部落的各种行为规范和准则,明确自己的社会责任。这种教育一般都通过严肃的训诫和强制性的灌输方式进行。如喀麦隆的贝蒂人,要求受礼的新人必须熟读、背诵以下9条以神的名义规定的戒律②——

1. 不伤害任何一个亲属、同姓、同伴,否则,将有病魔入体,败血伤身。

2. 不能因嫉妒而伤害另一个人,哪怕是一个外乡人。

3. 不能偷窃邻人的财产、房屋、牲畜以及他人珍藏的财宝。

4. 不能无中生有、恶语伤人,不能诅咒邻人。

---

① 见金国华主编:《青年学》,中国青年出版社1999年版,第31页。

② 见金国华主编:《青年学》,中国青年出版社1999年版,第31~32页。

5. 不能撒谎，言而无信，更不能为了害人而胡说八道。

6. 不能或伙同父系或母系中的任何一个女人以及岳父岳母和他们的亲属行凶作恶。

7. 不能偷盗，不能抢劫不属于自己的任何东西。

8. 如果在路上遇到有dzamba字样的物品，不能占为己有，它是圣物，必须物归原主。

9. 若有俗人向你们打听奥义，不能有半点泄漏，露了天机是最大的罪过，将会因此失去鲜血，失去家族。

条条戒律组成了一道无形的传统之网，既可使青年免遭外部的侵犯，又能使他们永远依附于传统，遵循着传统的轨迹成长。这方面的例子我们还可以参考古代雅典青年17岁时宣誓的誓言①：

我们永不因欺骗或胆怯使城邦蒙羞。

无论个人或集体，我们将为城邦的理想和神圣事业而战斗。

我们将尊重和服从城邦的法律，并尽力使那些力图废止或降低法律威信的人同样尊重和服从这些法律。

我们将努力提高大众的公民意识。

遵照上述誓言，我们将改造城邦，使之日益强大，日益美好。

其次，通过成年礼仪式进行性教育。一般来说，成年仪式中除由部落长老向受礼者讲授性与生育方面的知识外，往往还传授性方面的处事准则，如澳大利亚阿拉瓦部落的受礼者须在仪式后牢记以下准则：不得追逐妇女，务必避开堂姐妹或表姐妹，不得失去对性的自制力等等。性教育是成年礼仪式中极重要的内容。在许多民族的成年仪式中还要进行“割礼”，即把男孩的阴茎包皮做环割手术。这种手术被认为是神明的一次再创造而具有了神圣的、非此不可的性质。希腊学者赫洛道特认为，割礼仪式是人们关心

---

① ［美］威廉·贝内特：《美德书》，何吉贤等译，中央编译出版社2002年版，第124页。

自我的表现。一些西方学者认为它是一种象征对神献出血肉的行为,是人与神立约的一种表示。前苏联学者托卡列夫则认为割礼可以赋予青年性的自制力,抑制肉体情欲。①

第三,通过成年礼仪式进行历史和传统教育。在成年礼仪式上通过讲述神话和传说中的祖先或某些确有其人的英雄的故事,向青年人讲解部落的历史,从而使青年人了解部落历史,产生一脉相承的认同感。

此外,成年礼仪式是年轻人加入社会劳动大军的隆重的典礼,因此,有经验的长者通过成年礼仪式对年轻人进行生产技术教育。成年礼仪式或成年礼的象征、类似仪式,在传统文化中源远流长。中世纪欧洲在授予骑士称号的时候,修道院和宫廷学校在学生毕业的时候,以及当今入团、入党,大学生取得学位,颁发毕业证书时所要举行的种种仪式,可以说都是这种古老意识的继续和演化。值得指出的是,古代接受成年礼的人虽然经过种种肉体的、精神的痛苦磨炼,如背诵咒语、解释格言、聆听训示、吟唱历史,甚至鞭笞、杖击、烟熏、火烧、放血、磨牙、熬夜、挨饿等等,但所有这一切充其量是一个情感的历程或文化的标记,并不使青年的社会特性发生根本的变化。青年人并没有因此而形成一个特定的社会阶层和获得稳定的社会地位。由于成年礼仪式和启蒙训练几乎都在极短时间内即告完成,有的三五天,有的个把月,最短的仅有几小时,因而人生由童年迈向成年人的过程事实上也就极其平坦自然,其间并没有一个历时长久的稳定的青春岁月。一个人进入成人阶段的标志,即使不完全是生物学意义上的发情期,也仅仅是一个受传统文化所制约的青年仪式。例如,在中国的传统文化中,参加了成年礼就意味着可以婚嫁;在有的文化中,如北美洲中部,进入成年阶段则意味着从事战争;而在另一种文化中,成年人的主要标志是在表

① 金国华主编:《青年学》,中国青年出版社1999年版,第32页。

现神的假面舞会中获得了跳舞的权利。由此可见，古代社会的成年礼主要是一种文化心理象征，不是一个特殊的年龄阶段。①

古代社会的成年礼仪式，在文学中留下了或明或暗的线索，为人们研究成年礼的文化内涵提供了大量佐证材料。

方克强教授曾用原型批评方法成功地分析《西游记》中隐含的成年礼寓意。②《西游记》主要写唐僧、孙悟空等西天取经的故事，它在100回中占据了88回之多，唐僧遭遇的81难中有77难发生在取经路上。取经之前，取经者都犯过某种与孩童的未成年特点相联属的错误，由于不合成人社会（佛社会）的法则而受罚或遭驱逐。唐僧原是如来之二徒，他“不听说法，轻慢我之大教”的错失，极似学生不好好读书、破坏课堂纪律。白马乃广晋龙王之子，其罪名是“违逆父命”，不服大人管教。悟空、悟能、悟静皆是人、妖、神合一的形象，年龄阶段无从认定。但悟空大闹天宫中所表现出的十足的孩子气，悟静失手“打碎玻璃盏”的孩子式的错误，悟能“带酒戏弄嫦娥”体现了性成熟而心智尚停留在儿童水平，都曲折地喻示着他们心理和行为上未成年的特征。取经之后，历经81难证明了他们心理上的成熟和对佛法（成人社会法则）的认同，于是被接纳进佛社会（成人社会）成为其中的正式成员，并重新加以命名。③这里，由非佛而成佛的过程事实上是未成年至成年的象征。而整个取经故事的情节框架：少年犯错——严酷考验——成年命名，则是一个成年礼的原型模式。远古的成年礼仪式是原始宗教信仰的反映和其中的组成部分，而取经故事则具有明显的佛教内涵。两

---

① 金国华主编：《青年学》，中国青年出版社1999年版，第34页。

② 参见方克强：《文学人类学批评》，上海社会科学院出版社1992年版，第164页。

③ 檀佛、斗战佛、净坛使者、金身罗汉、天龙八部马等佛名，类似于我国古代冠礼即成年礼仪式最后部分的“取字”。

者虽然是人类不同历史阶段创立的宗教,但作为一种连续性的意识形态却存在着诸多相关性和相似点。从本质上说,通过苦行修炼才能成佛的佛教教旨与经过严峻考验始得成年的远古成年礼仪式是同构的,于是历史上唐僧历经艰险西天取经的故事就升华为成年礼仪式的重演。朱狄曾经指出:“在原始宗教范围内,祭礼仪式占有最显著的地位,它是原始社会中最大的一种‘宗教语言’,宗教教育往往是通过祭礼仪式来实行的。在原始部族中普遍存在的‘成年礼’仪式,实际上就是起组织社会生活,进行宗教教育的作用。”①事实上,任何成年礼仪式在诸多的考验之外,都有宗教教育的内容,传授部落的神话传说和图腾信仰,以及有关的禁忌和斋戒、道德规范、处世准则,以促使年轻人精神上的成长。

孙悟空的形象还体现了成年礼中人格心理由不成熟趋向成熟的演变过程。

在孙悟空出世到大闹天宫的情节中,他是一个“恶作剧精灵”,或称少年神话英雄的形象。他出门求师,变得神通广大,本领高强,但在个性上却是儿童。贪玩好动是猴子的习性,也是儿童的天性。他闯龙宫抢夺如意金箍棒,闹地府勾销生死簿上名,到天庭偷桃偷酒偷仙丹,在如来佛掌心还要写“到此一游”,并撒尿为证。孙悟空的行为表明,他的个性还停留在少年阶段,无拘无束,大胆妄为,充满反叛精神和挑战精神。孙悟空的儿童天性和青春性格,自然为有着既定规范的成人社会(佛教社会)所不容。孙悟空和如来佛之间的争斗,反映了个人与社会、人的天性与理性、青春姿态与社会权威之间深刻的矛盾。为了维护成人法则和社会规范,孙悟空被压在五行山下,“饥吃铁丸,渴饮铜汁”,其实质上是强制性成年礼的开始。

成年礼仪式过程的心理学分析有助于我们进一步认识“成长

---

① 朱狄:《原始文化研究》,三联书店1988年版,第538页。

的过程”。

荣格派心理学家汉德逊指出：“从根本上讲，成年礼是一个以服从仪式开始，过渡到压抑阶段，然后达到进一步解脱的仪式过程。”①在取经故事中，我们大体上可以看出孙悟空思想性格从服从到压抑再到解脱的演变轨迹。成年礼首先通过服从仪式，以压服儿童本性中的桀骜不驯和原始粗野，使其处于被动和服从地位，从而强迫他纳入社会化和成人化过程。服从仪式为了达到目的往往使用暴力手段。原始民族成年礼中的切痕、火烤、毁齿等，以及现代管教孩子中的体罚和责骂现象，都属于此。孙悟空经过的服从仪式有两个内容：一是五行山压顶的500年磨难，二是头戴紧箍儿的长期束缚。戴上紧箍儿之后，孙悟空进入了压抑阶段。压抑不在于取经路上妖魔为害作乱和死亡的考验，而在于心灵的磨难。在紧箍咒威胁下的服从是痛苦的。孙悟空不再能够按照自己的意愿自由行事，即使对妖魔也是如此；他必须忍受唐僧的是非不分和听信谗言；他常常违心地做事，经常要在神佛和唐僧面前认错。压抑的结果是孙悟空性格前后发生了很大变化。一个天不怕地不怕的英雄变得易于流泪了和痛哭了。取经路上孙悟空一共哭过近10次，这自然是压抑的结果，他开始体验到委屈、痛苦和无奈，个性也由刚强向坚韧转变。他开始适应成人环境（佛教社会）并懂得服从，同时获得对自己力量和弱点的自我意识。孙悟空完成了社会化成人化的过程，他就得到了解脱。所谓解脱，就是说他已经得到了佛教社会的认同，他已经把佛法作为自己的行为准则，而不再需要强制性的服从了。这样他就从痛苦和压抑中超越出来，获得另一种意义上的自由。如来佛为孙悟空命名和撤掉他头上的紧箍儿，则是最后的解脱仪式。他已经不再需要紧箍儿了，因为有形的紧箍儿已经转化为内心无形的紧箍儿，化为他成年礼之后性格的

① 荣格等著：《人类及其象征》，辽宁教育出版社1988年版，第135页。

一部分。但与此同时,原来的孙悟空不见了,一个反抗的英雄终于走向归顺,这也是人们所不愿看到的。

孙悟空开始所在的花果山福地"自由自在","享乐天真",是儿童阶段的象征,而后来的灵鹫山福地"家家向善","户户斋僧",则是成年阶段的象征。自然与文化,天性与理性之间的沟壑分开了这两个世界。花果山虽然简陋却不乏诱人之处,灵鹫山极尽繁华却有些名不副实。就连老实的唐僧也满眼垂泪说:"这个极乐世界,也还有凶魔欺害哩!"这重要的一笔,写出了作者对成人后必须认同的现实社会的失望和对天真烂漫童年世界消失后的遗憾。

这真是一个深刻的"成长悖论"。

人必须走向成年,但成年后未必比儿童时代美妙;社会必须走向成熟、文明,但与原初阶段相比,它也显出种种弊端;人在成长中失去的并非全无价值,而得到的也未必都有真正意义。因此,成年后的人,总是追怀自己的童年时代,总是向往已经失去的东西;身处文明社会而又不满其弊端的人,也往往会将理想投射于古代或者未来,作为对现实的某种否定方式。走向成人作为人类恒定的人生课题,"少年——考验——成人"作为人类历史上反复出现的原型模式,"服从——压抑——解脱"作为人类的普遍的经验和集体意识,不仅在古代,而且在现代依然存在。古代仪式化、群体化的成年礼现今已演变成为个人化、心灵化的事件。也就是说,何时迈过成年之关,何时趋于心理成熟,经受多少考验以及考验的方式如何,越来越成为个人各异的事,成为一种自我内心体验和确认。尽管没有考验仪式,但考验仍然存在,考验仍然是个体身心成熟的必由之路,在长大成人过程中,必然会有许多具有成年礼考验特性的事件出现。现代社会尽管成年礼逐渐淡化,但人们还是拥有与成年礼过程相应的人生体验。由于现代社会高度组织化规范化和复杂化,少年的成年之路充满了更多的阻碍和困难,社会对成年礼的内在要求似乎更加苛刻,而人们在成长路上的人生体验也必然变得更加复杂，甚至会有更多的青春反叛行为和成长悲剧发生。

通过以上对成年礼仪式的原型考察和心理分析，我们得知，“少年——考验——成人”是青春成长的原型模式，而“服从——压抑——解脱”则是青春成长过程中的心理轨迹；在成长的路上，少年历经种种磨难而成熟具有可喜可贺的一面，而成长过程中失落的美质加上成人世界的缺憾，又总是令不少成年人神往少年时代，甚至后悔过早地成熟，从而构成了深刻的“成长悖论”。现在再看青春成长主题中的“成长”概念的内涵，它应该指向三种维度：即身体成长（指身体发育，体格和体质）、心理成长（指发展自我意识和理性判断能力，社会交往心理、性格）和精神成长（指培养价值观、信仰观等人生观）。如果身体成长属于外在成长的话，心理和精神的成长则属于内心成长。显然，在一个人的成长路上，内心成长尤其重要也尤其艰难，但也正是内心成长才最终使人经历真正意义上的“成年礼”。

青春“成长主题”探源

“成长小说”①简言之，就是描写青年人成长经历的小说，是描写少年摆脱童年幼稚长大成人的小说，是成长者精神旅程的一种记录。在某种意义上，成长小说往往是作者的自叙传或者忏悔录。它在主题学意义上的渊源可以上溯到德、英、法等国的文学史上的“教育小说”。在德文中，“成长小说”②是“教育小说”③的同义语。教育小说或成长小说的理论基础源于卢梭的教育观。卢梭认为，儿童的天性是善良的，应当创造最好的条件让儿童发展自己的本

① “成长小说”的英文为（initiation）。

② “成长小说”的德文为（Entwicklungsroman）。

③ “教育小说”的德文为（Bildungsroman）。

性。儿童毕竟是儿童,而不是小成年人。儿童必须自我教育,而不应受人教育。卢梭的教育观认为,每一个注定要自我完善的人都必须在炼狱中度过童年与青年时代;这炼狱是以但丁的《炼狱》为模式的,不同的只是传统的宗教信仰已为新的人道主义哲学所取代。人学会如何做儿童,也就学会如何做成年人。人世间的幸福不是随便赐予的,而是成长结束时的奖赏和报酬。在道德与知识领域中成长,意味着对理想的追求以及对考验的接受和应对,这将使人成熟并适应人间环境从而获得幸福。这些观念体现了教育小说的本质;成长被认为是精神的升华与净化。卢梭的教育观和关于成长的观念,使人们明白了教育小说和成长小说合二为一的原因所在。这种教育小说或成长小说在欧洲文坛上的出现,是与卢梭的教育观在欧洲的影响联系在一起的。如同回忆录和忏悔录一样,教育小说必定要描写青春时代,必定要描写青春的成长过程。歌德《威廉·迈斯特的学习时代》被认为是教育小说的开山之作,这里的学习时代实际意义是“见习时代或者学徒期”,而并非指学校里的学习时期。小说主人公威廉早年便脱离了父亲的监护,代替父亲出远门去办事。他带着刚获独立的年轻人的热情进入了生活的新阶段。到小说结尾时,他已是个性格坚定、充满生活信心的成熟的人。威廉的内心成长过程最令读者着迷,他经历了内心的迷乱和迷信,逐渐认识到世界的某些不合理性。威廉在社会上奔波,受教育的结果就是自我意识的提高,他对自己在世界上地位的认识胜过了他对整个世界的了解。《威廉·迈斯特的学习时代》问世以来,这种成长型的教育小说在德国一直很流行,这部小说也被当作成长小说的典型之作。

中国农业文明中的漫长的封建专制社会,有的是青年,缺少的是青春和青春意识,在悠久的中国文学古典小说传统中,青春成长主题并没有构成可观的文学传统。著名的古典小说《三国演义》和《水浒传》,里面活跃着不少青年英雄人物,但却没有青春意识观照下的青春成长的描写。长篇志怪小说《西游记》也只是隐含了成年礼的寓意而已，算不上现实世界中的青春成长主题。清代蒲松龄的短篇小说集《聊斋志异》中的一些篇章，借助仙狐妖怪形象的大胆塑造和浪漫描写，在某种程度上涉及了青春主题。《西厢记》、《牡丹亭》等传统剧本对于青春主题也有不同程度的表现。真正作为青春成长主题滥觞的中国古典小说，当首推清代曹雪芹的《红楼梦》。《红楼梦》描写了众多的青春人物形象，虽不能以青春主题小说来简单涵盖，但由于作者在某种程度上具有自觉的青春意识，使得《红楼梦》这部古典文学巨著拥有了独具特色的青春主题。《红楼梦》较为详尽地描写了贾宝玉成长过程中生理、心理、精神等方面的青春特点，如生理方面，描写了贾宝玉受"警幻仙姑"风月启蒙之后遗精、初试云雨等细节；心理方面，描写了贾宝玉的"意淫"、少女崇拜心理乃至同性恋倾向、对长辈的叛逆情绪等青春心理；在价值信仰的精神层面，表现了贾宝玉对传统士大夫"读书做官"、"求名干禄"生存价值的大胆否定，以及他对基于生命本位之上的审美人生的向往，而当爱情追求受到挫折，精神上的理想国失落之后，贾宝玉决绝地选择了宗教信仰作为精神上的解脱和超越。《红楼梦》对贾宝玉青春成长的描写是洁净的而不是污秽的，这主要在于作者曹雪芹内心的洁净，他把青春当作青春，把青春成长看得自然而然，而不是摆出道学家的面孔指责青春。在对"成长悖论"的态度上，尤其显示了曹雪芹独特而深刻的思想：《红楼梦》里青春世界的温情与洁净、真诚与善良和成人世界的残酷与肮脏、腐朽与堕落形成鲜明的对照。如果成长以失去青春的真善美为代价，曹雪芹宁可让其笔下的青春形象要么死在生命的花季（如林黛玉）；要么先天患有愚顽的"呆病"，偏执地拒绝长大（如贾宝玉）。曹雪芹令其笔下的人物以决绝、极端乃至死亡的方式维护着青春世界的美好，寄托了作者深邃的青春审美理想和超越现实世界的浪漫主义理想。当这种理想只能以"梦"的形式存在于现实世界时，曹雪芹

“皆云作者痴，谁解其中味?”的感叹就不难理解了。试图超越“成长悖论”，最终面对的却是绝望和虚无，这种“知其不可为而为之”的执著，正是曹雪芹的伟大与天真可爱之处吧。《红楼梦》里的青春人物贾宝玉这一大家庭叛逆者形象的塑造，以及大家庭内封建家长的迫害下众多青春生命的悲惨凋谢，直接影响了现代文学史上的一批家族小说。不仅如此，事实上，中国20世纪小说的若干青春主题大都可以在《红楼梦》里寻出端倪和线索，在此意义上，可以说《红楼梦》是关于青春的“梦”，是隐含着20世纪青春主题原材料的一块“巨石”。

西方文学中“成长小说”一词来自德语(Bildungsroman)，大致出现于启蒙运动后不久的德国。“成长小说”通常表现一个人通过不断克服自己的缺点，从一个幼稚的人成长为一个被社会尊重的人。① “成长小说”除了展示主人公的个体成长之路外，通常还具有象征意义：象征着民族国家的成长。18世纪末19世纪初的德国要构建现代民族国家，需要建立关于“成长”话语的“成长小说”作为一种象征，满足了时代的需要。20世纪中国小说史上很少严格意义上的“成长小说”(Bildungsroman)，但是有关青春的“成长主题”却在众多小说中大量存在。

不惟20世纪中国小说史上缺少严格意义上的“成长小说”，20世纪中国文学批评界也很少使用“成长小说”这一概念。值得注意的是，20世纪90年代末一些儿童文学界的作家、评论家们已经开始讨论和使用“成长小说”这一概念。2001年出版的《中国儿童文

---

① 歌德小说《威廉·迈斯特的学习时代》被认为是“成长小说”的代表之作，其中的“学习时代”实际上是指主人公在走上社会之初所经历的“学徒期”或“见习期”。

学5人谈》①辑录了梅子涵、曹文轩等5位著名儿童文学作家、评论家关于儿童文学的座谈纪要，其中“成长小说”是他们重点探讨的话题之一。该书为“成长小说”研讨专题所加的编者按是这样写的——

属于十几岁年龄的一些生命、生活内容，以“儿童小说”的名义去承担，总是不名正言顺，会引起哗然和抗议。面对国外的实践，也是面对那些特定的生命、生活内容，“成长小说”的叫法就出现于儿童文学理论的街头巷尾。这也算是儿童文学作家的一种“自作多情”，既然您的儿童小说管不了那么多，那么您就写您管得住的，管不住的让别人去管，去命名，去阐述，去发展好了，何必多费心？可是不行啊，问苍茫大地，谁主沉浮？我们！我们！②

北京大学教授、著名儿童文学作家家曹文轩最先在儿童文学界提出并使用“成长小说”这一概念，③他曾为少年儿童出版社出版的“成长小说系列”④作序。曹文轩把“成长小说”当作“少年小说”的一个重要内容，但并未从主题学的角度去界定。他说：“少年小说是一个年龄的概念，成长小说是一个内容性质的概念。但这两者之间有着比较密切的联系。……少年小说应将成长的性质看成是自己的基本性质——好的少年小说、有深度的少年小说，好像都应将成长看成是自己的基本命题。从这个意义上讲，将少年小说与成长小说混为一谈，也没有多大问题。”⑤曹文轩在“成长小说

① 2000年11月，应新蕾出版社之约，梅子涵、方卫平、朱自强、彭懿、曹文轩5位著名儿童文学作家、评论家在天津远洋宾馆就儿童文学有关问题举行了为期5天的研讨会，会后出版《中国儿童文学5人谈》。

② 梅子涵等：《中国儿童文学5人谈》，新蕾出版社2001年版，第144页。

③ 曹文轩在很多场合之下，包括为“成长小说系列”写的序中，都提到成长小说。

④ “成长小说系列”属于少年儿童出版社出版的“巨人丛书”。

⑤ 梅子涵等：《中国儿童文学5人谈》，新蕾出版社2001年版，第145页。

系列"序言中并未对"成长小说"作严格的概念界定,他凭直觉描述了"成长小说"的基本特征。曹文轩这样分析中国儿童文学界缺少"成长小说"的原因:

> 我们为什么在今天才捉住了"成长小说"这个概念?我想任何事情都是有原因的,它与我们对一个年龄阶段的认识之缺乏有关,它甚至与我们四周缺少足够的民主氛围有关。我们忽视了成长的特殊性,我们在一种专制的思维方式下,无法去尊重成长阶段的孩子,甚至对他们成长的特殊性视而不见。我们以我们的观念,极其武断地否定了他们的"异常"与叛逆行为。我们甚至以封建主义的道德观念,对他们的天性要求,给予了压制与贬低。我们将一种自然现象、合理要求看成了不正当的东西和丑陋的东西。
>
> 就中国而言,它的来迟,还与特殊的意识形态有关。这种特殊的意识形态,用一种格式化了的要求,取代了人生阶段的特殊性。一切,在这里,都必须服从一个统一的行为原则。而这个原则,显然是与成长阶段的种种欲求相背的。①

儿童文学理论家方卫平认为:"成长小说首先是个母题,其次是意味着一个特殊的题材领域,第三个是意味着一套独特的叙事话语模式。在西方成长小说当中,比如说,它有一个所谓的启悟母题。启悟母题就是描述主人公通过磨难历险达到再生的一种经验。它的文化来源是成丁仪式,这种成丁仪式在小说当中转化为所谓的成长母题。我们今天再一次给成长小说命名的时候,对它也是很有力的推动。但是我觉得把成长小说放在这个语境中比较乱,比如说,在少年小说里边,就没有成长为母题的作品吗?我认为,成长小说与少年小说,这两个不能并列。"②著名儿童文学作家、

① 梅子涵等:《中国儿童文学 5 人谈》,新蕾出版社 2001 年版,第 151 页。
② 梅子涵等:《中国儿童文学 5 人谈》,新蕾出版社 2001 年版,第 145 页。

上海师范大学梅子涵教授认为,“成长文学”实际表现的是少年之后,准青年阶段,①他似乎并不主张在儿童文学领域内搞“成长文学”。儿童文学界的专家学者对“成长小说”的理解存在着一些分歧,这属于正常现象。重要的是他们已经触及“成长”这一丰富、复杂的主题或领域,对这一主题或领域的关注将大大拓展他们的艺术视野,也必将给今后的儿童文学创作和评论带来深刻影响。

一般地讲,人生各个生命阶段都在“成长”,因此也就有“儿童成长”、“少年成长”、“青春成长”甚至有“中年成长”之说。所以,对“成长”主题要区分基本的生命阶段才便于集中力量进行专题研究,否则就容易流于浮泛。本论文主要研究的是“青春成长”主题,同儿童文学中的“成长”主题有一定联系,儿童文学中有一些小说涉及“青春前期”问题,按道理而论也应该进入笔者的研究视野;就儿童文学而言,其“成长”小说如果再往前探索下去,也就和“青春成长”主题连在一起了。总之,在“成长”的根本“特征”上,“少年成长”和“青春成长”两者之间有着更多的精神联系。“青春主题”研究无疑应当从儿童文学的“成长小说”中吸取营养;另一方面,“青春主题”方面的研究成果也会给儿童文学(特别是少年“成长小说”)的研究和创作带来积极有益的影响。

青春成长总是在一定的社会文化环境中完成的,成长中的青少年自然要接受成人世界的价值观和人生观的熏陶。成人社会也总是预设某种人生目标,对青少年进行培训和教化,把他们模塑为社会所需的人才。人的“成长”过程中最难以完成的应是“精神成长”。狭义的“精神成长”可以在青春阶段完成,而广义的“精神成长”不仅是青年人的问题,而且是成人社会在某个历史阶段所面临的“人的发展”方向问题,因此极富哲理内涵。

---

① 梅子涵等:《中国儿童文学5人谈》,新蕾出版社2001年版,第155页。

第四章　成长的节奏与成长的精神向度

精神成长同人的生命阶段有关,不同年龄段的人,社会对其精神成长的要求也各不相同。中国传统社会非常重视人生成长阶段的划分,一个人在不同的生命阶段有不同的成长状况,对生命的领悟也各不相同。

生命阶段:青春成长的节奏

孔子《论语·为政》中的一段话,对中国文化和中国人的心理影响颇深,直至今天仍然有着重要的参考价值:

> 子曰:"吾十有五而志于学,三十而立,四十而不惑,五十而知天命,六十而耳顺,七十而从心所欲,不逾矩。"①

《礼记·檀弓篇》则告诉我们,古人如何以"命名"的方式确立和区别不同的人生阶段;不同的命名方式和不同的称谓在中国古代文化中具有非同凡响的意义。② 有关古人不同生命阶段"命名仪式"的礼俗,《礼记·檀弓篇》中有如下记载:

> 幼名,冠字,五十以伯仲,死谥,周道也。疏曰:冠字者,人

---

① 参见《论语·为政》。

② 清代梁章钜著有《称谓录》,专门记述中国历史上家庭内外人际间不同的称谓。

年二十有为人父之道，朋友等类不可复呼其名，故冠而加字。年至五十，耆艾转尊，又舍其二十之“字”，直以伯仲别之，至死而加谥号。①

中国传统文化习惯用“名”“字”之别来区分不同的生命阶段。小时候给一个名，即“幼名”；等到成年加冠时，就不再使用幼名，而给予“字”。朋友都用“字”来称呼他，自然也有提醒、尊重他“成年”之意——这就是“字”或“别号”的来源。等到五十岁时，社会地位已尊，就不好再直称他的“字”，而要加上伯仲等称呼以示尊敬。死后再给予死后的名，即“谥号”。这就是中国传统文化对生命阶段的理解和重视。台湾学者李亦园认为：“生命阶段礼仪协助人顺利通过人生不同阶段的关口，给予人准备、缓冲的机会，也教导进入阶段应有的角色扮演，以及如何与他人相处，这是很有意义的设计。”②对于孔子在《论语·为政》中所划分的生命阶段以及孔子本人对生命阶段的深刻体验和生命感悟，学者钱穆有着独特而深刻的理解。他在《论语新解》中做了如下阐释：

“三十而立”：立，成立义。能确有所立，不退不转，则所志有得有守。此为孔子进学之第一阶段。

“四十③不惑”：对外界一切言论事变，明到深处，究竟处，与其相互会通处，而皆无可疑，则不仅有立有守，又能知之明而居之安，是为孔子进学之第二阶段。

“五十而知天命”：天命指人生一切当然之道义与职责。道义职责似不难知，然有守道尽职而仍穷困不可通者。何以当然者而竟不可通，何以不可通而属当然，其义难知。遇此境

---

① 刘中光：《礼记笺注》，海潮出版社 1998 年版，第 151 页。

② 李亦园：《人类的视野》，上海文艺出版社 1996 年版，第 312 页。

③ 俗谓四十为“成德之年”，盖人生成熟并定型之阶段。——见李泽厚：《论语今读》，安徽文艺出版社 1998 年版，第 419 页。

界,乃须知天命之学。……孔子为学,至于不惑之极,自信极真极坚,若已跻于人不能知,惟天知之之一境。然既道与天合,何以终不能行,到此始逼出知天命一境界。故知天命,乃立于不惑之更进一步,更高一境,是为孔子进学之第三阶段。①

钱穆认为:"孔子非一宗教主,然孔子实有一极高无上之终极信仰,此种信仰,似已高出世界各大宗教主之上。孔子由学生信,非先有信而后学。故孔子教人,亦重在学。……学孔子之学,不宜轻言知天命,然亦当知孔子心中实有此一境界。孔子既已开示此境界,则所谓'高山仰止,景行行之,虽不能至,心向往之'。学者亦当悬存此一境界于心中,使他日终有到达之望。"②

钱穆是从"进学"的角度理解孔子的生命阶段论的。进学也是一种"成长"形式,且更接近于人物内在的"精神成长"。

学者李泽厚也十分看重孔子在《论语·为政》中对生命阶段的划分和体验,认为"这已是千古名言,至今沿用。由年岁来描述个体成熟的不同阶段及状态,是很有意思的。从而有各种解说。"他在《论语今读》一书中,用了许多篇幅加以解读,尤其对于"知天命"一语,更是在不同的章节多次进行阐释:

> 三十而立,有人强调与"立于礼"有关,③是指人从六岁"习礼"到三十岁才算完全掌握熟练。④但后世注疏多不拘泥于学礼,而泛指人格成熟,更佳。最难解释的是"知天命",似

---

① 钱穆:《论语新解》,三联书店2002年版,第27页。

② 钱穆:《论语新解》,三联书店2002年版,第28页。

③ 孔子曰:"不知命,无以为君子也;不知礼,无以立也;不知言,无以知人也。"——参见《论语·尧曰》。

④ 礼,指一切礼文言。人不知礼,则耳目无所加,手足无所措,故曰:"无以立。"孔子重言仁,又重言礼。仁者,人群相处之道,礼即其道之迹,道之所以显也。若不知礼,更何以自立为人?——见钱穆:《论语新解》,三联书店2002年版,第511页。

可解释到五十岁，自己对这偶然性的一生，算是有了个来龙去脉的理解和认同，一方面明确了自己的有限性，另方面明确了自己的可能性。不再是青少年时代"独上层楼望断天涯路"的前景茫茫，也不再是"天下事舍我其谁"那种不自量力的空洞抱负了。为什么要把宗教性道德作为个体追求心灵完善的"绝对命令"？有神论认为此乃"天意"或上帝旨令。人类学历史本体论则认为这是个体对人类总体的责任和义务，所以才无可逃脱无可推卸。这个"无可"，又并非外在一定社会、时代、群体的他律或经验要求，而是普遍"必然"即所谓"先验"的自律命令，此即自由意志，即本体所在。它高于一切经验。但其根源却又在人际情感之中；根源于它，却可以超出它，因其中有理性之凝聚，而成为心理之形式结构故。从而，它虽纯属个体修养却并非所有人都能作到，这才有圣贤与常人之别。①

李泽厚解释道："'立命'、'知命'、'正命'都指人对自己命运的决定权和主宰性，而绝非听命、任命、宿命，这才是'知天'。从而'知天命'、'畏天命'便不释为外在的律令或主宰，而可理解为谨慎敬畏地承担起一切外在的偶然，'不怨天不尤人'，在经历各种艰难险阻的生活行程中，建立起自己不失其主宰的必然，亦即认同一己的有限，却以此有限来抗阻，来承担，来建立，这就是'立命'、'正命'和'知天命'。'五十而知天命'着意在这种承担和建立的完成，即一己对'命运'的彻底把握。这大概一般非五十岁左右难以实现。"②

李泽厚似乎意犹未尽。在《论语今读》一书的另两处，他继续解释道："从机遇中去把握生活，从主动中去开辟未来，而不是等待、接受、认同种种偶然，这就是自己把握命运，战胜所谓'宿命'。

① 李泽厚：《论语今读》，安徽文艺出版社 1998 年版，第 52 页。
② 李泽厚：《论语今读》，安徽文艺出版社 1998 年版，第 53 页。

这才是真正的'知命''立命',这才是真正的主体性。……中国文化—哲学之所以重生成(Becoming)大于重存在(Being),重功能(Function)大于重实体(Substance),重人事大于重神意(神灵也完全服从于人事),也可说都是这种'知命'精神。"①李泽厚的阐释熔中西文化于一炉,具有中西"理论对话"的特点,"对话"中李泽厚更侧重用西方理论言说中国的人情物理。他引入"主体性"这一概念对"知天命"做了洋洋洒洒的阐发,大有"六经注我"的创新精神。本来,他的《论语今读》一书的出版就是一种文化姿态和立场,表明了他欲从传统文化资源中寻找精神营养以滋补中国现代文化和现代人格建构的努力。

其实,不惟中国先哲们注意到了人的生命阶段和精神成长的关系,在西方的古希腊文化中也存在着对生命阶段的划分和对"成长"的阶段性要求。为了培养"理想国"中的"哲学王",柏拉图主张从少年中挑选优秀者进行训练、考验,从而遴选出最后的佼佼者:

> 从二十岁起,被挑选出来的那些青年将得到比别人更多的荣誉,他们将被要求把以前小时候分散学习的各种课程内容加以综合,研究它们相互间的联系以及它们和事物本质的关系。……第二次挑选,选出其中最富这些天赋条件的青年,在他们年满三十的时候,给他们以更高的荣誉,并且用辩证法考试他们,看他们哪些人能不用眼睛和其他的感官,跟随着真理达到纯实在本身。……到五十岁上,那些在实际工作和知识学习的一切方面都以优异成绩通过了考试的人必须接受最后的考验。我们将要求他们把灵魂的目光转向上方,注视着照亮一切事物的光源。在这样的看见了善本身的时候,他们得用他为原型,管理好国家、公民个人和他们自己。在剩下的

---

① 李泽厚:《论语今读》,安徽文艺出版社1998年版,第214~215页。

岁月里,他们得用大部分时间来研究哲学。①

柏拉图把教育青年视为使人认识理念世界、接近理念世界以及实现人类幸福和国家兴盛的主要手段。他围绕如何培养理想的国家统治者问题,描绘了一幅"乌托邦"式的社会理想蓝图。柏拉图分别选取了20岁、30岁、50岁三个生命阶段,赋予其不同的教化内容,实际上这些生命阶段也是入选者"成长"的标志或境界。我们把这些生命阶段的划分和《论语·为政》中的生命阶段作一比较,就会发现一些共同点:30岁和50岁在中西生命阶段划分中都占有重要的位置;特别是50岁,在孔子那里是"知命之年",在柏拉图那里则是成为"哲学王"的最后考验。一个人内在的精神成长在50岁达到了顶峰,②人生真正意义上的"成年礼"才算完成。——这一方面印证了生命阶段同精神成长的密切关系,另一方面也说明了精神成长进程之艰难。一般来讲,15岁~20岁左右完成的成年礼属于形式上的成年礼,它侧重于青年人的外在成长,具有强制性和象征性;30~40岁左右完成的成年礼则是精神意义上的成年礼,它由"强制性"转化为受礼者内在的精神需求,由"象征性"转化为"实质性"。而精神意义上的"成年"一般在50岁时达到顶峰,也即一个人的"成长"抵达最高境界——"知天命"。从社会学的角度看,一个人成长的过程也就是"个人社会化"的过程。因为,人的成长毕竟不能离开社会。社会学上的"个人社会化"分为"基本社会化"与"继续社会化":基本社会化是人的生命早期的社会化过程,也称为一级社会化;继续社会化是人在成年以后的社会化,或称二

① [古希腊]柏拉图:《理想国》,郭斌和、张竹明译,商务印书馆1986年版,第305~309页。

② 如果说三四十岁是人生理上的壮年,50岁则可谓精神上的壮年。《老子》有言:"物壮则老,谓之不道。"笔者认为,"天命之年"应为精神成长的最高峰,之后的"耳顺"、"不逾矩"当属于"老年智慧"。

级社会化。

所谓基本社会化，就是"生物人"通过社会文化教化，获得人的社会性，取得社会生活资格的过程。基本社会化可以简括为两个方面：一是生理性成熟，即通过人化的生理发育过程，形成完善健全的身心基础。二是社会性成年，即通过社会文化的教化与自我内化，成为具有独特个性与行为能力的社会成员。

基本社会化的完成并不意味着个人社会化的结束，特别是现代社会，一个人从青年到老年，还要不断地社会化。这是因为，环境在变，个人也在变。①

所谓"继续社会化"是基本社会化的延续、完善和发展，是具有社会成员资格的成年人，在自己的生活实践中，主动地选择、学习和接受新的文化以及调适个人与社会的角色关系的过程。现代社会学显然注意到"个人社会化"过程的复杂和漫长，并不是通过一个"成年礼"就能够万事大吉。"个人社会化"与人的生命阶段相配合，在不同阶段有不同的社会化要求。这种不同的社会化阶段，也即是人精神成长的不同阶段。人在50岁这个"知天命"阶段，也就相当于"中年社会化"彻底完成之际，其精神成长达到了最高峰，"真正"的"成年礼"至此圆满告成，在这一点上，中西文化似乎有着共同体认。

在路上：青春成长的精神向度

考察某一时期社会对"精神成长"的要求，往往要涉及到政治、教育、哲学、心理学、人类学等诸多领域或门类的知识。这里

① 见刘豪兴主编：《社会学概论》，高等教育出版社1999年版，第177～178页。

试从几个方面对“成长”的精神向度以及“成长”的哲理内涵略加探讨。

青春成长的“精神向度”是一个沉重的话题，同时也是一个悖论：青春的“精神成长”，其“向度”注定要指向青春之外；而一旦指向青春之外，就变成“非青春”的指涉。而青春的“精神成长”又的确需要一个超越自身的外在的“精神家园”。所以，“青春”与“成人”在精神成长的向度上，二者是完全一致的。对青年人而言，如果成人社会尚不能寻找到精神家园，那么他们注定飘荡在通向精神家园的路上。“在路上”寻找，“在路上”摸索，已经成为现代青年“精神成长”的普遍状态。青年的精神成长往往指向成人世界所建构的理想境界；而成人世界的思想者们从来没有停止过探索，因此，人类的精神成长实际上是一个永无止境的探索过程。

在古希腊哲学中，“人是万物的尺度，是存在的事物存在的尺度，也是不存在的事物不存在的尺度。”（普罗塔哥拉）人被描述为永远站在“赫拉克利特的流变之河中。”（普罗迪克斯）因此人必须选择自己存在和生活的模式（柏拉图），而在这选择中，人总是偏爱更好的东西（亚里士多德）。——这些思想实际上已经表述了人有自由去决定自身的含义。

笛卡儿“我思故我在”则是近代理性精神的最好表达。

帕斯卡尔说得好：“人不过是一根苇草，是自然界最脆弱的东西；但他是一根能思想的苇草。……我们全部的尊严就在于思想。”①

精神成长的过程既是个体走向人生目标的过程，也是个人实现“社会化”的过程。个人与社会的关系是“个人社会化”中的一个重要问题，也是一个人成长过程无法回避的问题。说到底，一个人的成长也就是“个人社会化”过程。而个人与社会的关系，也即“大

---

① ［法］帕斯卡尔：《思想录》，何兆武译，商务印书馆 1995 年版，第 158 页。

我"与"小我"的关系、"自我"与"群体"的关系。对精神成长过程中的这一问题,思想史上有不同的解释。

黑格尔关于人的观念中,普遍优于个别的原则具有决定性的意义。"在哲学上,黑格尔曾说,社会是个人的根本,离群索居的人无法完成人的目的,个人是和社会不可分的,没有了社会,个人亦就无所寄托。个人一定只有在社会中才能实现其道德、人性,即人之所以为人之道。社会、国家、民族的地位提高了,便使人忘怀了小己的个人。"①黑格尔认为:"个人本身只有成为国家成员才具有客观性、真理性和伦理性。""国家的力量在于它的普遍的最终目的和个人的特殊利益的统一,即个人对国家尽多少义务,同时也就享有多少权利。"在克尔凯郭尔看来,黑格尔建立了解释一切的思想体系,但完全忽视了个人的各自的主观性。这种把人客观化、理性化的作法,使具有个性的人遭到蔑视,使人沦为群众的一分子,在"类"中丧失了自身,不能成为个别的人。雅斯贝尔斯则指出:"黑格尔建立了瑰丽堂皇的哲学宫殿,里面竟没有人居住。"②正像马克思在《黑格尔法哲学批判》中所说的那样:"人民的生活和国家的生活是同一的。在这里,人是国家的真正原则,但这不是自由的人。所以这不是自由的民主制,是完成了的异化。"③

马克思主义认为,人的本质是一切社会关系的总和。马克思说:"只有在集体中,个人才能获得全面发展其才能的手段,也就是说,只有在集体中,才可能有个人自由。"④集体主义作为共产主义道德的基本原则,所要求的大公无私是共产主义人生所具有的根

---

① 贺麟:《文化与人生》,商务印书馆 1988 年版,第 319 页。

② 见徐大同主编:《二十世纪西方政治思想》,天津人民出版社 1991 年版,第 278 页。

③《马克思恩格斯全集》(第 1 卷),人民出版社 1965 年版,第 248 ~249 页。

④《马克思恩格斯全集》(第 3 卷),人民出版社 1965 年版,第 84 页。

本精神，也就是人们所说的“共产主义精神”。在西方，马克思主义遇到一些挑战。存在主义哲学家萨特承认，马克思主义是我们时代唯一不可超越的哲学。但是由于马克思主义的缺陷和现代马克思主义的教条主义，使它患了一种“贫血症”。它表现为忽视了具体的、个别的人。① 萨特写道：“我们指责现代的马克思主义把人类生活的一切具体规定性委诸偶然性而加以抛弃，于是，在历史的总汇之中，除了抽象的普遍性的骸骨之外，再也没有留下什么东西。结果是，它完全失去了人之所以为人的意义。”②这样，就在马克思主义内有一块“人学的空场”，存在主义这个依附于马克思主义哲学的“思想体系”就获得了存在的权利和意义。存在主义以“社会领域中的个别的人”为对象，它“在凡人所在的地方——在他的劳动中，在他的家里，在马路上，到处寻找人”③。它用“人学辩证法”取代唯物辩证法，用“历史人学”取代历史唯物论，用存在主义“补充”和“革新”马克思主义。④

在西方哲学史上，一批存在主义思想家积极为“个人”或“自我”辩护。

克尔凯郭尔的思想体系从批判黑格尔开始，克尔凯郭尔把“孤独的个体”作为研究对象。所谓“孤独的个体”指的是一种孤独的非理性的主观体验。克尔凯郭尔把孤独的个体与无个性的大众对立起来。在他看来，“孤独的个体”才是最真实的“存在”，是真理，公众只不过是“非真理和谎言”而已。他把单个的个人置于“类”之上，号召提高个人地位，为保卫个人而斗争，这些思想表达了后来

① 徐大同主编：《二十世纪西方政治思想》，天津人民出版社 1991 年版，第 290 页。

② ［法］萨特：《辩证理性批判》，商务印书馆 1963 年版，第 62 ~ 63 页。

③ ［法］萨特：《辩证理性批判》，商务印书馆 1963 年版，第 23 页。

④ 徐大同主编：《二十世纪西方政治思想》，天津人民出版社 1991 年版，第 291 页。

存在主义的基本观念。“在克尔凯郭尔那里,人只有当它处在孤寂之中时和处在孤独者当中时才是一个‘个性’。克尔凯郭尔认为社会是恶魔、是罪恶,是一种与人为敌的力量,它压抑并消灭人的个性。人之所以诉诸社会,并不是由于他的自然的需要或人性的需要,而是为了规避自己、规避内在的责任”①。克尔凯郭尔反对把人人都弄得一样的做法,反对把他们的精神生活弄得千篇一律,从而发展了关于人的极端个人主义的观点。他认为,人的真正存在是一种关系,一种自己对自己的关系而通过这种关系,则又是一种对他人的关系。另一位存在主义思想先驱尼采断然宣称“上帝死了”,上帝死后留下了“价值真空”,人获得了空前的自由。尼采把人看做是没有定型的动物,人没有既定的本质,必须自己创造自己的本质,为此他提出的一个响亮的口号就是:“成为你自己。”当代美国哲学家考夫曼指出:“在存在主义的演进过程中尼采占据着中心位置,如果没有尼采,雅斯贝尔斯、海德格尔和萨特是不可思议的。”②

存在主义首先是一种哲学思想,它主要解决的是人生的价值和意义。正如萨特所说:“存在主义,根据我们对这一名词的理解,是一种使人生成为可能的学说。”③从人的存在出发,海德格尔赋予人这一存在者以一个特定的名称——“此在”(Dasein)。他指出,“此在”与其他存在物不同,其他存在物的本质先于存在便被规定下来了,而“此在”的本质则蕴含于它的存在之中。“此在”就是不断“走向存在”。海德格尔指出,在日常生活中,人通常不是作为

---

① [苏]鲍·季·格里戈里扬:《关于人的本质的哲学》,三联书店1984年版,第85页。

② [美]考夫曼:《存在主义哲学》,商务印书馆1963年版,第16页。

③ [法]萨特:《存在主义是一种人道主义》,上海译文出版社1988年版,第4页。

“我自己”，而是作为“他人”而存在的。“他人”的好恶决定了我的行为，本己的此在这种生存方式中完全消融于“他人”。这个他人不是任何具体的人，也不是一些人或一切人的总和，而是一个“中性的东西”。海德格尔将其称为“常人”（Das-man）。这个常人统治着此在，他抹平一切人与人的差距，使人们一样高，一般齐，同时，他也从每个此在那里卸除了责任，此在自由选择为常人所取代，责任也为常人所承担。常人把一种安宁感带给个人，个人在这种安宁中异化了。他失去了自主性、个体性，失去了真正的自由，成为“非本真的存在”。海德格尔把“公共意见”就看做是常人的化身。因此，海德格尔要人们回到“本真状态”，即走向“此在”（Dasein），成为“自己本身”。

在《存在与虚无》一书中，萨特把存在分为“自在”状态和“自为”状态。所谓“自在”在萨特那里是指非意识的存在，是标志外部世界的范畴。萨特指出，“自在”的存在是没有原因、没有目的、没有意义，它是一个偶然的、不可思议的荒诞的世界。而“自为”的存在在萨特那里则是标志着人的意识或人的现实的范畴。“自为”的存在虽然依赖于“自在”，但它不受“自在”束缚，不为“自在”所决定。“自为”向着“可能”或“未来”超越；同时它赋予世界以意义，从而创造“我的”世界。存在主义认为，人的本质是人自己创造，自我选择的。因此，存在主义把存在与自由等同起来，把人看做是绝对自由的。在存在主义看来，只有个人才是真实的存在，社会是个人存在的一种方式，且是不真实的存在方式。社会是人的异化领域，当个人作为社会中的一员而存在时，就成了被社会所扼杀的无个性的人。海德格尔有一句名言：“社会是沉沦了的人的祖国。”萨特也有一句类似的格言：“他人就是地狱。”

中国儒家文化不把自我看做一个孤立的个体，而是把它看做人类关系中的一个实体。“在儒家传统中，两个自我的概念是被严格区别开来的：小我和大我。小我是有限的自我，它起的作用是一种惰性，抗拒进一步的发展。它既无动力，又不会转化。大我呢，却超越了自我中心。它和家庭、社会、国家以至于整个世界相互联系。”①要成为一个完人，自我必须在人际关系的结构范围内，不断与他人对话。严复在《群己权界论》中再三地将国家自由置于优先的地位，乃是事出有因，这个“因”即是时代的价值趋向与国民心理所致。

下面是人类学围绕“人的问题”进行的一些思考。

康德在近代哲学的严格意义上系统地探讨了人的问题，提出“人是目的”的著名口号。他在其《人类学》一书中提出“人在世界上是最主要的东西”这一著名论断。②

“生物人类学”把人的未确定性、人的缺陷、人的未特定化作为人与动物相区别的标志，同时也作为人不为环境所封闭，面向世界开放的条件。正是由于人的未特定化，人才有能力在活动中补偿自己的缺陷，才能超越拥有足够自然装备的动物。③ 尼采认为人最具有本质意义的特点是：“尚未定型的动物。”④对尼采而言，成长意味着成为超人。他认为创造一个高于自己的人，这就是人的本质，人的高贵就在于人的自我超越性。尼采说：“你们的光荣不是你们从何处来而是你们向何处去；让这是你们新的光荣吧，——你们的意志和你们的脚愿意超越了你们！”⑤

“宗教人类学”认为：人在自然界、生命有机领域里是不能得到说明的；精神活动是个体的主要特征，是人与动物区分的根本点；

---

① 杜维明：《一阳来复》，上海文艺出版社 1997 年版，第 194 页。

② 转引自欧阳光伟：《现代哲学人类学》，辽宁人民出版社 1986 年版，第 11 页。

③ 欧阳光伟：《现代哲学人类学》，辽宁人民出版社 1986 年版，第 125 页。

④ 转引自周国平：《尼采：在世纪的转折点上》，上海人民出版社 1986 年版，第 85 页。

⑤ ［德］尼采：《查拉斯图拉如是说》，湖南人民出版社 1987 年版，第 254 页。

人与上帝要结合起来理解。舍勒的这些思想也成了当代哲学人类学的出发点，主要体现在：反对把人的本质看做是固定不变的，反对在研究前或研究之后对人作明确规定，人是一个动态发展的开放体系；人在生物学意义上是匮乏的、有缺陷的生物；人通过自己的不足、自身能力的限制来论证上帝的存在；人的文化创造性原则构成人存在的本体论依据等等。舍勒有句名言："人是能祈祷和寻找上帝的存在。"①

在《人论》的作者卡西尔那里，"人被宣称为应当是不断探索他自身的存在物——一个在他生存的每时每刻都必须查问和审视他的生存状况的存在物。人类生活的真正价值，恰恰就存在于这种审视中，存在于这种对人类生活的批判态度中"②。

"哲学人类学"也把人作为哲学的中心，把对人的哲学探讨同生物学、生理学、心理学以及各种人文科学结合起来，在关于人的问题上独树一帜。它既重视人的整体，又强调人的个体和独立性；既强调人的创造性和自由，又重视社会文化对人的制约作用。正如兰德曼指出的，哲学人类学"把人置于他的自然环境中，置于他的文化世界中，把人作为历史、文化、传统决定的存在进行研究"③。

心理学家马斯洛认为社会文化只是人成长的环境，而人的成长靠人的本性。他说，人按照自己的本性，向越来越完善、越来越实现其人性的方向发展，正像一粒橡树种子向橡树发展一样。"自我实现也许可大致被描述为充分利用和开发天资、能力、潜能等等。这样的人似乎在竭尽所能，使自己趋于完美。这使我们想起

① 转引自欧阳光伟：《现代哲学人类学》，辽宁人民出版社 1986 年版，第 42 页。

② [德]恩斯特·卡西尔：《人论》，上海译文出版社 1985 年版，第 8 页。

③ [德]兰德曼：《哲学人类学》，张乐天译，上海译文出版社 1988 年版，《美国版前言》第 3 页。

尼采的告诫:‘成为你自己!’”①可见,马斯洛的“自我实现”就是要把自己的独特潜能发挥出来,这种自我实现的需要也就是弗洛姆讲的自发创造性的需要。

……

犹太民族有句格言:“人一思索,上帝就发笑。”

尽管如此,人们还是要在上帝的笑声中思索。

或许,笛卡儿的名言也可以反过来讲:“我在,故我思。”比科·德拉·米兰德拉在《人类尊严讲演录》中就曾模仿上帝的口吻对亚当说:

> 我们没有给你特别的形式、特别的遗产,所以你也许会得到并占有你所希冀的东西作为你的装备。我们已使所有其他的造物服从限定的规律,唯独你完全不受限制。你能挑选并选定去做由你自己的意志所决定的无论什么样的人。为了你自己的荣誉,你自己应该成为你自己的主人和建筑师。你可能退化为一只动物,或者你自己提升到最高上帝的领域。②

亚当的命运象征着人类的命运,亚当的荣誉也是人类的荣誉。亚当要通过自由意志的选择成为自己的主人,无论遇到怎样的困境和魔鬼的诱惑,他都会渴望把自己提升到“最高上帝的领域”——即,成为精神上的“完人”。

精神成长最终要靠一定的标准来检验,而“完人”标准不一而足。在基督教文化中,能把自己提升到“最高上帝的领域”,也即进入天国的人方称得上“完人”;在佛教文化中,能够超凡入圣进入涅槃境界才算“完人”;在中国的道家文化那里,“完人”要么成仙,要么成为“婴儿”、“真人”……“完人”在马克思那里是指经由“必然

---

① [美]马斯洛:《动机与人格》,华夏出版社1987年版,第176页。

② 转引自[德]兰德曼:《哲学人类学》,张乐天译,上海译文出版社1988年版,第205页。

王国”到达“自由王国”的全面发展、自由的人；在萨特那里是指通过“自我选择”由“自在”走向“自为”的“自由人”；在海德格尔那里则是指“诗意地栖息在大地”上的“本真的人”；中国儒家传统文化中的哲人们所追求的“完人”，其精神境界之高，不但有“圣贤”境界，而且有圣贤仰慕的“天地境界”。然而关注现实人生，力争在现实世界中有所建树——“立功”、“立言”或“立德”——也就近乎“知天命”之境。“天行健，君子以自强不息。”——儒家那种兢兢业业、孜孜以求、“知其不可而为之”的人生态度，充分显示了其勇于追求和进取的刚健精神。

在儒家文化中，“成人”有时即指“完人”。且看孔子“成人”①观：

子路问成人。子曰：“若臧武仲之知，公绰之不欲，卞庄子之勇，冉求之艺，文之以礼乐，亦可以为成人矣。”曰：“今日成人者何必然？见利思义，见危授命，久要不忘平生之言，亦可以为成人矣。”②

子路问怎样才是“全人”。孔子道：“智慧像臧武仲，清心寡欲像孟公绰，勇敢像卞庄子，多才多艺像冉求，再用礼乐来成就他的文采，也可以说是全人了。”③孔子又说道：“现在的全人哪里一定要这样？看见利益便能想起该得不该得，遇到危险便肯付出生命，经过长久的穷困日子都不忘记平日的诺言，也可以说是全人了。”④

孔子为“完人”设立了两种标准：一种是极高的人生境界层面上，每每令人“虽不能至，心向往之”；一种是基本的“道德底线”层面上，普通人经过努力就可以到达。这种做法充分显示了孔子善于“因人施教”，进而“立人、达人”的大师智慧。钱穆认为《论语》

---

① “成人”：犹完人，谓人格完备之人。——钱穆：《论语新解》，三联书店2002年版，第362页。

② 参见《论语·宪问》。

③④ 杨伯峻：《论语译注》，中华书局1980年版，第149页。

有关“成人”一章，“学者当会通《论语》全书求之，则孔门理想中之所谓完人，与其教育精神，可以透彻了解矣”①。

人类的精神成长之路艰难而又曲折。千百年来，人类一直在路上摸索。“路漫漫其修远兮，吾将上下而求索。”中国古代诗人屈原早在两千多年前就写下这样的诗句。关于“路”，20世纪80年代中国一位诗人如此描述——

走吧
我们没有失去记忆
我们去寻找生命的湖

走吧
路呵路
飘满红罂粟②

北岛的诗意味深长，发人深省，也可用来比喻“成长之路”。诚然，青春不过是一种“在路上”“成长”的生命状态；而“成长”，也就意味着不停地往前走去，精神成长更没有止境。

在那“飘满红罂粟”的路上前行的年轻人，——既要勇敢，又要当心！

---

① 钱穆：《论语新解》，三联书店2002年版，第362页。

② 北岛：《走吧》，见《朦胧诗选》，阎月君等编选，春风文艺出版社1985年版，第3页。

第五章 百年中国青春文学史构想

20世纪中国青春文学史研究是一项复杂而艰巨的系统工程，既需要文学理论的宏观指导，又需要基本概念的界定和研究方法的选取，同时更需要扎扎实实的史料搜集工作，好在这项研究工作具有重要的价值和丰富的意义。下面笔者尝试对“20世纪中国青春文学史研究”这一重大系统工程进行最基本的概念定义和步骤设计，讨论研究方法的选用，并提出一些初步的研究构想。

一、青春概念的界定

“青春”这一概念，内涵比较丰富，外延也颇具模糊性。为了避免混乱和模糊，在此先对“青春概念”进行大致梳理——

《辞海》对“青春”有如下解释①：①指春季。因春季草木一片青葱，故称“青春”。《楚辞·大招》：“青春受谢，白日昭只。”杜甫《闻官军收河南河北》诗：“白日放歌须纵酒，青春作伴好还乡。”②指青年时期。如：青春期。亦指少壮的年龄。《文选·潘尼〈赠陆机出为吴王郎中令〉》：“予涉素秋，子登青春。”李善注：“素秋，喻老；青春，喻少也。”司空曙《送曹同椅》诗：“青春三十余，众艺尽无如。”

---

① 见《辞海》，上海辞书出版社1979年版，第1986页。

上述第一义项“春季”和其例句实际上是古代汉语语境中的产物,如今人们已经很少采用;第二义项“青年时期”和其例句“青春三十余,众艺尽无如。”当代人们则继续用之。在现代汉语里,“青春”这个概念可以有不同层次的定义:

(1)作为年龄顺序上的一个阶段,指青少年时代或青年时代。

(2)作为身体发育的一个时期,指青春期。

(3)作为一种社会文化现象,“青春”是指一个由儿童向成年的过渡时期。此时社会不再把他看成是一个儿童,但他又不完全符合成人的地位,因此,有“边际人”之称。生理意义上的青春从人类一产生就存在,但社会文化意义上的青春,却是现代西方文化的产物;就其本义而言“青春”是一个过程而不是一个时期,是一个由不成熟向成熟发展的“成长”过程。①

(4)青春作为一个抽象概念具有象征意义,象征着朝气和活力、激情和浪漫、生涩和幼稚等等。

“青春”在多数情况下是指青年的代称。从青年学(也有人称之为青春学)角度看青春有助于进一步理解这一概念。埃里克·斯通指出:人生的每一阶段都有它自己的意义和目的。②“在远古时代,社会往往被划分为儿童和成年两大世界。前者代表幼稚和蒙昧,后者象征着成熟和智慧。青年的发生则如同在人的生命历程中架起一座跨越儿童和成人的桥梁,使人生在脱离幼稚达到成熟、超越蒙昧达到智慧方面找到了过渡的转折点。”③这里不妨参照青年学上对青年(或青春)的几个代表性的定义④:

---

① 英文“adolescence”(青春),来源于拉丁文动词“adolescere”,意思是“向成熟发展”。

②③ 金国华主编:《青年学》,中国青年出版社1999年版,第30页。

④ 金国华主编:《青年学》,中国青年出版社1999年版,第39页。

1. 依田新认为:“所谓青年期,是随着近代社会的发展,在大多数人的人生经历中占据一定位置的一个时期——从儿童向成人过渡的时期”。

2. 斯贝尔认为:“在生物性和社会性的成熟方面,由儿童向成人的过渡时期即为青年期。”

3. 西哥圆桌会议认为:“青年是指人的一生中介于童年与进入劳动世界、获得自主能力而成为成人之间的一个固定的过渡时期。”

上述定义虽然都没有划定青春概念的外延,但都注重了青年的一个最基本的特征即过渡性特点,因为儿童向成人过渡是青年所共有的固有属性。罗马尼亚学者马赫列尔指出:“对于青年来说,过渡状态不是偶然的或次要的,而是必然的和本质的。”①因此,青年学上认为由儿童过渡到成人是青年概念的基本内涵。金国华主编的《青年学》一书认为:

> 青年期历来被认为是从儿童走向成年的发展阶段,是进入成人世界的准备时期。由于青年既非儿童,又非成人,处于一种介乎两者的中间状态,因而有“边际人”之说,他们既具有许多成人的品格和行为,又残留着许多儿童的特点,因此他们虽然在体格上已经长大成人,但在社会地位上却仍然被视为不成熟的儿童或准成人,这种社会特性使青年的社会地位处于一种极不稳定的过渡状态。②

青年概念难以做出精确而又统一的界定,主要原因有二③:

其一,从青年期的下限来看,较能为各学科接受的观点是以人的春情发动作为标志。但是人的性成熟从世界范围来看,由于环

① 金国华主编:《青年学》,中国青年出版社1999年版,第39页。
② 金国华主编:《青年学》,中国青年出版社1999年版,第76页。
③ 金国华主编:《青年学》,中国青年出版社1999年版,第30页。

境和遗传的影响，在各民族、地区间存在着巨大差异，有的国家的儿童在8岁就出现发育迹象，而有的国家的儿童则延续至14岁以后，因而不可能规范出明确的青年期下限。

其二，对青年期的上限，即从什么时候脱离青年进入成人阶段，更没有统一模式或标准。由于各个国家的社会发展程度不同，不同社会对年青一代进入成人期的社会化要求不同，所以在青年社会化过程和方式上必然存在明显的民族文化差异。例如，在巴西，22岁的人被认为已经结束了青年期，而在罗马尼亚国家宪法中明确规定14~30岁以内的人都为青年人。中国政府通常把14~28岁的人称为青年人。① 但是，文学上的青年概念一般不同于政治上的青年概念，文学上的青年概念更多用青春来表述，一般情况下不作具体规定。

以上是对“青春”概念的大致梳理，本书对“青春”概念的使用，主要集中在三个层面上：

首先，“青春”指一般意义上的青年，其年龄段为社会约定俗成的习惯认同。

其次，“青春”指青年学意义上的从儿童走向成年的发展过渡阶段。

最后，“青春”指象征意义上的生命活力、求知欲望、不断进取、追求理想、探索未来等心理素质和精神品格。

---

① 1978年中国共产主义青年团第十次全国代表大会将团员的下限年龄规定为14周岁。1982年团的第十一次全国代表大会又将团员的上限年龄确定为28周岁。因此，我国青年的年龄界限被确定为14~28周岁。

二、"青春文学"概念及青春文学档案的"立档原则"

研究20世纪中国青春文学史,必然要界定"青春文学"的概念并确定百年青春文学档案的"立档原则"。

如果不肯流于武断和偏颇的话,"青春文学"概念的界定并非轻而易举。以"女性文学"概念的界定为例,20世纪80年代以来,中国文学研究界和学术界对"女性文学"这一概念就有至少三种理解①:第一是从作品题材的角度来界定,认为只要作品表现的是女性,无论是男作家还是女作家创作的,都可以称为"女性文学";第二是以创作主体的性别为依据,指女作家创作的一切作品;第三种理解不仅强调作家的性别因素,而且强调作品内容、题材、主题必须是女性的,指女性作家描写女性生活的作品。洪子诚先生在《中国当代文学史》中写道:"在80年代,以下的理解越来越被重视,虽然对这种看法存在的争议也最多,即在肯定女性作家写女性题材的前提下,提出女性作家必须具有一种'女性意识',来对女性的历史状况、现实处境和生存经验进行探究和描写;既要显示出与男作家不同的观点、态度和语言表达方式,又要表现一种女性'独立'的主体意识。……不过这种看法的困难之处在于,与其说它为'女性文学'划出了清楚的界定,不如说它以一种理论预设限制了女作家的创作。"②学术研究界对"女性文学"概念的界定,给我们一个启示:对一个概念过于宽泛的界定固然有大而无当之弊,而过于"清楚"的界定也容易陷于自设门槛、画地为牢的尴尬局面。

有鉴于此,笔者尝试为"青春文学"作如下界定:"青春文学"是指在内容上以青春为主要题材,再现丰富复杂的青春世界(特别是

---

①② 洪子诚:《中国当代文学史》,北京大学出版社1999年版,第362页。

青春成长主题)或者表现典型的青春情怀、富有明显的青春意识[①]和强烈的青春精神的各类文学作品。"青春文学"作为青春文化的重要部分,应尽量体现青春立场和青春意识,密切关注"青年亚文化"对青春文学的影响。以诗歌为例,在研究20世纪中国青春诗歌史的时候,就应该特别注意流行歌曲文化和摇滚音乐文化。总之,普通文学史对青春文化忽略的地方,也正是青春文学史研究中的"英雄用武之地"。

上述"青春文学"概念的界定仅仅是就"文学作品"这一层面而言的,立体的"青春文学"还应该包括"作家"、"读者"和"社会"诸多层面。"青春文学"还是一个动态发展的概念,在不断的描述与分析研究中,特别是上升到文学史的高度之后,更有利于完整地把握这一概念。

初步界定"青春文学"的概念之后,下一步要做的就是讨论建立20世纪中国青春文学的历史档案,这里首先要探讨的便是百年中国青春文学档案的"立档原则"。

笔者为百年中国青春文学档案拟定四条"立档原则":

1. 青春美学原则

文学活动作为一种意识形态活动主要是为了满足人的审美活动的需要而产生的,因而"文学活动的独特本质是审美"[②]。百年中国青春文学档案的第一条"立档原则"就是"青春美学"原则。"青春美学"的内涵在于:青春是一种社会存在,也是一种美学存在。作为美学存在,青春自身就具有独立的美学价值,并不需要依附于政治、阶级等外在因素而存在;而且比起时代潮流、政治运动等历史上极富变动的成分,青春美学具有更加恒定的价值意义。

---

① 这里的青春意识主要指"青春本位"意识和对青春价值的自我确认意识。

② 童庆炳:《文学活动的美学阐释》,陕西人民出版社1992年第2版,第74页。

因此，进入20世纪中国青春文学档案的作品，首先要符合青春美学原则。

2. 文学性原则

入选百年中国青春文学档案的作品，除了符合青春美学原则外，还必须符合文学性原则，因为这个青春档案毕竟还是“文学档案”。文学性原则其实也属于美学原则，它要求入选作品具有相当的审美价值。文学性原则或者宽泛地说美学原则，是具有一定的相对性的，有些符合青春美学原则的作品并未见诸于一般的文学史，但却具有丰富的文学阐释空间，经过文学阐释之后证明其符合文学性原则，完全有资格进入20世纪中国青春文学档案。

3. 经典性原则

入选百年中国青春档案的作品，还要符合经典性原则。俗话说“常念为经，常数为典”。就文学作品而言，经典就是经过历史的检验和读者的考验，经得住不断阐释、值得反复阅读的文学作品。经典性原则要求我们对当下流行和时尚的“青春文学”保持谨慎和观望的态度。本书对韩寒、郭敬明、张悦然等“80年代后”少年作家的“青春写作”采取了“搁置”原则，这些少年作家的作品固然有鲜明的青春立场和强烈的青春气息，但能否成为经典尚需时间证明，而且他们的“青春写作”在时间段上已经属于21世纪，21世纪的中国青春文学史为他们留出了足够的空白，笔者也期待着才华横溢的“青春写手”们能够成为真正的“青春文学”作家，为21世纪的中国青春文学史奉献出自己的经典之作。

4. 兼顾性原则

建立百年中国青春文学档案，还应该有一条兼顾性原则。青春世界中充满对传统的“叛逆”和张扬个性的“另类”现象，青春文学更是如此。一方面，兼顾性原则就是兼顾某些按照传统观念和普通标准不够资格但却在某方面具有独特性和创新性的“另类”文学作品，这种兼顾性原则消解的是“面面俱到”原则，它兼顾某一方面的"特殊价值",实际上等于"破格"原则,其目的在于尽量避免遗珠之憾。中外文学史经验告诉我们,有一些先锋作品或探索作品,难以按照既定标准分类甚至难以根据常规理论进行解释,但却具有独特价值和存在意义;另一方面,兼顾性原则就是在建立百年中国青春文学档案的时候,兼顾青春、作家、读者、社会和时代各种因素。研究20世纪中国青春文学史并非按照时间顺序编写一本青春文学作品选就万事大吉,百年中国青春文学史研究,不但要注意文学史和青春史之间的互动,而且要注意文学史中作家、作品、读者、社会这些要素之间的"互动",正是这些互动,形成了动态的、发展的中国青春文学史。因此,建立百年中国青春文学档案必须要兼顾各种青春要素和文学要素。

三、百年中国青春文学史"互动"要素简析

美国当代文学批评家M. H. 艾布拉姆斯在《镜与灯》一书中提出了著名的"艺术四要素"理论,他说:

> 在几乎所有力求博大的理论中,一件艺术品总体形成中的四要素都被这样那样的同义词予以区分,得以昭示。第一是"艺术品"(work),艺术产物本身。既然是人工产品、加工品,那么第二要素就是加工者,"艺术家"(artist)。第三,艺术成品又有一个直接或间接源于生活的主题,涉及、表示、反映某个客观事物或者与此事物有关的东西。这第三个要素,不论是由人物、行动、思想、情感、材料、事件或者超越感觉的本质所构成,常常可用"自然"这个通用词来表示,不过让我们用一个更广泛的中性词"宇宙"(universe)来替换它。最后一个要素是"观赏者"(audience),使作品变得有用的、艺术品的对

象——听众、观众和读者。[1]

艾布拉姆斯把艺术分成作品、艺术家、宇宙和观赏者四个要素的理论,把艺术活动看成是一个由多种要素形成的动态的整体,强调艺术活动中各要素之间的内在联系,形成了颇具创造性的艺术理论。为通俗起见,我们不妨把艾布拉姆斯的"四要素"表述为作品、作家、读者和社会四种要素。

就20世纪中国青春文学史而言,实际上也是由作品、作家、读者和社会四种要素构成的一个动态整体,各种要素之间具有不可分割的内在联系。有关青春作品要素本书已经论及,围绕着百年青春文学档案中的作品,实际上还有作家、读者和社会几种要素,下面就对这几种要素进行简要分析。

1. 作家要素

建立百年中国青春文学档案,除了作品档案之外,还应该有作家档案。然而,哪些作家应该入选百年青春文学档案?这个问题比讨论哪些作品应该入选百年青春档案还要复杂和棘手。有些作家基于遗传因素或者青春成长的环境因素,一生都保持着青春心态和青春气质,他们在青春文学创作方面又留下了比较经典的作品,例如现代作家巴金和当代作家王蒙就属于这种类型的作家,这是一种青春作家;有些作家特别是诗人只是在其青春阶段爆发出创作热情和创作才华,青春阶段之后要么创作转型,要么创作停止,早期作品甚至处女作往往就是其代表作,这是另一种青春作家,剧作家曹禺、诗人郭沫若、何其芳、舒婷等似乎就属于这一类型的作家;还有一种作家由于天生性格或者成长经历的影响,以冷峻与成熟著称于世,他们少有青春心态但却以自己独特的方式关注青春题材创作,刻画了青春生命的早衰和"没有青春"的青年形象,

---

① 转引自童庆炳:《文学活动的美学阐释》,陕西人民出版社1992年第2版,第22页。

令人联想起青春的病态或者颓废堕落,这类作家以鲁迅和张爱玲为代表;另有一类作家,他们因为描写了某个时期的特殊的一类青春群体而引人注目,例如茅盾笔下的"时代新女性"、郁达夫笔下的青年"留学生"、张贤亮笔下的"右派"青年、王朔笔下的无业青年——体制外的"玩主"、陈染笔下的女性青春的孤独成长、棉棉笔下的吸毒青年、崔健、罗琦摇滚中的"叛逆"青春、安妮宝贝笔下的感伤而忧郁的青春故事、七八十年代写手笔下的"另类"残酷青春等等,这些作家或者写手们往往因为"一招鲜"为青春文学史增添了丰富多彩的青春形象,那么他们的名字也应该进入百年中国青春文学的作家档案,也应该成为青春文学研究的作家对象。然而,对绝大多数作家而言,他们的创作可能不可避免地涉及过青春题材,有意无意地表现过青春主题,但他们称不上是"青春文学作家"。这部分作家,只要他们留下过经典青春作品的或者说其作品经得起青春学阐释的,也应该进入中国青春文学史的研究之列。归根结底,还是应该根据作家所提供的"青春文学"作品或者有无对青春主题的深刻、独特的表现来决定一个作家在百年中国青春文学档案中的入选情况和研究地位。

这样,入选百年中国青春文学档案的作家,未必就是青春文学作家,但他们必定与表现青春主题有密切关系。对这些作家进行研究的时候,对其创作心理进行分析,有助于加深对读者对青春文学的进一步认识,本书中编部分对老舍、张爱玲等作家创作心理所进行的探析研究就属于这种尝试。

2. 读者要素

按照接受美学的观点,读者是接受主体,在文学审美活动中具有举足轻重的作用,因此读者也是一种不可或缺的文学要素。文学作品完成之后,在没有读者阅读之前,称之为"第一文本",经由阅读之后,文学作品才能摆脱孤立的"自在"状态,成为"自为"的存在,即作为审美对象的"第二文本"而存在。由此可见,"第二文本"

是在“第一文本”的基础上,经由读者再创造的结果。波兰现象学家罗曼·英加登认为,在文学作品诸层次结构中,留有不少“空白”,文学作品的最终完成,必须依靠读者自己去体验、去“填空”。德国接受美学理论家伊瑟尔进而指出,文学文本只是一个不确定的“召唤结构”,它召唤读者在其可能范围内充分发挥再创造才能。德国阐释学理论家伽达默尔认为,文本是一种吁请、呼唤,它渴求被理解;而读者积极地应答,理解文本提出的问题,这就构成了“对话”。伽达默尔指出,由于文学作品的意义取决于同读者之间进行的多次对话,因而文学作品的意义往往是多重的,不确定的,变动不居的。一段文本或一件艺术品的真正意义的发现永无止境,是一个与历史本身相同的无限过程。①

就20世纪中国青春文学史而言,读者群以青少年为主体,青少年读者群数量的多少、计划生育政策之下独生子女增多现象、青少年读者接受教育的状况和程度、学校教育体制对青少年的影响、网络时代和影像媒体对青少年读者的吸引……诸如此类读者信息或影响读者的因素,都直接或间接地影响着青春文学作品的阅读并对青春文学创作形成一定的反作用力,从而最终影响了20世纪中国青春文学史的走向和历史风貌。譬如,目前中国的少年儿童有两亿之多,青少年潜在读者群如此庞大是世界上独一无二的,这是中国青春文学具有广阔发展前景的一个读者基础。由于网络的逐渐普及,青少年读者与青春文学作家网上对话成为现实,青少年读者通过网络影响创作甚至参与创作的可能性正在变成现实;另一方面,文学理论家和批评家与青少年读者的网上交流与对话也在积极展开。2004年1月8日上午,上海作协副主席、文艺理论批评家王纪人教授在上海东方网的文学会馆聊天室与广大网友进行了一次有效的青春文学对话,就“美男作家”的欲望写作、葛红兵的

---

① 参见童庆炳主编:《文艺理论教程》,高等教育出版社1992年版,第441页。

小说《沙床》、“木子美现象”等话题发表了各自的观点和看法，王纪人教授还把这次聊天实录变成了纸质的文本，收录其著作之中。①

总之，现代读者以种种方式参与到青春文学史中间，研究20世纪中国青春文学史，不可不考虑读者要素。

3. 社会要素

这里的社会要素是指文学活动发生的环境和背景。一方面，作家和读者生活在一定的社会环境中，特定的社会环境造就具有时代特色的作家和读者；另一方面，文学作品离不开某种社会环境和时代背景，而优秀的文学作品总是最大限度地反映特定的社会环境和时代背景。就20世纪中国青春文学史而言，青春文学的兴盛与繁荣、衰落与低潮，同20世纪中国社会风云激荡、此起彼伏的青春运动息息相关。粗略地梳理20世纪中国历史上的青春运动，大致有四次运动高峰，民族青春精神成为狂飙突进的时代精神。第一次青春精神高扬是在“五四”时期；第二次青春精神高扬是在“抗战”时期；第三次青春精神高扬是在“红卫兵”时期和“文革”初期；第四次青春精神高扬是在“新时期”②。其中，第一、第二、第四次青春精神高扬显示出中华民族的生命活力与变革现实的精神动力，而第三次青春精神高扬则显示出国民青春性格狂躁、虚弱的一面和民族青春精神病态亢奋的一面，在历史上留下深刻的教训。20世纪中国青春文学史与20世纪中国历史上的青春运动结下不解之缘，青春史和文学史形成历史的“互动”和存在的“互证”。因此，研究20世纪中国青春文学史不可不考虑社会要素。

---

① 王纪人：《在上海东方网·文学会馆聊天实录》，见《文学：理论与阐释》，三联书店2006年版，第379页。

② 作为一个政治概念，“新时期”一般指自1976年粉碎“四人帮”始至80年代末。

四、百年中国青春文学史研究思路、方法和研究价值

20 世纪中国青春文学史总的研究思路是：通过青春史认识文学史，通过文学史认识青春史，在各种文学活动要素的“互动”与“互证”中展开对 20 世纪中国青春文学史的研究。

20 世纪中国青春文学史研究是以文学研究为主的跨学科综合性研究，在文学方面涉及文学史、文学理论、外国文学、比较文学等学科；文学之外则涉及社会学、青年学、历史学、文化学、心理学等多种研究领域。研究对象的复杂决定了研究方法的多种多样，其中从“青春主题学”的角度切入 20 世纪中国青春文学是一次新的研究尝试。本书尝试建立的“青春美学批评”就是根据“青春学”原理建立文学批评方法，站在“青春本位”的立场进行文学评论。“青春美学批评”既是一种研究视角，同时也是一种研究方法。作为一种文学批评方法，其对于 20 世纪中国文学研究具有重要价值和意义。

20 世纪中国青春文学史研究具有重要的价值和丰富的意义。

研究青春文学史不是把“青春”作为标签简单地贴到各个时期的文学史上，而是从文学史上由点到线梳理出青春主题的脉络；青春不仅具有时代特征、社会内容和心理要素，它自身还具备独立的审美价值。20 世纪中国青春文学史不是一般文学史的附庸，它自身是 20 世纪中国文学史上一道靓丽的风景线。青春文学史作为一种“别史”，它又是 20 世纪中国文学史的细化、深化和专门化。笔者将在深入扎实的研究基础上分别展开“20 世纪中国青春诗歌史”研究、“20 世纪中国青春散文史”研究和“20 世纪中国青春戏剧

史”研究，[①]并根据上述研究成果形成《20世纪中国青春文学史》一书。20世纪中国青春文学史研究将会给“重写20世纪中国文学史”带来新的视野，拓宽20世纪中国文学的研究领域，同时也能够深化研究进程。

20世纪中国青春文学史研究将对20世纪中国文学史上的一些名篇佳作做出新的阐释，并对一些作家做出新的评价与文学史定位。

20世纪中国青春文学史研究有助于系统探索文学史上的青春形象、青春人格和青春理想，充分认识20世纪青春文化的正面价值和负面影响并把这种研究同呼唤中华民族“青春人格”乃至塑造时代新人紧密结合。新世纪以来，党中央和人民政府十分重视青年问题，当代大学生素质教育问题也提上了各级领导的议事日程。本项目将为各类教育工作者对青少年实施素质教育提供丰富而重要的参考材料和理论依据。

---

① 笔者博士学位论文《百年青春档案——20世纪中国小说中的青春主题研究》（中国社会科学出版社2005年版）可算作“20世纪中国青春小说史”研究。

编

第一章　立足“幼者本位”
探索“青春之路”

——鲁迅与青春文化研究

学者王富仁先生曾把中国文化粗略地划分为三种形态：青年文化、中年文化和老年文化。① 按照这种划分，“五四”新文化运动的先驱者们大都属于青年文化系列，陈独秀、李大钊、鲁迅、胡适等都曾站在时代前列为青春文化大声疾呼，并被时代的青年们奉为精神导师。随着《新青年》阵营的解体，这些“五四”文化先驱们走上了不同的道路。胡适号召青年们“整理国故”，大有回归传统之嫌疑，陈独秀主要转入政治斗争行列，而李大钊则惨遭封建军阀屠杀。真正在文化领域里冲锋陷阵、摸爬滚打而又始终不改变奋斗意志与青春性格的“五四”风云人物，几乎只有鲁迅。缘于少年时代的家庭变故，饱尝世态炎凉的鲁迅早就具有中年心态，而人到中年的鲁迅难免滋生暮年心态，但鲁迅始终以一个“精神界战士”的姿态驰骋于中国文坛，他所具有的青春精神感染并激励了数不清的读者。及至鲁迅生命的晚期，虽然对部分青年有所怀疑，但他仍然坚持了青春文化的立场，他那“不妥协的性格”、“决绝的态度”和

---

① 王富仁：《创造社与中国现代社会的青年文化》，参见王富仁：《灵魂的挣扎》，时代文艺出版社 1993 年版，第 170 页。

那种“硬骨头精神”，正是其“青春精神”的写照，“成熟的智慧”与“青春的精神”在鲁迅身上取得了高度统一。或许在这个意义上，鲁迅被尊为“青年的导师”，赢得了青年的爱戴。鲁迅为何力主“青春文化”而反对传统的“老年文化”？他的“幼者本位”思想源于何处？他又是怎样探索“个体青春”和“民族青春”之路的？笔者将尝试对这些问题进行梳理和探讨。

一、立足“幼者本位”思想

1919年11月《新青年》第6卷第6号发表了鲁迅的《我们现在怎样做父亲》，正式提出了“幼者本位”的口号，标志着“幼者世界”的发现。这是和“人的发现”本质相同的重要新文化成果，也是《狂人日记》中“救救孩子”的思想深化与逻辑延展。鲁迅的“幼者本位”是相对于“老年本位”而言的。鲁迅认为传统的中国社会封建文化是以“老年本位”为根基的，而现代欧美等国家所代表的现代文化却是以“幼年本位”为根基的。要变革中国社会，使之跻身于世界民族之林，就要从文化根基上变“老年本位”为“幼者本位”，这既是进化论的必然选择，又是中国社会的当务之急。鲁迅的“幼者本位”实质上也就是“青春本位”，是把中国的希望寄托在儿童身上，寄托在青年一代身上。“幼者本位”或“青春本位”要求在现实人生中的成人，一切为“幼者”着想，为“幼者”和青年的发展开辟道路甚至充当他们的“人梯”或“桥梁”。“幼者本位”思想属于典型的“青春文化”的范畴，也可以说是“青春文化”的精髓和支点所在。那么，鲁迅的“幼者本位”思想源自何处呢？

首先，源自于鲁迅对落后、衰老的中国社会的沉痛认识。近代中国落后屈辱的历史令每一个有良知的中国知识分子为之扼腕而叹，感叹之余不能不沉思其中的原因所在。两次鸦片战争的失败以及甲午海战的惨败极大地刺激了鲁迅，他曾有三鞭子的说法：第一鞭子是鸦片战争，第二鞭子是第二次鸦片战争，第三次是甲午战争。三鞭子抽在中国人的身上足使其反省自身，三鞭子抽在鲁迅身上足使其反思生死攸关的民族出路。对于中国封建王朝闭关锁国、安于现状的事实，欧洲的思想家马克思也已经注意到，他在《鸦片贸易史》一文中写道："一个人口几乎占人类三分之一的幅员广大的帝国，不顾时势，仍然安于现状，由于被强力排斥于世界联系的体系之外而孤立无依，因此竭力以天朝尽善尽美的幻想来欺骗自己，这样一个帝国终于要在这样一场殊死的决斗中死去。"①睁开眼睛看中国的鲁迅认识到：老大中国衰老了，万马齐喑的社会危机重重；要变革社会，先要变革文化，改变国民的精神，使他们不再麻木地安于现状——而要改变衰老文化，就需要输入青春文化，需要用"幼者本位"的文化代替"老年本位"的文化。

其次，理论上源自于达尔文的生物进化论。鲁迅从南京求学时读《天演论》，到1907年发表《人之历史》，深受达尔文生物进化论和海克尔种系发生学的影响，奠定了他早期生物科学思想的理论基础。这使他不仅看到了生物界的统一性，也看到了整个自然界的统一性，并进一步认识到整个客观世界都是一个不断发展进化的过程。鲁迅曾追忆接受进化论对自己思想的影响："进化论对我还是有帮助的，究竟指示了一条路。明白自然淘汰，相信生存斗争，相信进步……那时候（指一九〇七年前后）相信精神革命，主张解放个性，简直是浪漫主义，也还是进化论的思想。主张反抗，主张民族革命，注重被压迫民族的文学作品和同情弱小者的反抗的文学作品的介绍，也还是叫人警惕自然淘汰，主张生存斗争的意思。"②学者王富仁认为："鲁迅的一生，在自然科学的研究中并没有做出自己的独立贡献，但作为一个思想家，应该说，他的自然科

① 马克思：《鸦片贸易史》，见《马克思恩格斯选集》第2卷，第26页。

② 转引自冯雪峰：《回忆鲁迅》，人民文学出版社1957年版，第1页。

学知识是超越了他之前任何一个中国古代伟大的思想家的。并且他的科学知识，是西方现代自然科学系统中的东西，而不同于中国古代非系统性的、经验积累性的一般科学常识。……鲁迅对自然科学的重视，其意义绝不仅仅在于掌握了一些现代自然科学的常识，而在于使他在整体上进一步调整了自己的文化思想系统。"①在西方的历史中，各种文化形态都呈现着由低级向高级发展的递变形态，从泰勒斯的进化观到达尔文、海克尔的进化观有明显的联系，达尔文、海克尔生物进化论的具体内容和发展程度，却明显高于泰勒斯。鲁迅的进化论，实际也是一种人类文化的发展观。鲁迅主张用"幼者本位"文化取代"老年本位"文化，既符合生物学规律又合乎文化发展的时代要求。

在《我们现在怎样做父亲》一文中，鲁迅从若干方面阐释了"幼者本位"的理由和要义。"生命何以必需继续呢？就因为要发展，要进化。个体既然免不了死亡，进化又毫无止境，所以只能延续着，在这进化的路上走。走这路须有一种内的努力，有如单细胞动物有内的努力，积久才会繁复，无脊椎动物有内的努力，积久才会发生脊椎。所以后起的生命，总比以前的更有意义，更近完全，因此也更有价值，更可宝贵；前者的生命，应该牺牲于他。"②这是生物进化的要求，"但可惜的是中国的旧见解，又恰恰与这道理完全相反。本位应在幼者，却反在长者；置重应在将来，却反在过去。前者做了更前者的牺牲，自己无力生存，却苛责后者又来专做他的牺

---

① 《从"兴业"到"立人"——鲁迅早期的文化思想》，见王富仁：《灵魂的挣扎》，时代文艺出版社 1993 年版，第 142 页。

② 鲁迅：《我们现在怎样做父亲》，原载 1919 年 11 月《新青年》第 6 卷第 6 号，后收入《坟》。转引自朱德发、韩之友选注：《鲁迅选集·杂文卷》，山东文艺出版社 1990 年版，第 24 页。

牲,毁灭了一切发展本身的能力”①。然而,这却是中国“老年本位”的现状。这样的文化现状显然不合乎生物进化的规律,也有悖于现代文化发展趋势,所谓“逆历史潮流而动”也。其结果自然是“中国的男女,大抵未老先衰,甚至不到二十岁,早已老态可掬,待到真实衰老,便更需别人扶持”②。鲁迅在《随感录·四十九》中写道:“凡有高等动物,倘没有遇着意外的变故,总是从幼到壮,从壮到老,从老到死……所以社会上的状态,先是‘少年老成’;直待弯腰曲背时期,才更加‘逸兴遄飞’……这真是生物界的怪现象!”③鲁迅进而由此引出改造社会的任务:“所以我说,解放子女的父母,应该先有一番预备;而对于如此社会,尤应该改造,使他能适于合理的生活。许多人预备着,改造着,久而久之,自然可望实现了。”④在《我们现在怎样做父亲》一文最后,鲁迅总结道:“觉醒的父母,完全应该是义务的,利他的,牺牲的,很不易做;而在中国尤不易做。中国觉醒的人,为想随顺长者解放幼者,便须一面清洁旧账,一面开辟新路。就是开首所说的‘自己背了因袭的重担,肩住了黑暗的闸门,放他们到宽阔光明的地方去;此后幸福的度日,合理的做人’。这是一件极伟大的要紧的事,也是一件极困苦艰难的事。”⑤鲁迅的伟大就在于,他不是指手画脚地苛责“幼者”和青年

---

① 鲁迅:《我们现在怎样做父亲》,原载1919年11月《新青年》第6卷第6号,后收入《坟》。转引自朱德发、韩之友选注:《鲁迅选集·杂文卷》,山东文艺出版社1990年版,第24页。

②④ 鲁迅:《我们现在怎样做父亲》,原载1919年11月《新青年》第6卷第6号,后收入《坟》。转引自朱德发、韩之友选注:《鲁迅选集·杂文卷》,山东文艺出版社1990年版,第29页。

③ 鲁迅:《热风·随感录四十九》,见《鲁迅全集》(第1卷),人民文学出版社1981年版,第338页。

⑤ 鲁迅:《我们现在怎样做父亲》,原载1919年11月《新青年》第6卷第6号,后收入《坟》。转引自朱德发、韩之友选注:《鲁迅选集·杂文卷》,山东文艺出版社1990年版,第31页。

应该如何去做,而是首当其冲放下“家长”的架子,反躬自问对于“幼者”和青年自己是否尽到了应尽的责任,是否完成了应该完成的义务,一个现代父亲的形象也就矗立起来。

鲁迅的《我们现在怎样做父亲》一文最初发表于1919年11月1号的《新青年》月刊上,就在同一期刊物上,鲁迅的《随感录·六十三“与幼者”》大段引用了日本白桦派作家有岛武郎①的《与幼者》:

> 我的一生就令怎样失败,怎样胜不了诱惑;但无论如何,使你们从我的足迹上寻不出不纯的东西的事,是要做的,是一定做的。你们该从我的倒毙的所在,跨出新的脚步去。但哪里走,怎么走的事,你们也可以从我的足迹上探索出来。
>
> 幼者呵!将又不幸又幸福的你们的父母的祝福,浸在胸中,上人生的旅路罢。前途很远,也很暗。然而不要怕。不怕的人的面前才有路。
>
> 走罢!勇猛着!幼者呵!②

鲁迅的“幼者本位”和有岛武郎《与幼者》有着某种精神上的联系。在对代表着希望的“幼者”无私的奉献和崇高的仁爱方面,我们看到鲁迅和有岛武郎这两位伟大作家的共同之处。

二、反抗传统的“老年文化”

在以“老年本位”为根基的传统社会中,要提倡并力行“幼者本位”思想,势必遇到强大的文化阻力和社会、家庭的压力,鲁迅采取

① 有岛武郎(1878~1923),日本小说家,著有《有岛武郎著作集》。《与幼者》见《著作集》第七辑,鲁迅曾译为中文,题为《与幼小者》,收入《现代日本小说集》中。

② 鲁迅:《热风·随感录六十三》,见《鲁迅全集》(第1卷),人民文学出版社1981年版,第362页。

的文化策略是批判和反抗。鲁迅认为，中国传统的“老年文化”是父母把孩子视为自己的私产和尽孝的材料，误点便在长者本位与利己思想，权利思想很重，义务思想和责任心却很轻。在这类“老年本位”的父母心目中，孩子再宝贵也只是他们所占有、所利用的材料，永远超不出他们为后代所设定的轨道。中国人之所以长期在“做不成奴隶”与“暂时做稳了奴隶”这两样时代中循环，首先固然是封建专制制度压制的结果，但与这种“父为子纲”、“长者本位”的伦理道德对后代的扼制也大有关系。所以要改变中国人的命运，使下一代成为独立、完全的人，过上历史上从未有过的新生活，就必须一反传统的“老年本位”的观念。“尊老爱幼”是中华民族的传统美德，但是在传统的“老年文化”中，“尊老”和“爱幼”严重失衡，当“尊老”被强调到无以复加的程度的时候，“幼者”的生命和精神势必遭受到严重戕害，甚至为长者充当“牺牲品”。传统的“老年文化”就是以“孝道”作为其不可侵犯的护身符的，所以鲁迅首先向传统的“孝道”发起进攻。

鲁迅批判孝道的一个突出特点，是把孝道看做是封建“吃人”道德的一部分，把批判孝道看做改造国民性和实现人的解放的一部分。鲁迅指出，“孝”“烈”这类道德，都是一味收拾弱者的方法。“中国亲权重，父权更重”，而且“从来认为神圣不可侵犯”。父亲的权威几乎就是缩小的皇权，任何动摇传统父子关系的言行，都会被“圣人之徒”视为“铲伦常”的“禽兽行”。“他们以为父对子，有绝对的权力和威严；若是老子说话，当然无所不可，儿子有话，却在未说之前早已错了。”①鲁迅认为，一切“无违”的孝道，蔑视了真的人情，违反了合理的生活，因而是根本做不到的；拼命的劝孝，实际上

① 鲁迅：《我们现在怎样做父亲》，原载1919年11月《新青年》第6卷第6号，后收入《坟》。转引自朱德发、韩之友选注：《鲁迅选集·杂文卷》，山东文艺出版社1990年版，第22页。

是在提倡虚伪的道德。鲁迅还以旧社会作为“孝子的教科书”的《二十四孝图》为例,具体深入地分析孝道的虚伪性。例如所谓“郭巨埋儿”、“哭竹生笋”和“卧冰求鲤”等等,完全是“一味收拾幼者”的骗人之谈和害人之道。鲁迅的许多批孝道文章,都着重于揭示孝道的虚伪性、欺骗性和残酷性。

封建社会的“孝道”在精神上的最大危害是使人从小就丧失独立人格,终身做别人的附属物,它是一种反人性、反进化,阻碍人类进步和社会发展的病根。鲁迅反对传统“孝道”,提倡“幼者本位”思想,这和鲁迅一贯的“改造国民性”主题密切相关。早在1907年,日本留学时期的鲁迅就在《文化偏至论》中提出了“立人”思想。“幼者本位”思想和“立人”思想是紧密相连的,可以说“立人”先从“幼者”做起,先从“独立人格”讲起。在鲁迅看来,“立人”的一个重要目标和途径,就是要通过“尊个性”、“任个人”,在中国人的意识中,确立个人的价值和尊严,克服传统的“合群的自大”与“以众虐独”,以实现“群之大觉”。鲁迅主张“尊个性”、“任个人”,是针对着封建专制造成的只有“合群的自大”,而没有“个人的自大”(即个性被泯灭被扼杀)的现状提出来的。鲁迅清醒地意识到,中国虽然没有欧洲中世纪那样的教皇和教会的统治时代,却有自己的集权专制的封建传统。在中国,一切都受制于皇上的权力意志,只讲国家利益,“忠君报国”,而绝无个性尊严、个人权利可言。在儒学经典中,对“忠”与“孝”的内在联系和作用说得很明白。《礼记》说:“忠臣以事其君,孝子以事其亲,其本一也。”《论语》说:“其为人也孝悌,而好犯上者鲜矣。”只要人人在家以孝事亲,出则以忠事君,也就家国同治,天下太平了。所以鲁迅指出,既然封建社会的中国人普遍以为“孝”是“百行之先”,所谓“修身齐家治国平天下”,须从尽“孝”做起,那么要推翻这吃人道德,要“救救孩子”、解放孩子,自然也需从批判和破除封建的“孝道”做起。

传统的“老年文化”具有非常强大的政治文化势力和道德心理

优势,对“老年文化”的批判或反思常常招致猛烈的报复,甚至引来杀身之祸,魏晋时期的曹操、司马懿便是以“不孝”为罪名而杀戮政敌孔融和嵇康的。传统的“老年文化”同家族伦理制度、封建专制制度盘根错节地纠缠在一起,阻碍着一切变革传统的新生力量的生长和发展。这样,敢于向传统的“老年文化”挑战的勇士,往往被当作“逆子”或者“叛徒”,甚至“狂人”或者“疯子”。“老年文化”所代表的封建传统是无形的,然而又是无处不在的。它存留于人们的集体无意识之中,当反抗者触动它的权威,冒犯它的尊严的时候,就会遭到众人一致的反对,所谓“众口铄金,积毁销骨”道出了反抗众人所奉行的传统习俗的艰难,哪怕那种传统习俗已经腐朽不堪。传统习俗——这种无形的“社会父权”会借助庸众的力量对反叛者进行迫害,对反叛者命名为“狂人”或者“疯子”是“社会父权”对其挑战者进行迫害的方式之一。鲁迅小说《狂人日记》和《长明灯》里的青年“反叛者”就是以“狂人”或“疯子”的面目出现的。

鲁迅的第一篇白话小说《狂人日记》,立意便在于“暴露家族制度和礼教的弊害”。《狂人日记》中的“狂人”害的是“迫害狂”,患者的心理特征是恐惧、敏感和多疑。但恰恰因为“病态”思维使得“狂人”的头脑异常清醒,超越了庸众麻木不仁的生存状态,达到了对现实和历史的清醒认识。“在疯癫的隐秘核心,在无数谬误与不合逻辑的言行的深处,我们最终发现了一种隐秘的完整的语言。扎奇亚得出的结论是:‘从这些事情中你确实可以看到讨论智力的最佳方式。’疯癫的根本语言是理性语言,但是这种理性语言被显赫的心象笼罩着,因此只限于在心象所规定的现象范围内出现。它在心象整体和通用话语之外形成一种被滥用的独特结构,这种结构引人注目的性质便是疯癫。”①我们若把那些“狂话”连在一起

① [法]米歇尔·福柯:《疯癫与文明》,刘北成、杨远婴译,三联书店2003年版,第87页。

看,“狂人”那种异常深刻的反叛思想和自省精神是相当明显的:

凡事须得研究,才会明白。……我翻开历史一查,这历史没有年代,歪歪斜斜的每页上都写着“仁义道德”几个字。我横竖睡不着,仔细看了半夜,才从字缝里看出字来,满本都写着两个字是“吃人”!……吃人的是我哥哥!我是吃人的人的兄弟!我自己被人吃了,可仍然是吃人的人的兄弟!……狮子似的凶心,兔子的怯弱,狐狸的狡猾……你们可以改了,从真心改起!要晓得将来容不得吃人的人,活在世上。……有了四千年吃人履历的我,当初虽然不知道,现在明白,难见真的人!……没有吃过人的孩子,或许还有?救救孩子……①

米歇尔·福柯曾对欧洲疯癫史进行文化研究,他指出:“在荒蛮状态不可能发现疯癫。疯癫只存在于社会之中。……从中世纪到文艺复兴,疯癫作为一种美学现象或日常现象出现在社会领域中;17 世纪,由于禁闭,疯癫经历了一个沉默和被排斥的时期。它丧失了在莎士比亚和塞万提斯的时代曾经具有的展现和揭示的功能(例如,麦克白夫人变疯时开始说出真理)。它变得虚假可笑了。最后,20 世纪给疯癫套上项圈,把它归为自然现象,系于这个世界的真理。”②20 世纪的鲁迅先生像莎士比亚和塞万提斯那样,用艺术的形式让“疯癫”发挥其“展现和揭示的功能”,借“狂人”之口,宣讲出社会不允许传播的真理。显然,“狂人”才是真正的启蒙者和思想家。“狂人”反抗的背后有着隐形的传统的“老年文化”或“社会父亲”那双巨手在处处作祟。是传统的“老年文化”或“社会父权”通过其操纵下的庸众,把具有思想深度的反叛者变成了“狂人”。

① 鲁迅:《狂人日记》,见朱德发、韩之友选注:《鲁迅选集·小说散文卷》,山东文艺出版社 1990 年版,第 3~10 页。

② [法]米歇尔·福柯:《疯癫与文明》,刘北成、杨远婴译,三联书店 2003 年版,第 273 页。

鲁迅小说《长明灯》中的“疯子”也是一个反叛者的形象。“疯子”与“狂人”的相似之处在于他们对传统的“老年文化”或“社会父亲”——封建传统的彻底反叛精神,不同之处在于“狂人”反叛和否定的是封建礼教,而“疯子”反叛和否定的是封建迷信;如果说“狂人”的反叛和否定重在“语言”和“思想”,那么,“疯子”的反叛和否定则重在“大胆行动”。“疯子”所生活的典型环境是迷信守旧的吉光屯。这个屯所以叫“吉光屯”是因为社庙里点有一盏从梁武帝点起,一直传下来的“琉璃灯”。他们都相信这长明灯主宰着全屯人的命运,灯一灭屯子就“要变海”,人“都要变泥鳅”。所以,他们都把这封建传统的象征“长明灯”看成自己的命根子,拼命加以维护。在迷信守旧的吉光屯村民中,“疯子”是唯一敢于离经叛道的叛徒。他所以被众口一致地指责为“疯子”,就是因为他要把祖庙里象征封建统治的“长明灯”吹灭。“疯子”是孤独的叛逆者和觉醒者,他反封建的思想和行为是群众所不理解的,群众不仅不支持他吹灭“长明灯”,反而把他当作“疯子”任意加害。在被群众误解这一点上,《长明灯》里的“疯子”同《药》中的夏瑜面临着同样的尴尬境况。“疯子”的韧性战斗精神和坚强的斗争意志表现在他吹灭“长明灯”的决心百折不挠上面。他们用“我替你吹”来欺骗,他回答:“不要你们,我自己去熄!”他们用“打断你的骨头”来威胁,他仍然不放弃;他们把他紧紧关在庙门之外,他的回答是:“我放火!”他们将他锁在社庙里,准备绑送县衙门,他的回答仍然是:“我放火!”这种决绝的反抗性格使“疯子”的形象具有鲜明的时代色彩。

敢于直面现实人生的鲁迅先生把青年反抗者塑造成“狂人”或“疯子”,并非是对反抗者“寡不敌众”而“自不量力”的嘲笑,而是为了说明青年反抗者所面临社会环境的冷酷和形势的严峻。在中国历史上,孙中山、章太炎就曾因当年的革命之举被人称为“疯子”,他们的叛逆性格和深邃的民主革命思想很难为一般的凡夫俗子所理解,而“疯子”的特异功能却是敢于对不正常的社会做出最正常的反映，所以他们并不以“狂人”、“疯子”为耻，反以“狂人”、“疯子”自居。章太炎在1906年日本东京留学生欢迎会上说过如下一段话：

> 自从甲午以后……对着朋友，说这逐满独立的话，总是摇头，也有说是疯癫的，也有说是叛逆的，也有说是自取杀身之祸的。但兄弟是凭他说个疯癫，我还守我疯癫的念头。……大凡非常可怪的议论，不是神经病人，断不能想，就是想也不敢说，说了以后，遇着艰难困苦的时候，不是神经病人，断不能百折不回，孤行己意。所以古来有大学问、成大事业的，必得有神经病才能做到。①

章太炎这番话是意味深长的，有助于人们理解鲁迅笔下的“狂人”、“疯子”形象，也有助于人们认识“狂人”、“疯子”形象背后，代表着传统权威的“老年文化”或“社会父权”之强大、顽固。

三、探索“青春之路”

作为“青年的导师”和“精神界战士”的鲁迅，一生之中都在探索“青春之路”，鲁迅的精神探索既是为自己，也是为他人，尤其是为了中国有希望的青年。“路漫漫其修远兮，吾将上下而求索”是屈原的探索精神，也是鲁迅执著的青春精神。

鲁迅真诚地坦言，他并不能为别人指出一条路来，因为他自己也还在路上，不过是一个行脚匆匆的“过客”而已。对于怎样做父亲，鲁迅说：“我现在心以为然的道理，极其简单。便是依据生物界的现象，一，要保存生命；二，要延续这生命；三，要发展这生命（就

---

① 见《民报》第六号。转引自田仲济、孙昌熙主编：《中国现代小说史》，山东文艺出版社1984年版，第24页。

是进化)。生物都这样做,父亲也就是这样做。"[①]鲁迅认为:"觉醒的人,此后应将这天性的爱,更加扩张,更加醇化;用无我的爱,自己牺牲于后起新人。开宗第一,便是理解。……第二,便是指导。……第三,便是解放。"[②]如果说上述言论是针对如何做父亲而谈的,那么鲁迅在《忽然想到(六)》这篇杂文中所指出的方向则是针对青年的发展而言的:"我们目下的当务之急,是:一要生存,二要温饱,三要发展。苟有阻碍这前途者,无论是古是今,是人是鬼,是《三坟》《五典》,百宋千元,天球河图,金人玉佛,祖传丸散,秘制膏丹,全都踏倒他。"[③]这是鲁迅为青年指导的大方向和斗争方针,其中有鲁迅式的智慧,也有鲁迅式的决绝与勇敢,对今天的青年也有参考价值。在很多情况下,鲁迅的偏激恰恰显示了鲁迅的"青春精神"和"青春品格",例如,他曾把中国历史简单地划分为两个时代:一、想做奴隶而不得的时代;二、暂时做稳了奴隶的时代。然后指出:"自然,也不满于现在的,但是,无须返顾,因为前面还有道路在。而创造这中国历史上未曾有过的第三样时代,则是现在的青年的使命!"[④]在看似简单的背后,有着鲁迅思想犀利的深刻和对青年殷切的希望。相比之下,当年那些温文尔雅的文人学士乃至学

---

① 鲁迅:《我们现在怎样做父亲》,原载 1919 年 11 月《新青年》第 6 卷第 6 号,后收入《坟》。转引自朱德发、韩之友选注:《鲁迅选集・杂文卷》,山东文艺出版社 1990 年版,第 23 页。

② 鲁迅:《我们现在怎样做父亲》,原载 1919 年 11 月《新青年》第 6 卷第 6 号,后收入《坟》。转引自朱德发、韩之友选注:《鲁迅选集・杂文卷》,山东文艺出版社 1990 年版,第 27 页。

③ 鲁迅:《忽然想到(六)》,原载 1925 年 4 月《京报・副刊》,后收入《华盖集》。转引自朱德发、韩之友选注:《鲁迅选集・杂文卷》,山东文艺出版社 1990 年版,第 76 页。

④ 鲁迅:《灯下漫笔》,原载 1925 年 5 月 1 日、22 日《莽原》周刊第 2 期、第 5 期,后收入《坟》。转引自朱德发、韩之友选注:《鲁迅选集・杂文卷》,山东文艺出版社 1990 年版,第 86 页。

术权威,何曾站在青年的立场上大声疾呼,又何曾对青年怀有如此希望。鲁迅的青春文化并非幼稚的青春文化,他对青年也并非一味激赏,鲁迅在《导师》一文中说过:"近来很通行说青年;开口青年,闭口也是青年。但青年又何能一概而论?有醒着的,有睡着的,有昏着的,有躺着的,有玩着的,此外还多。但是,自然也有要前进的。"①

鲁迅看重的是"要前进"的青年,对于"要前进"的青年,鲁迅积极提携、认真呵护。他为青年的创造辩护:

近来对于青年的创造。忽然降下一个"流产"的恶谥,哄然应和的就有一大群。我现在相信,发明这话的是没有什么恶意的,不过偶尔说一说;应和的也是情有可原的,因为世事本来大概就这样。

我独不解中国人何以于旧状况那么心平气和,于较新的机运就这么疾首蹙额;于已成之局那么委曲求全,于初兴之事就这么求全责备?②

他为白莽的诗集《孩儿塔》作序:

这《孩儿塔》的出世并非要和现在一般的诗人争一日之长,是有别一种意义在。这是东方的微光,是林中的响箭,是冬末的萌芽,是进军的第一步,是对于前驱者的爱的大纛,也是对于摧残者的憎的丰碑。一切所谓圆熟简练,静穆幽远之

---

① 鲁迅:《导师》,原载1925年5月15日《莽原》周刊第4期,后收入《华盖集》。转引自朱德发、韩之友选注:《鲁迅选集·杂文卷》,山东文艺出版社1990年版,第92页。

② 鲁迅:《这个与那个·流产与断种》,原载1925年12月22日北京《国民新报·副刊》,后收入《华盖集》。转引自朱德发、韩之友选注:《鲁迅选集·杂文卷》,山东文艺出版社1990年版,第109页。

作,都无须来作比方,因为这诗属于别一世界。①

现实生活中的鲁迅从不以青年的导师自居,但他的确把许多精力都花在青年身上,他内心里愿意这样做。鲁迅的朋友大多是青年人,同龄人很少。周作人讽刺鲁迅在老年仍和青年混在一起,京派学者都认为鲁迅与青年亲近不可理解。他们都不能理解鲁迅所坚持的"青春文化"的立场,也没有理解鲁迅可贵的"青春品格"。对于青年,鲁迅先生真正做到了"俯首甘为孺子牛"。不少青年作家寄来函稿,要求鲁迅为之修改文稿校小样,或是选定作品编集,鲁迅总是戴上老花镜为之工作到深夜。还有许多相识与不识的青年,时时写信来向他请教什么,鲁迅无不给以详详细细的回复。据许广平先生说:"他每星期的光阴,用在写回信大约有两天。"更有甚者,有一个小鲁迅十多岁的学生,后来因为工作关系,曾与鲁迅一同前往陕西、厦门、广州,而在出门的时候,他的铺盖常常是鲁迅替他理好的。多少年后,他在回忆文章中写到这些事时,深情地说:"耶稣常为门徒洗脚,我总要记起这个故事。"鲁迅对青年非常友善,帮助青年作家出书、找工作,有一次曾为年轻人校稿甚至累得吐了血。鲁迅给蔡元培、茅盾等人的很多信都是为别人特别是青年人求助的,显示出他的古道热肠。

鲁迅对"青春之路"的探索还表现在他的艺术世界中。在《孤独者》、《在酒楼上》等小说中,鲁迅怀着深切的同情刻画了"精神界战士"在现实世界中的悲凉处境,"青春性格"在悲凉处境中的"病态裂变",给人们留下深刻的启示。

鲁迅小说《孤独者》描写觉醒了的"精神界战士"魏连殳,在黑暗现实的巨大压力下,无力摆脱生存困境和精神困境,终于选择

---

① 鲁迅:《白莽作〈孩儿塔〉序》,原载1936年4月《文学丛报》月刊第1期,题目为《白莽遗诗序》,后由许广平收入《且介亭杂文末编》。转引自朱德发、韩之友选注:《鲁迅选集·杂文卷》,山东文艺出版社1990年版,第486页。

"玩世"手段，违背了自己的初衷，走上了"精神自杀"之途。魏连殳的孤独感首先在于他的精神觉醒。觉醒的自我是孤独的，他们往往具有卓尔不群的青年思想家气质，堪与之比肩的人本来就少。从某种意义上可以说"缺乏孤独就可能陷于平庸"，因为对于身处蒙昧和麻木状态的人来说，是无所谓孤独感的；对于精神界战士而言，人生往往是在不断的孤独中度过的，"我如此孤独，才如此独立"。魏连殳的"青春病态"在于他的"突然转向"：选择"玩世"手段，违背了自己的初衷，"躬行我先前憎恨、所反对的一切，拒斥我先前所敬仰、所主张的一切"，最后竟然当了军阀杜师长的秘书。这之后魏连殳在经济上虽然有了保障，精神上却更加"孤独"了。在他患病吐血之后，非但不治疗，反求速死，果然很快离世，以绝望的死报复了社会。魏连殳的孤独和他对社会病态的报复，是一代先觉的青年知识分子悲剧命运的写照，他生活在"五四"落潮时期，革命者还没有坚强的组织形式，觉悟的知识分子也在分化之中，而大部分市侩和保守的庸众在替统治阶级守护着"奴才主义"，构成改革的障碍，这一切都必然令魏连殳感到势单力薄，从而决定了这位"独战多数"的英雄难以摆脱孤独。

《在酒楼上》中的吕纬甫原也是个思想激进的知识青年，他敢去城隍庙拔掉神像的胡子，慷慨激昂地与人辩论中国改革之路；然而，旧传统这张无形的网包围着他，令他有腿不能走，有翅不能飞。"五四"过去之后，这个血气方刚的青年便事事都"敷敷衍衍"、"模模糊糊"、"随随便便"，心甘情愿地做些无聊的事。由于生活所迫，他当起了私塾先生，顺从主人的旨意教学生《诗经》、《孟子》、《女儿经》之类，不再教他青年时期所教的"ABCD"，连算学也不教了。吕纬甫完全变成了一个旧式的私塾先生，对于未来他已经丧失了希望和勇气。对于自己的蜕变，他有一个生动而悲凉的比喻：

我在少年时，看见蜂子和蝇子停在一个地方，给什么来一吓，即刻飞去了，但是飞了一个小圈子，便又回来停在一个原

地点，便以为这实在很可笑，也可怜。可是不料我自己也飞回来了，不过绕了一点小圈子……①

“绕了一点小圈子”“便又回来停在一个原地点”这种概括抓住了吕纬甫式的“青年革命”的特点，从人物内在精神上讲，则又是青春激情的迅速消解乃至死亡的绝妙象征。鲁迅带着切身的体验，着力探讨了那些在“五四”运动中冲锋陷阵、叱咤风云的青年斗士在运动退潮后的极度孤独寂寞的精神世界。在“五四”运动落潮后的短短几年中，鲁迅连续塑造了“落难英雄”N君、方玄卓、吕纬甫、魏连殳和涓生等形象。这些人几乎都经历过“青春梦”的破灭，在冷酷的现实面前，他们的青春生命活力大都迅速蜕变为“中年心态”甚至“老年心态”：从积极革命到消极抗争，从放声呐喊到彷徨苦闷，飞了一个小圈子，又回到原地点，成了前进不能后退不愿的孤独者。鲁迅是深谙中国历史的思想大师，对于中国历史文化之惰性，现实环境之黑暗，社会改革之艰难有着清醒的认识。如果说鲁迅对于阿Q式的愚弱的国民所持的态度是“哀其不幸，怒其不争”，那么鲁迅对被现实折弯了腰的知识青年如吕纬甫、魏连殳等辈的态度则要复杂得多，反映了鲁迅对“青春文化”认识的深度。

魏连殳、吕纬甫这类做过“青春梦”而又迅速“衰老”的人物形象，是鲁迅探索“青春之路”的过程中遇到过的人物，甚至他们身上也有鲁迅自己的投影，但“孤独者”鲁迅挺过来了，他没有折断精神的脊梁。与其笔下浮躁凌厉的人物相比，鲁迅更懂得韧性战斗，克服了“青春性格”所特有的脆弱性和盲目性，这终究源于鲁迅对旧社会旧文化认识的深刻性。后期的鲁迅曾这样总结过：“对于旧社会和旧势力的斗争，必须坚决，持久不断，而且注重实力。旧社会的根基原是非常坚固的，新运动非有更大的力不能动摇它什么。

① 鲁迅：《在酒楼上》，见朱德发、韩之友选注：《鲁迅选集·小说散文卷》，山东文艺出版社1990年版，第148页。

并且旧社会还有它使新势力妥协的好办法，但它自己是决不妥协的。在中国也有过许多新的运动了，却每次都是新的敌不过旧的，那原因大抵是在新的一面没有坚决的广大的目的，要求很小，容易满足。"①后期的鲁迅，"青春精神"与"老年智慧"在他身上达到了高度的统一，我们仍然见到他的热烈与决绝：从不放弃反抗，从不向旧势力、旧习俗妥协让步，直到生命的最后，连遗嘱都带着鲁迅式的孤傲的棱角。从某种意义上说，鲁迅一生都在为中华民族探索精神上的"青春之路"，鲁迅本人死于"青春"，他从没有"衰老"过——这正是鲁迅的伟大之处。

小　结

综上所述，鲁迅的"幼者本位"实质上也就是"青春本位"，是把中国的希望寄托在儿童身上，寄托在青年一代身上。"幼者本位"或"青春本位"要求在现实人生中的成人，一切为"幼者"着想，为"幼者"和青年的发展开辟道路甚至充当他们的"人梯"或"桥梁"。"幼者本位"思想属于典型的"青春文化"的范畴，也可以说是"青春文化"的精髓和支点所在。传统的"老年文化"往往以"孝道"束缚或压制"青年文化"，"孝道"在精神上的最大危害是使人从小就丧失独立人格，终身作别人的附属物。鲁迅反对传统"孝道"，提倡"幼者本位"思想，这和他一贯的"改造国民性"主题密切相关。作为"青年的导师"和"精神界战士"的鲁迅，一生之中都在探索"青春之路"，鲁迅的精神探索既是为自己，也是为他人，尤其是为了中国有希望的青年。"路漫漫其修远兮，吾将上下而求索"这是屈原

---

① 鲁迅：《对于左翼作家联盟的意见》，原载1930年4月1日《萌芽月刊》第1卷第4期，后收入《二心集》。转引自朱德发、韩之友选注：《鲁迅选集·杂文卷》，山东文艺出版社1990年版，第237页。

的探索精神，也是鲁迅执著的青春精神。缘于少年时代的家庭变故，饱尝世态炎凉的鲁迅早就具有中年心态，而人到中年的鲁迅难免滋生暮年心态，但鲁迅始终以一个“精神界战士”的姿态驰骋于中国文坛。及至鲁迅生命的晚期，他仍然坚持了青春文化的立场，他“不妥协的性格”、“决绝的态度”和那种“硬骨头精神”，正是“青春精神”的写照，“成熟的智慧”与“青春的精神”在鲁迅身上取得了高度统一。

第二章　“青春原野”上的灵魂奇遇

——从青春视角看巴金与刘西渭的“文学对话”

20世纪30年代中期，青年评论家刘西渭（本名李健吾）与著名青年作家巴金就《爱情的三部曲》（《雾》、《雨》、《电》）展开了一次“文学对话”，引起文坛的高度关注。刘西渭对巴金笔下的“青春世界”有着深刻而独特的“印象”，巴金对刘西渭的“印象”又拥有内心的“自白”，也可以说是刘西渭的“印象”，引出了巴金的“自白”。无论“印象”还是“自白”，他们言说的基础则主要是“青春世界”——刘西渭对巴金的一个重要的评价就是——“他本能地永生在青春的原野”。

从某种意义上，巴金和刘西渭之间的那一次“文学对话”，是两位文学骄子在“青春原野上的灵魂奇遇”，值得我们今天关注的是，那次“奇遇”所碰撞出的火花对我们从青春视角研究巴金及其作品具有重要的参考价值。

对话之一：“印象”批评与“青春”写作

从1931年到1934年，巴金陆续写出《雾》、《雨》、《电》三个中篇小说，统称《爱情的三部曲》。前两部是在《东方杂志》、《文艺月刊》上连载的，后一部在《文学季刊》上发表，直到1936年才结集为《爱情的三部曲》，由上海良友公司出版。感觉敏锐的印象主义评论家刘西渭于1935年10月10日（三部曲结集之前），在天津《大公报》文艺栏发表了长篇论文《〈雾〉、〈雨〉与〈电〉——巴金的〈爱情的三部曲〉》，在肯定巴金这部新作的同时，也批评了巴金及其新作的缺点。28岁就已经写出《家》的巴金对此有所不满，针对刘西渭的评论，于1935年11月22日以书信的形式写了一篇长文为自己辩护，对刘西渭不无讥讽，那篇长文名曰《〈爱情的三部曲〉作者的自白——答刘西渭先生》。为了申明自己的批评立场和批评原则，刘西渭接连写出了《答巴金先生的自白》和《鬼神人——巴金先生作》①两篇论文进行回应。一方面是评论家的"独立批评"，一方面是创作家的"真诚独白"，二者之间虽有共识，但也不乏误解和龃龉。你言我语之间难免有文学骄子们的意气之争，但难能可贵的是"交锋"双方对艺术的洞见和人格的魅力终于使他们的文章放出各自的光芒，可谓各持己见而又珠联璧合。巴金的小说集《雾·雨·电》（爱情的三部曲）书后附有刘西渭的评论文章；刘西渭的评论集《咀华集》里也把巴金的"作者自白"一并收录。

什么是"印象"批评？刘西渭对巴金的"印象"如何呢？

19世纪末20世纪初，法国批评界出现了反实证主义的"印象派批评"风潮，以雷梅托和法朗士等人为代表。他们认为批评是一种"印象"，是"灵魂在杰作之间的奇遇"。中国批评家刘西渭继承这种印象批评的精神并发扬光大，他更强调主体直觉在批评中的作用。简言之，印象批评是一种依据审美直觉、专注文学作品审美特性、表现批评家的主观印象和瞬间感受的批评方法，这种批评方法以鉴赏的姿态对待作品，并力求在读者与作者、读者与作品之间建立一种亲切的关系。印象主义批评有三个特征：一是否定批评

① 《神·鬼·人》是巴金的一部小说集。

的理性标准,强调批评家敏于感受的气质;二是认为批评也是一种创作,艺术家本身才是合格的批评家,而一个好的批评家也可通过他的批评成为好的艺术家;三是认为批评是独立的文学活动,批评家可以"为批评而批评"①。刘西渭在研究和探索西方印象主义批评的基础上,吸收中国传统文论成分,建构其批评系统。"灵魂在杰作之间的奇遇",这是法国印象主义批评家法朗士的名言,为刘西渭一再引用和推崇,正可以用来概括刘西渭印象主义批评的要义。首先,刘西渭把批评当作"自我发现"的一种手段,强调批评活动中"创造的心灵";其次,刘西渭宣告"批评的独立",认为批评是一种"独立"的创造"艺术",既不依附于作品,也不是作者的附庸;第三,认为作品的"客观意图"并不存在,作者本人也未必解释清楚,批评家也无从解释,批评不过是人言人殊,是"灵魂在杰作之间的奇遇"。刘西渭被认为是中国印象主义批评的奠基人,②其主要批评论点收入了1936年出版的批评论集《咀华集》。

在刘西渭的《〈雾〉、〈雨〉与〈电〉——巴金的〈爱情的三部曲〉》这篇洋洋洒洒、才情横溢的随笔式论文中,提出了对巴金的创作及其作品《爱情的三部曲》的一些"印象",我们先看其中的两点。

其一,巴金有一种"力量",是一个"战士",他把"青春"带给读者,他本能地永生在"青春的原野"。原文中如此表达:"废名单自成为一个境界,犹如巴金单自成为一种力量。人世应当有废名那样的隐士,更应当有巴金那样的战士。一个把哲理给我们,一个把青春给我们。"③其二,巴金是幸福的,他拥有青年读者群,《爱情的

① 温儒敏:《中国现代文学批评史》,北京大学出版社1993年版,第129页。

② 李岫:《李健吾:中国式印象主义批评的奠基人》,见《西南师范大学学报》2006年第5期。

③ 刘西渭:《咀华集》,人民文学出版社2001年版,第3页。

三部曲》反映了青春的世界，满足了时代青年的需要。刘西渭有一大段著名的“作者论”——

我说他的读者大半是二十岁上下的青年。从天真到世故这段人生的路程，最值得一个人留恋：这里是希望，信仰，热诚，恋爱，寂寞，痛苦，幻灭种种色相可爱的交织。巴金是幸福的，因为他的人物属于一群真实的青年，而他的读者也属于一群真实的青年。他的心燃起他们的心。他的感受正是他们悒郁不宣的感受。他们都才从旧家庭的囚笼打出，来到心向往之的都市；他们有憧憬的心，沸腾的血，过剩的力；他们需要工作，不是为工作，不是为自己（实际是为自己），是为一个更高尚的理想，一桩不可企及的事业（还有比拯救全人类更高尚的理想，比牺牲自己更不可企及的事业？）；而酷虐的社会——一个时时刻刻讲求苟安的传统的势力——不容他们有所作为，而社会本身便是重重的罪恶。这些走投无路，彷徨歧途，春情发动的纯洁的青年，比老年人更加需要同情，鼓励，安慰，他们没有老年人的经验，哲学，一种潦倒的自嘲；他们急于看见自己——哪怕是自己的影子——战斗，同时最大的安慰，正是看见自己挣扎，感到初入世被牺牲的英勇。于是巴金来了，巴金和他热情的作品来了。你可以想象那样一群青年男女，怎样抱住他的小说，例如《雨》，和《雨》里的人物一起哭笑。①

刘西渭的这两点“印象”闪耀着一个印象主义批评家的真知灼见，包含着丰富的青春学内容和审美意义。刘西渭评价巴金为具有人格力量的“战士”，把读者带进他的“青春世界”；在这个青春世界里，不但作品中的人物属于青春，读者也属于青春，巴金的心点燃了青年读者的心。青年读者具有憧憬未来的心和热血沸腾的青春能量，需要为高尚的理想而工作，需要完成伟大的事业；然而，黑

---

① 刘西渭：《咀华集》，人民文学出版社 2001 年版，第 4～5 页。

暗的现实和残酷的社会却不给他们提供机会，不容他们有所作为，于是，走投无路的青年们在人生的迷途中认识了巴金，从巴金热情而悲壮的《雾·雨·电》中获得感情慰藉或汲取精神营养。刘西渭认为，在拥有众多的青年读者并受到青年读者推崇这一点上，巴金是幸福的。

刘西渭提出“巴金先生是幸福的”这一“印象”，却遭到了巴金本人的否认。在《〈爱情的三部曲〉作者的自白——答刘西渭先生》一文中，巴金解释道：“我幸福，那的确是我一生所努力追求的东西，但……我并不是求得幸福来给我自己。”“我求幸福，那是为了众人；我求痛苦，只是为了自己。我有信仰，但是信仰只给我勇气和力量。信仰不会给我带来幸福，而且我也不需要幸福。”①在解释了自己对幸福的认识之后，巴金把刘西渭比作一个“开了一部流线型汽车”的“富家子弟”，“你这匆忙的人生的过客，你永远是一个旁观者。你走过宽广的马路，你就看不见马路旁边小屋里的情形。你不要信仰，你不会有痛苦。你不是战士，又不是隐者。你永远开起你的流线型的汽车，凭着你那头等的驾驶本领，在宽广的人生的路上‘兜风’。”②在书信体文章的最后，巴金不无揶揄地把“幸福的刘西渭先生”这个称呼送给了对方。

刘西渭提出“巴金先生是幸福的”这一命题，是就巴金的“青春”写作和读者“接受”这一层面上而言的；巴金谈论幸福与痛苦是就自己的信仰追求与内心感受这一层面而言的，因此，巴金和刘西渭在“幸福”这个命题上的对话，显然不在同一层面上。然而，真诚的巴金虽然误解了刘西渭，但他并没有欺骗刘西渭，当然也没有欺骗读者，因为巴金的内心的确具有痛苦忧伤的心理阴影，他自己的真实感觉中很少跟“幸福”联系起来。早在1933年，巴金就有一段

① 巴金：《雾·雨·电》，四川人民出版社1995年版，第402页。
② 巴金：《雾·雨·电》，四川人民出版社1995年版，第403页。

内心世界的自剖:

> 我的生活里是充满了矛盾的。感情与理智的冲突,思想与行动的冲突,理想与现实的冲突,爱与憎的冲突,这些织成了一个网,把我盖在里面。……然而我始终不能够冲破矛盾的网,那张网把我缚得太紧了……没有人能够了解我,因为我自己就不肯让人了解……人们只看见我的笑,却没有人知道我是整天拿痛苦养活我自己。……我的一生也许就是一个悲剧。然而这是由性格上来的(我自小就带了忧郁性)。我的性格毁了我自己一生的幸福,使我竟然在痛苦中得到满足。有人说过革命者是生来寻求痛苦的人。我不配做一个革命者,然而我却做了一个寻求痛苦的人。我的孤独,我的黑暗,我的恐怖都是我自己找来的。对于这个我不能够抱怨。①

两年前的这段痛苦的内心独白,巴金又将其写在《爱情的三部曲》的总序里,以示强调,他也很希望刘西渭能读到那篇总序(刘西渭写那篇评论文章时,尚未读到),这是巴金希望与刘西渭深层对话的一个表现。可见,就心理深处的感觉而言,刘西渭对巴金的"印象",也出现了偏差,在这一点上,毕竟巴金本人最有发言权。

在"青春"写作和读者"接受"这个层面上,刘西渭的判断是准确的,经受了历史的考验。刘西渭说巴金是具有人格力量的"战士","他本能地永生在青春的原野"并且把青年读者也带进他的"青春世界",这种从"青春"和"人格"两个视角评论巴金的思路,后来成为众多评论者言说巴金的主要研究渠道。在对巴金及其作品准确定位、深度评论方面,刘西渭可谓独具慧眼,远见卓识。以下这些关于巴金及其作品的评论,基本上是沿着刘西渭开创的思路进一步展开的:

---

① 巴金:《爱情的三部曲·总序》,见《雾·雨·电》,四川人民出版社1995年版,第376页。

巴金是以战士的姿态从事创作的,他的小说大都写旧家庭的崩溃以及青年一代的叛逆反抗。前期作品带有无政府主义色彩,但更引人注目的是那种叛逆与追求的躁动情绪,其主导方面是反专制反封建的。作为一个敏感、单纯、热情而富有诗人气质的小说家,巴金以创作作为自己生活的有机部分,坦诚地记录和描写自己的生活经验,表达自己对生活独特的理解和追求,在他那里,生活与艺术、人品与文品,是合二而一的,加上他又总是笔锋常带感情地描写和讴歌青春,抒发青年人的时代苦闷,所以他有点像20年代的郁达夫,首先被广大青年读者所欢迎,成为青年所信赖的朋友。……巴金小说所创造的'青年世界'是三十年代艺术画廊中最具吸引力的一部分。《家》基本上属于'青春型'的创作,那由真诚热烈的心里唱出的青春之歌,特别能唤起青年人的共鸣。①

当时的巴金,也许没有鲁迅的忧愤深广,没有茅盾的鞭辟入里,但他的强烈激情,强烈的对于青春冲力的渴望却让他成为"五四"青春精神的最好象征:把"人"从传统社会的束缚中解放出来,从不公正和不合理的秩序中解放出来。他是幸福的,那一代的"五四"青年是幸福的。②

简言之,巴金和刘西渭的文学"对话",是他们二人在"青春的原野"上的一次"奇遇",相逢之初或许算不上"灵魂"的碰撞。尽管如此,我们还是从他们的"印象"和"独白"当中了解了巴金的"青春的原野"和早年巴金内心深处鲜为人知的一面,增加了对其矛盾性格的认识;另一方面,刘西渭的"印象批评"也向我们展示出

① 钱理群等:《中国现代文学三十年》(修订本),北京大学出版社1998年版,第258页。

② 2005年10月18日《新京报》社论:《巴金走了,留下了他始终表达着的良心》。

独特的艺术风采。

对话之二:青春热情与艺术状态

在《〈雾〉、〈雨〉与〈电〉——巴金的〈爱情的三部曲〉》这篇文章中,刘西渭对巴金及其作品还得出如下“印象”:巴金是热情的。“热情使他本能地认识公道,使他本能地知所爱恶,使他本能地永生在青春的原野”。“他生活在热情里面……他不用风格,热情就是他的风格。”①

巴金的热情是青春生命的热情,这种青春热情使巴金处于如痴如醉的艺术状态,究其内部原因,是因为巨大的青春能量与青春活力需要释放,而写作为巴金提供了释放青春能量的渠道。刘西渭引用了巴金《将军·序言》中的一句话:“我写文章不过是消耗自己的青年的生命,浪费自己的活力。我的文学吸吮我的血液,我自己也知道,然而我却不能够禁止。”②这句话颇能说明问题。在另外的内心自白中,巴金也多次向读者描述自己在热情的驱使下,如何进入那种身不由己的艺术状态,例如:

> 我有感情必须发泄,有爱憎必须倾吐。否则我这颗年轻的心就会枯死。所以我拿起笔来,在一个练习本上写下一些东西来发泄我的感情,倾吐我的爱憎。每天晚上我感到寂寞时,就推开练习本,一面听巴黎圣母院的钟声,一面挥笔,一直写到我觉得脑筋迟钝,才上床睡去。我写的不能说是小说,它

---

① 刘西渭:《咀华集》,人民文学出版社 2001 年版,第 8 页。

② 巴金:《将军》(创作文库六),生活书店 1934 年初版。参见贾植芳、唐金海等:《中国当代文学研究资料·巴金专集(1)》,江苏人民出版社 1981 年版,第 245 页。

们只是一些场面或者心理的描写。①

又例如：

每天每夜热情在我身体内燃烧起来，好像一条鞭子抽着我的心，寂寞咬着我的脑子，眼前是无数的惨痛的图画，大多数人的受苦和我自己的受苦，它们使我的手颤动，拿了笔在白纸上写黑字，我不停地写，忘了健康，忘了疲倦地写，日也写，夜也写，好像我的生命就是在这些白纸上面……似乎许多，许多人都借着我的笔来倾诉他们的痛苦了。我忘掉了自己，忘掉了周围的一切。我简直变成了一架写作的机器。我时而踩在椅子上，时而把头俯在方桌上，或者又站起来走到沙发前面坐在那里激动地写字。②

刘西渭认为"热情"是巴金骨子里的东西，是巴金的"本能"与"风格"，不仅如此，就连巴金小说中的人物形象也血气贲张，躁动不安，从而使人物性格走向爱与恨的极端，"热情"成为其主要人物的性格特征。刘西渭以《爱情的三部曲》中的刘仁民为例进行分析，引用了刘仁民喝醉酒后对朋友的一段倾诉：

你不知道一个人怀着这么热的心，关在坟墓一般的房间里，躺在棺材一般冷的床上，翻来覆去，听见外面的汽车喇叭，好像听见地狱里的音乐一样，那是多么难受。这种折磨，你是不会懂的。我要的是活动，是热，就是死也可以。我害怕冷静。我不要冷静……我的心慌得很。我一定要到人多的地方去。就是到大世界也行。就是碰到拉客的"野鸡"我也不怕。至少那种使人兴奋的气味，那种使人陶醉的拥抱也会给我一点热，给我一点力量。我的血要燃烧了。我的心要融化了。

---

① 巴金：《巴金论创作》，转引自"巴金与二十世纪学术研讨会"编：《世纪的良心》，上海文艺出版社1996年版，第152页。

② 巴金：《灵魂的呼号》，原载1936年3月《作家》第1卷第5号。

我会不感觉到自己的存在了。①

刘仁民的热情中还有一些感伤,他甚至渴求用异性的热情"医治"自己的热情:

> 我的周围永远是黑暗。就没有一个关心我、爱我的人。……但是如今你来了。你从黑暗里出现了。……我请求你允许我,暂时在你温暖的怀抱中睡一些时候,休养我的疲倦的身体,来预备新的斗争吧。②

刘西渭认为,狂热的情感是巴金笔下人物"永生的问题",是"青春长绿的根苗","热情不是力量,然而却是一种狂呓,一种不能自制的下意识的要求",不过,"这赤裸裸的呓语充满了真情"。

从青春的视角看,青春"热情"是"青春能量"的表现。"青春能量"是青春成长的本能和青春成长的基础。笔者使用这一概念以区别弗洛伊德的"libido"(力比多):"青春能量"包含"力比多"因素,但又不仅仅是"力比多"因素在起作用。巴金是具有强大的"青春能量"的作家,"写作"则是"青春能量"的发泄与升华,巴金那种如痴如醉的艺术状态也正是"青春能量"发泄与升华的一种过程。这种"青春能量"通过巴金又传播到其笔下的人物。于是,"青春能量"所激发的盲目躁动的欲望和赤裸裸的非理性表现便出现在巴金笔下的人物形象身上。在这种意义上,巴金写出了"青春"的"原生态"——"灵与肉"的矛盾,对异性的渴望,躁动不安的行为,燃烧般的热情,这一切属于青春的"行状"都得到巴金真诚和真实的表达,也可以说,巴金和其笔下的青春形象的灵魂与肉体都是赤裸的。在这种灵与肉的"赤裸"中,巴金与读者对话,并把心交给了读者。

因此,巴金的"热情"蕴含着丰富的内容,而刘西渭的"印象"则

---

① 巴金:《雾·雨·电》,四川人民出版社1995年版,第116页。

② 转引自刘西渭:《咀华集》,人民文学出版社2001年版,第11页。

可谓见微知著，二人在其批评文本中的相遇构成了“青春原野”上的“灵魂对话”。

作为一名坚持“批评的独立”原则的青年评论家，刘西渭的可贵之处在于，他并没有用“热情”吹捧巴金，却坦诚地指出了“热情”给巴金创作带来的美中不足。刘西渭认为，在艺术表达上，巴金的“热情”使他短于描写，只好用叙事来弥补描写的缺陷，因为描写工作比较冷静，而“热情”不容巴金冷静。“热情”所带来的叙述的流畅，“好时节，你一口气读下去；坏时节，文章不等上口，便已滑了过去。这里未尝没有毛病，你正要注目，却已经卷进下文。”①另外，在巴金笔下，“热情”往往“经过心理的步骤”，成为推动人物性格向前发展的动力，这也造成有些情节安排稍嫌意外，人物形象也比较单薄甚至不可理喻。

《〈爱情的三部曲〉作者的自白——答刘西渭先生》一文中，对于刘西渭指出的“热情”给自己创作带来的不足之处，巴金并没有从正面回答，他主要是从青春“信仰”的视角看待“热情”的。巴金认为：“当热情在我的身体内燃烧起来的时候，只要咽住一个字也会缩短我一天的生命。倘使我不愿意闭上眼睛等候灭亡的到临，我就得张开嘴大声说出我所要说的话，我甚至反复地说着那些话。”②巴金用19世纪法国哲学家居友的话去解释“热情”成因以及自己对“热情”的道德升华：“当一个年轻人的胸膛里充满着爱的时候，那热情会使他有勇气贡献一切。倘使用法国哲学家居友的话来解释，这就是生命在身体内满溢了，必须拿它来放散。每个人都有着更多的爱，更多的同情，更多的精力，超过于维持自己的生存所需要的，所以应该拿它们来为别人消耗。……我有的只是一

---

① 刘西渭：《咀华集》，人民文学出版社2001年版，第8页。

② 巴金：《雾·雨·电》（附录二），四川人民出版社1995年版，第392页。

个思想:把我的多余的精力用来为同类争取幸福。"①巴金还引用无政府主义者巴枯宁的名言"破坏的激情就是建设的激情",认为"热情"中既包含着破坏的成分又包含着建设的欲望,"热情"需要信仰的引导,否则"一味地放任热情让它随时随地零碎地消耗,结果只有毁掉自己"。而信仰并不拘束"热情",反而加强它,但更重要的是信仰还指导"热情"。《爱情的三部曲》中的人物,其性格发展的路线就是,带着青春"热情",一步一步走向信仰。

在"青春"的原野上,一边是刘西渭的"印象",一边是巴金的"自白"。"印象"与"自白",如同交响乐中的两个声部,时而变奏,时而重合。旁观者和听众又是如何评价的呢?

> 巴金的气质本身,决定了他是一个情绪性的作家。……他很少沉下心来冷静地看着周围的世界,他的作品差不多被一种热情烧透了。与鲁迅、老舍等作家相比,民俗的、历史积淀下来的文化学的因素,在他那里并没有获得深刻的表现,倒是一种诗意的、殉道的激情,把他推向一种迷狂的境界。②
>
> ——学者孙郁如是说

> 他的小说是"五四"以后,二三十年间时代激情和青年情绪的历史结晶,因此他的小说成了新文学中最为进步青年嗜读的作品之一,成了一代热血青年的文学火炬。激情的充沛,使他的小说具有冲击青年心灵的巨大的感情力量。激情的充沛,又使他的部分小说情感冲击着形象和哲理,粗直处略嫌力有余而味不足。……在巴金看来,小说创作是生活的一部分,而不是玩弄雕虫小技的职业。他说过,自己的小说"没有含蓄,没有幽默,没有技巧,而且也没有宽容。这也许被文豪之

---

① 巴金:《雾·雨·电》(附录二),四川人民出版社1995年版,第393页。

② 孙郁:《沉醉于"圣界"中的诗人气质》,参见"巴金与二十世纪学术研讨会"编:《世纪的良心》,上海文艺出版社1996年版,第151页。

类视作浅薄,鄙俗的东西吧,但在这里面却跳动着一个时代的青年的心”。他心中燃火,下笔如泻,这使他前期作品在描绘生活画面的工细缜密上似乎用心不足,却也带来了他那种真诚、热烈、酣畅、流利的笔墨风采。①

——学者杨义如是说

简言之,上述在青春原野上的“文学对话”,热情的巴金和睿智的刘西渭展现了各自的风采。一种言说的声音,得到另一种声音的反响,两种声音一起穿越了岁月的沧桑,经历了历史的考验。今天的学者们言说巴金的时候,因为站在了历史的高度上,他们的“旁白”也就更加浑厚与深沉。

对话之三:爱情主题与信仰问题

关于《爱情的三部曲》文本间的内在联系,刘西渭得出如下“印象”:“从《雾》到《雨》,从《雨》到《电》,正是由皮而肉,由肉而核,一步一步剥进作者思想的中心。《雾》的对象是迟疑,《雨》的对象是矛盾,《电》的对象是行动。”

同一个问题,针对刘西渭的“印象”,巴金如此解释:“《电》是《爱情的三部曲》的顶点,到了《电》里面,热情才有了归结。在《雾》里似乎刚下了种子,在《雨》里‘信仰’发了芽,然后电光一闪,‘信仰’就开花了。到了《电》,我们才看见信仰怎样支配着一切,拯救着一切。”②

“对话”涉及到《爱情的三部曲》中的爱情主题和信仰问题,刘

---

① 杨义:《中国现代小说史》(第二卷),人民文学出版社1986年版,第142~169页。

② 巴金:《〈爱情的三部曲〉作者的自白——答刘西渭先生》,见巴金:《雾·雨·电》,四川人民出版社1995年版,第395页。

西渭和巴金有不同的认识，二者观点相互龃龉。

刘西渭认为，尽管作者一再表明“我是一个有了信仰的人”，尽管巴金笔下的青年全像“一座火山，从前没有爆发，所以表面上似乎很平静，但是现在要爆发了”，《爱情的三部曲》中的革命者并没有血肉丰满的形象，也没有切实有效的行动。这些革命者在革命与恋爱之间纠缠不清，最后不过把恋爱当成了信仰。因此，刘西渭认为，《爱情的三部曲》不过是一部表现青年男女“革命”加“恋爱”的爱情小说而已，小说主要人物刘仁民和李佩珠的最终结合以及恋爱至上主义者慧的言行，足以说明问题。

巴金对刘西渭的“印象”判断不以为然。巴金首先重申了“我是一个有了信仰的人”这个早在《灭亡》序言中提出的声明：“我有信仰，信仰支配我的理智；我有朋友，朋友鼓舞我的感情。除了这二者我就一无所有。没有信仰，我不能够生活；没有朋友，我的生活里就没有快乐。靠了这二者我才能够活到现在。”①巴金提示刘西渭，之所以对作者判断失误是因为“似乎忘记了一个更重要的东西，那就是我的全生活，全思想，全作品的基石。”巴金且暗示刘西渭很容易发现那块“基石”——“是什么我不说出来，聪明的你一定知道。”

对于《爱情的三部曲》，巴金认为主要是描写了吴仁民和李佩珠这两个人物性格的发展，他们在信仰的路上代表了两种性格，两种典型，仅此而已。“《爱情的三部曲》的答案并不是一番理论，或者一个警句，或者任何与爱情有关的话。它的答案是两个性格的发展：吴仁民和李佩珠。爱情在这两个人心上开过花，但是它始终占着不十分重要的地位。对于这两个人，更重要的是信仰。信仰包含了热情，这样的信仰就能够完成一切。这个三部曲所写的只

---

① 巴金：《〈爱情的三部曲〉作者的自白——答刘西渭先生》，见巴金：《雾·雨·电》，四川人民出版社 1995 年版，第 391 页。

是性格，而不是爱情。所以《爱情的三部曲》的答案还是和爱情无关。"①

巴金甚至否认《爱情的三部曲》属于爱情小说——尽管书中的爱情有其地位，但作者不过是借助爱情描写性格，通过性格写信仰的完成。他解释道："永生的并不是爱情，而是信仰。从《雾》到《雨》，从《雨》到《电》，一路上就只有这一件东西，别的都是点缀。由下种而发芽，而开花，一步一步地在我们的眼前展开了信仰的全部力量。"②

巴金何以轻看爱情而倚重信仰呢？究竟是一种怎样的信仰影响了巴金的人生和创作呢？这是研究巴金不可回避的问题。

青少年时代的巴金，是一个无政府主义信徒，巴金一再声称的"我不怕，我有信仰"，指的就是无政府主义信仰。这种信仰对巴金的人生之路、文学创作尤其是人格，具有决定性影响。在《我的几个先生》一文中，巴金认为有三个人对其少年时代产生了重大影响："母亲教给我'爱'，轿夫老周教给我'忠实'（公道），朋友吴教给我'自己牺牲'，他还给我'勇气'，我虽然到现在还不能够做到他那样子，但我的行动是始终受着这个影响的支配的"③。三个先生中的朋友"吴"就是无政府主义团体——均社的社员。真正使巴金第一次看到无政府主义教义的是E·高德曼，巴金曾与E·高德曼通信，并把这位著名的无政府主义者称作"精神上的母亲"。巴金

① 巴金：《〈爱情的三部曲〉作者的自白——答刘西渭先生》，见巴金：《雾·雨·电》，四川人民出版社1995年版，第397页。

② 巴金：《〈爱情的三部曲〉作者的自白——答刘西渭先生》，见巴金：《雾·雨·电》，四川人民出版社1995年版，第399页。

③ 巴金：《我的几个先生》，原载1936年9月20日《中流》半月刊第1卷第2期"作家自白"栏。参见李存光编：《巴金研究资料》（上卷），海峡文艺出版社1985年版，第82页。

自己也说过:“我在安那其主义的阵营中经历了十年以上的生活。”①巴金还写过一本介绍无政府主义的小册子《从资本主义到安那其主义》,这是1930年代国内唯一的一本宣传无政府主义的理论著作。1935年巴金在《爱情的三部曲》总序里说:“我对于自己的作品从来没有满意过。倘使别人一定要我拣出一两本象样的东西,那么我就只得勉强举出一本作为‘社会科学丛书’之一的《从资本主义到×××××》,这本书从写作到发行,全是我个人一手包办,这里面浸透了我个人的心血。但它并不是小说,而且现在已经绝版,甚至我自己也不曾留着一本,更无法推荐给读者了。”②无政府主义“Anarchism”(也译作“安那其主义”)英文单词源于希腊语,意思是没有统治者。无政府主义的基本立场是反对包括政府在内的一切统治和权威,提倡个体之间的自助关系,关注个体的自由和平等;它的政治诉求是消除政府以及社会上或经济上的任何独裁统治关系。对大多数无政府主义者而言,“无政府”一词并不代表混乱、虚无或道德沦丧的状态,而是一种由自由的个体们自愿结合,互助、自治、反独裁主义的和谐社会。20世纪初期,中国知识者开始了解接触到无政府主义,经过在国内介绍和在国外中国留学生中的传播,无政府主义逐渐在中国形成独立政治派别。到“五四”新文化运动前后,无政府主义获得扩散性发展,蔚然成风。1927年“四一二”反革命政变以后,无政府主义队伍严重分化,作为一种社会思潮和政治派别走向没落。如同其他政治哲学思想一样,无政府主义包含许多分支和流派,巴金信仰的无政府主义大体

① 李芾甘:《从资本主义到安那其主义·序》,原载《从资本主义到安那其主义》(社会科学丛刊之一),上海自由书店1930年7月版。转引自李存光编:《巴金研究资料》(上卷),海峡文艺出版社1985年版,第113页。

② 贾植芳、唐金海等:《中国当代文学研究资料·巴金专集》(1),江苏人民出版社1981年版,第266页。

上属于克鲁泡特金①的"无政府共产主义"。在《从资本主义到安那其主义》一书的序言中,巴金写道:"我们安那其主义者没有教主,也不是某一个人的信徒,因为安那其主义的理想并不是由某一个人创造出来。不过在大体上我愿意做一个克鲁泡特金主义者,这就是说我信奉克鲁泡特金所阐明出来的安那其主义的原理。所以如果有人读了这书,觉得我的安那其主义是和大部分中国安那其主义书报所说不相同或者还相冲突的话,那么请他们原谅我,因为我只是一个克鲁泡特金主义者。"②克鲁泡特金生在俄国最高的皇族中,见惯了种种不平等和野蛮的事情,后来就自动地舍弃了他的财产和爵位而投身在民众中间,受法国大革命新思想的影响,回国后毅然地参加了当时俄国的革命运动,开始对沙皇的专制政治进行严厉的攻击。克鲁泡特金和托尔斯泰曾被人们看做那时两个伟大的俄国人,认为只有他们"忧念到俄国民众,而他们的思想又属于人类全体"。巴金表示自己作为无政府主义者,是属于克鲁泡特金主义者。这既包含了他对克鲁泡特金社会主张的信服,也还包含了对其人格的敬仰。在《克鲁泡特金全集》总序中,巴金介绍说:"克鲁泡特金被称为安那其主义的最伟大的理论家,人类的最忠实的朋友,最有热情的叛逆儿,然而同时他又是一个前进的科学家。在他一身,人,战士,学者这三者构成了一个完全的整体。他底八十年的生涯就象一块纯洁的白玉,没有一点儿污点。所以甚

---

① 克鲁泡特金(1842~1921),俄国民粹主义革命家、地理学家,无政府主义运动理论家、活动家。1872年加入第一国际,接受了无政府主义思想。回国后参加革命民粹派组织,多次被捕坐牢,1886年获释,移居伦敦。他流寓英国约30年,潜心于无政府主义理论的研究著述,提出一整套关于"无政府共产主义"的理论。

② 李芾甘:《从资本主义到安那其主义·序》,原载《从资本主义到安那其主义》(社会科学丛刊之一),上海自由书店1930年7月版。转引自李存光编:《巴金研究资料》(上卷),海峡文艺出版社1985年版,第115页。

至他底敌人也不得不对他表示尊敬。”①无政府主义者一方面疯狂地攻击旧社会专制制度，另一方面又津津有味地描绘一幅平等自由的“无政府共产主义”的理想图景。意大利无政府主义者凡宰特曾宣称过：“我希望每个家庭都有住房，每个口都有面包，每个心都受教育，每个智慧都得到光明。”②巴金也表现过同样的理想：“我愿每个人都有住房，每个口都有饱饭，每个心都得到温暖，我想揩干每个人的眼泪，不再使任何人拉掉别人的一根头发。”③巴金虔诚地信仰这一理想，并为实现它而奋斗。巴金所阐述的革命有着鲜明的目的性，那就是实现“无政府共产主义”的社会理想。从某种意义上说，巴金的反封建反专制的精神资源以及同情弱者、奉献自我的悲悯情怀来自于“无政府共产主义”的合理内核，而巴金高尚正直的人格的形成则和克鲁泡特金等人的影响不无关系。

由于无政府主义运动在中国社会实践中的失败，一些从事这一运动的青年人遭到镇压或者杀戮，也有一些人选择了恐怖手段，甚至牺牲性命与专制者同归于尽。巴金写于1930年代左右的《灭亡》、《新生》和《爱情的三部曲》等小说，就是为了纪念那些为反抗专制和强权英勇战斗过的无政府主义者。巴金研究专家陈思和认为，巴金即使在文坛上获得相当成功以后，仍没有忘情他原先的事业与战斗。巴金是从政治斗争的战场上败下阵来，才发奋著书，发泄情感的。

学者夏志清在《中国现代小说史》里说巴金是“具有强烈道德感——甚至可以说，宗教狂热——的人”④。这个判断不无道理。

---

① 巴金：《克鲁泡特金全集·总序》，转引自李存光编：《巴金研究资料》（上卷），海峡文艺出版社1985年版，第116页。

② 巴金：《一个无产阶级的生涯的故事》，见《革命的先驱》，上海自由书店1928年版。

③ 巴金：《点滴》，上海开明书店1935年版。

④ ［美］夏志清：《中国现代小说史》，复旦大学出版社2005年版。

巴金对其信仰的无政府共产主义崇奉备至，他把信仰看得高于文学，也高于爱情，而小说《爱情的三部曲》里的人物也是如此。小说中的那些无政府主义革命者们，在苦闷之中，在牺牲生命的危险面前也需要情感的慰藉，也有爱情冲动乃至沉溺，但他们往往并不看重爱情，尤其是婚姻。① 巴金按照自己的理解，从信仰的角度，用文学手段为中国的无政府主义青年雕塑群像，完成这个任务如同卸下了内心的重压，所以他倍感自豪，曾一度声称《爱情的三部曲》是其最为满意的作品。② 由于巴金回国后没有从事无政府主义的实际斗争，内心一直负疚，他曾这样向"精神上的母亲"高德曼表白：

> E. G(高德曼)，我没有死，但是我违背了当初的约言，我不曾做过一件当初应允你们的事情。我一回国就给种种奇异的环境拘囚着，我没有反抗，却让一些无益的事情来消磨我的精力和生命，于是我拿沉默来惩罚了自己。在你们的 milieu(环境)里我是死了，我把自己杀死了。③

显然，巴金有意通过《爱情的三部曲》的写作，表达对牺牲者、战斗者同志的纪念，弥补自己行动上的缺乏，完成信仰心理上的自我慰藉——《爱情的三部曲》对巴金而言有其特殊意义。尽管作品本身的确有种种艺术上的不足，但是巴金却不容刘西渭提出批评，他像捍卫信仰一样竭力为《爱情的三部曲》辩护，也正是在辩护中，巴金裸露出自己痛苦而高尚的灵魂。

---

① 中国无政府主义者的精神领袖师复为心社所订立的 12 条戒约中，第 6 条就是不结婚。巴金本人 40 岁才结婚，与其无政府主义信仰也有一定关系。

② 巴金：《爱情的三部曲》总序，见《雾·雨·电》(附录一)，四川人民出版社 1995 年版，第 341 页。巴金 1981 年注释道："这只是 1934 - 1936 年间作者自己的看法。现在我喜欢的三部作品是《家》(1931)、《憩园》(1944)和《寒夜》(1946)。"

③ 巴金：《将军集·序一》，转引自李存光编：《巴金研究资料》(中卷)，海峡文艺出版社 1985 年版，第 17 页。

小 结

综上所述,20 世纪 30 年代中期,巴金与刘西渭就《爱情的三部曲》展开的这次"文学对话",是"青春原野"上的一次灵魂奇遇。刘西渭对巴金笔下的"青春世界"有着深刻而独特的"印象",巴金在回应刘西渭"印象"的过程中展示了内心的"自白",也可以说正是刘西渭的"印象",引出了巴金的"自白"。无论"印象"还是"自白",他们言说的基础则主要是"青春世界"。尽管在"幸福"、"热情"、"信仰"、"艺术"等具体问题上出现了龃龉和参差,正如刘西渭所言"这是批评的难处,也正是它美丽的地方"。刘西渭鉴赏式的"印象派批评"以敏锐的目光发现了问题而又以"对话"的平等态度与作者交流,显示了"独立的批评"的可贵品格;巴金自白式的真诚回应则不仅阐释了作品,而且裸露出自己痛苦而高尚的灵魂。这次"青春原野"上的灵魂奇遇,不但对于人们认识巴金笔下的"青春世界"和巴金本人的"青春品格"具有一定意义,而且对于探索巴金反封建、反专制的思想资源以及巴金高尚人格的形成具有重要价值。

20 世纪中国文学批评史上不乏金刚怒目式的论争,也不乏刀光剑影式的讨伐,"文革"中的"打棍子"、"扣帽子"更是把文学批评堕落为政治陷害的卑鄙伎俩,亵渎了文学批评自身的尊严。相比之下,巴金和刘西渭之间的"文学对话"则体现了"艺术本位"、"和而不同"、"平等对话"的君子之风,在创作家、批评家、读者和文本之间建立了一座沟通的桥梁。一种言说的声音(批评家),得到另一种声音(创作家)的反响,两种声音一起穿越了岁月的沧桑,经受了历史的考验——后来,巴金与刘西渭结下了终身的友谊,成为 20 世纪中国文坛上的一段佳话。

第三章　月光下的青春世界
——老舍“《月牙儿》三部曲”创作心理探析

老舍先生的“《月牙儿》三部曲”①为我们描绘了一个丰富多彩的青春世界，也表现了青春堕落、爱情破碎、希望毁灭等震撼人心的悲剧主题，读来令人回肠荡气，感慨再三。在叙事风格和艺术手法上，“《月牙儿》三部曲”具有共同的美学特点，形成了独特的艺术风格。本文试图通过对老舍青春时代的心灵创伤与磨难的分析，寻找“《月牙儿》三部曲”的创作动因；另一方面，通过对“《月牙儿》三部曲”的分析解读，探析老舍先生复杂的创作心理，进而更好地理解老舍的艺术世界。在那苦难而美好的青春世界里，老舍先生把一轮艺术“明月”送上了审美的天空，静谧的月光往往同女性世界神秘攸关，而月色的朦胧则象征着心理世界的扑朔迷离。让我们把目光投向月光下的青春世界，破译老舍先生的青春“密码”——

① 《月牙儿》是老舍先生的代表作之一，《阳光》是《月牙儿》的姊妹篇，而《微神》可谓《月牙儿》的序曲，三部作品不妨称之为“《月牙儿》三部曲”。吴福辉先生也认为《微神》、《月牙儿》和《阳光》是老舍的“新派女性”三部曲；编剧霍庄、徐晓星曾把三部作品改编为电视连续剧《月牙儿与阳光》。

一、青春老舍的初恋“本事”

1899 年 2 月 3 日，老舍出生于北京一个贫穷的满族家庭里。父亲舒永寿是保卫皇城的一名士兵，在 1900 年 8 月 15 日抵抗八国联军入侵北京的巷战中阵亡。由于老舍的父亲过早去世，家庭生活变得更为艰难，一家人全靠母亲给人家缝洗和当佣工的微薄收入勉强度日。由于家庭生活贫苦，母亲没有足够的奶水喂养老舍，致使其身体“发育不好，三岁还不会说话和走步，比一般儿童迟得多。”①值得庆幸的是，少年老舍的智力并未受损，他聪慧伶俐，天真烂漫，又很懂礼貌，被认为是舒家有出息的孩子。

舒家有个邻居特别富有，名叫刘寿绵，因为好佛行善，附近街道贫户人都称他为刘善人。由于刘寿绵先生的提议和帮助，出身寒门的老舍才有机会到一所私塾——北京慈幼学校读书。刘寿绵先生曾给这所学校捐过款，且和校长有过同窗之谊。由于刘寿绵先生的特别介绍，少年老舍受到“特优生”的待遇：免收束修，由学校供给书籍和笔墨纸砚。由于生活困难，老舍的母亲曾经到刘寿绵家里帮工，少年老舍跟随母亲到刘宅大院去过不止一次。刘寿绵有个大女儿，少年老舍逐渐对她萌生了强烈而又朦胧的爱慕之情。每次见到刘小姐，都令老舍心跳半天，不过他们彼此之间并没有说过一句话。1918 年夏，老舍从北京师范学校毕业后担任了小学校长，1920 年当上了京师劝学办公室（类似教育局）的劝学员。任劝学员之后，“老舍曾帮刘善人办过贫儿学校，就在刘宅的西跨院。小姐也在贫儿学校教过书。这使他们有了较多的见面机会。

---

① 舒乙：《起步之前——老舍早年史料杂考之一》，载《新文学史料》1984 年第 3 期。

可是,他们从未单独谈过什么”①。朦朦胧胧的初恋虽然美好,却也令老舍痛苦、绝望:一位是世家望族的千金,一位是女佣的儿子!老舍清楚地认识到:他们之间有一道不可逾越的高墙。因此,老舍并未对母亲说起过这件事,他的兄长舒庆瑞(字子祥)和三个姐姐更不知其中的委曲。老舍把这份感情深深地压抑在自己心间,他在自卑而又高傲的内心世界里,供奉了一位神圣的青春“女神”。局外人看来风平浪静,然而,在深陷情网的少年老舍内心深处却是风起云涌,波浪翻腾。这种初恋在很大程度上属于一厢情愿的“单相思”,幻想的成分比较多,失败自然不可避免,因此,它在老舍心中形成了影响深远而持久的“情结”②。老舍心中的初恋秘密,曾对少时的同学兼密友罗常培透露过一些蛛丝马迹。罗常培先生证实,老舍后来所写的《微神》,就是老舍自己青春初恋的影儿。罗先生回忆道:“……恰巧他有写给我的一封信还没有发,信里有一首咏梅花诗,字里行间表现着内心的苦闷。从这首诗谈起,他告诉了我儿时所眷恋的对象和当时情感动荡的状况,我还一度自告奋勇地去伐柯,到了儿因为那位小姐的父亲当了和尚,累得女儿做了带发修行的优波夷③!以致这段姻缘未能缔结——虽然她的结局并不像那篇小说写得那么坏。”④

老舍同刘寿绵先生过从甚密。刘寿绵先生曾创办慈善性质的学校,作为对他慈善事业的支持,老舍曾应聘去做义务教员。由于乐善好施加上被人欺骗,刘寿绵先生失去大宗财产,家道日渐破落,后来出家为僧,法号“宗月”,其夫人和女儿也做了带发修行的

---

① 舒乙:《老舍的关坎和爱好》,中国建设出版社 1988 年版,第 12 页。

② “情结”(Complexes),是指个人无意识中的一组组心理内容郁结成的一簇“心理丛”,属精神分析学概念。

③ 佛教用语,根据梵文音译而来。指已依照佛的戒律受持五戒的女性信徒。

④ 罗常培:《我与老舍》,载 1944 年 4 月 19 日昆明《扫荡报》。

尼姑。人生多变，世事无常，刘寿绵先生及其家人落得如此结局，成为老舍心中一个悲郁难解的谜团。30年代初期，老舍曾经应邀到“宗月大师”刘寿绵先生住持的寺庙讲过课，“大师以盐水腌白菜帮子和窝窝头款待老舍，给老舍留下了很深的印象”①。1940年1月，人到中年的老舍先生撰文《宗月大师》，表达对刘寿绵先生的怀念之情：“没有他，我也许一辈子也不会入学读书。没有他，我也许永远想不起帮助别人有什么乐趣与意义。他是不是真的成了佛？我不知道，但是，我的确相信他的居心与言行是与佛相近似的。我在精神上物质上都受过他的好处，现在我的确愿意他真的成了佛，并且盼望他以佛心引领我向善，正像在三十五年前，他拉着我去入私塾那样！”②

刘寿绵先生的身世与老舍初恋情人的命运紧密相连，老舍在深情怀念“宗月大师”之际，岂能割舍对当年朝思暮想的梦中情人的神往和眷恋！然而，世事与人情就这样残酷，就这样无奈。爱情之神同命运之神一样，善于捉弄初识风月的青年人，老舍的初恋情人同青春的他也只是“蹭了蹭”肩膀，便擦肩而过，却成了永远的“水中月”和“镜中花”。

二、青春老舍的“情殇情结”

老舍的青春初恋以失败而告终，这在情感丰富而性格内向的老舍心中留下了难以平复的心灵创伤，笔者在此称之为“情殇情结”。简言之，“情殇情结”就是因爱情（尤其是青春初恋）受挫而产生的心理“情结”。“情殇”，意谓青春恋情的夭折。作为情感深

---

① 转引自张桂兴编撰：《老舍年谱》（修订本·上册），上海文艺出版社2005年版，第77页。

② 原载1940年1月23日《华西日报》。

处的病灶和症结,"情结"一经形成,就在感情上心理上凝成一种内驱力:消极的一面成为精神障碍,从而使人陷入自我分裂的状态;积极的一面则成为执著缠绵、迷狂沉浸、陶醉痴情等"残酷的激情"(荣格语)。作为情感能量的"情结",其心理作用是强大而持久的,用之于创作,是一种难以消磨的一往直前的内在动力。精神分析学家非常注重一个人的童年经验或青春经历对其性格形成的重要影响,童年经验或青春经历甚至成为解释作家艺术家性格形成、创作动因的必由之路。遗憾的是,老舍因初恋失败而产生的"情殇情结",并未得到老舍研究专家及学者们的足够重视。在为数众多的老舍生平介绍文字及作家传记、创作论中,老舍的青春初恋"本事"总是被不同程度地忽略,至多不过作为生活中的一点小花絮,被轻描淡写地一笔带过。老舍的"情殇情结"也就不可能被放置在诸如作家"性格形成"、"创作动因"、"艺术升华"等精神分析心理学范畴内加以认真地分析研究。

青春时代的老舍,其生命历程中的许多事情都与他的"情殇情结"有着微妙的关系,我们首先从老舍的"退婚"事件说起吧。

1922 年春天,"母亲替老舍物色了一位姑娘,是母亲结拜姊妹的闺女,长得相当好看,虽说是位文盲,母亲认为十分合适。对方的父母也是一说就成,于是,母亲就毫不迟疑地放了定礼决定娶这位美人儿过门"①。当老舍母亲把这一好消息告诉儿子的时候,出乎她意外的事情发生了:老舍坚决不同意!他和自己的母亲摊了牌,退掉那个婚事!老舍的母亲执意不肯放弃,因为那么做,就会使那位姑娘蒙受奇耻!一向孝敬母亲的老舍这一次却死活不肯让步,他咬了牙,说了一句对母亲、对自己都扎心的绝话:"您要是不退,我,我就不再养活您!"母子之间的冲突达到了不可开交的程度。事情的结局是:"老舍请大姐、三姐帮忙把婚事退掉。两位尴

① 舒乙:《老舍的关坎和爱好》,中国建设出版社 1988 年版,第 11 页。

尬的使者说了一车好话，赔了不知道多少不是，还下了跪，磕了头，总算推翻了婚事。为了退婚，老舍伤了母亲的心。他许久不敢回家，无脸去见母亲，整天丢了魂似的满城乱转。”①对于“退婚”这件事，老舍本人曾在一篇文章中这样解释道：“那时候，婚姻自由的理论刚刚被青年们认为是救世的福音，而母亲暗中给我定了亲事。为退婚，我着了很大的急。既要非作个新人物不可，又恐太伤了母亲的心，左右为难，心就绕成了一个小疙瘩。婚约到底是废除了，可是我得了很重的病。”②

因为退婚得罪了慈母，最终自己竟大病一场，这对青春年代的老舍而言，其实是一场严重的精神危机。老舍的退婚，从表层看是由于受到“五四”婚姻自由思潮的影响，从深层次分析，则是由于“情殇情结”在起作用。在老舍的初恋世界里，已经牢牢树立起一个最完美的青春“女神”形象，代表着真善美的统一，代表着他生命中的鲜花与阳光。现实中的初恋虽然痛苦无望，但老舍在幻想中仍然保留着青春“女神”的影子，没有一个世俗的女子能代替那位青春“女神”在老舍心中的位置。当老舍的母亲想用一个现实中的姑娘取代青春“女神”的地位时，遭到了老舍内心强烈的抗拒和排斥。在青年老舍爱的天平上，一端是铭心刻骨的青春“女神”影子，另一端是恩重如山的“母亲”形象，何去何从，老舍陷入了紧张而深刻的精神矛盾之中。这是一个典型的“两难选择”：老舍最终选择了捍卫心中的青春“女神”，却又马上陷入背叛母亲的自我谴责之中。内心的撕裂使得老舍的肉身无法承受灵魂之痛，老舍终于病倒了。

1922 年春天，23 岁的老舍患的那场大病，就今天的医学观点看来，也有些莫名其妙的神秘色彩。据老舍回忆：“病的初起，我只

① 舒乙：《老舍的关坎和爱好》，中国建设出版社 1988 年版，第 12 页。

② 老舍：《小型的复活（传记之一章）》，原载 1938 年 2 月《宇宙风》第 60 期。参见《老舍生活与创作自述》，人民文学出版社 1982 年版，第 303 页。

觉得浑身发僵。洗澡,不出汗;满街去跑,不出汗。我知道要不妙。两三天下去,我服了一些成药,无效。夜晚,我作了个怪梦,梦见我仿佛是已死去,可是清清楚楚的听见大家的哭声。第二天清晨,我回了家,到家便起不来了。"[①]这场怪病使得老舍的头发全部脱落,脑袋像个"磁球",长达半年之久他都不愿摘掉帽子。这次与退婚有关的大病,是老舍的一次"关坎",在他的生命经历和心路历程中留下了不可磨灭的印记,他自认为:"'二十三,罗成关。'二十三岁那一年的确是我的一关,几乎没有闯过去。从生理上,心理上,和什么什么理上看,这句俗话确是个值得注意的警告。"[②]老舍病愈后,曾到京郊西山卧佛寺去静养了一个短暂时期,住在东院禅房。这场病使母亲原谅了儿子,也使老舍决心重新安排自己的生活。就在这一年的夏天,老舍在北京缸瓦市伦敦教会接受洗礼,成为一名正式基督教徒。[③] 看来,他似乎试图通过宗教信仰解决自己的精神紧张与内心痛苦。

说到老舍的"独身主义",也和他的"情殇情结"有某种关联。

1924 年 9 月,老舍去英国伦敦东方学院任教,从此开始了长达六年之久的异国生涯,在此期间老舍似乎一直奉行"独身主义"。直到 30 年代初老舍回国后认识胡絜青女士,老舍才抛掉他的"独身主义"。[④] 1925 年 9 月 2 日老舍在英国写给兄长舒子祥的一封信,充分体现了老舍"独身主义"的打算:"我临出国之时曾嘱咐您

---

① 老舍:《小型的复活(传记之一章)》,原载 1938 年 2 月《宇宙风》第 60 期。参见《老舍生活与创作自述》,人民文学出版社 1982 年版,第 303 ~ 304 页。

② 老舍:《小型的复活(传记之一章)》,原载 1938 年 2 月《宇宙风》第 60 期。参见《老舍生活与创作自述》,人民文学出版社 1982 年版,第 301 页。

③ 参见张桂兴编撰:《老舍年谱》(修订本·上册),上海文艺出版社 2005 年版,第 29 页。

④ 参见张桂兴编撰:《老舍年谱》(修订本·上册),上海文艺出版社 2005 年版,第 69 页。

千万莫代我主张婚事,希望您实行我的话,不必听别人的！还是那句话,谁给我定婚,谁替我养着,我没有那份本事多挣钱。我一点怒气都没有,我只是明明白白地陈说个中的利害与我不结婚的理由。我不是说人们不应当结婚,不过我自己不愿结婚！我不敢说结婚一定有损无益,我只是从事实上想我不能结婚。"①

老舍的这封家书,态度非常强硬,语气上也毫不含糊,它传达给家人一个信息:我不愿结婚,不能结婚,千万别管我的婚事！这种情形,与老舍两年前宣布"退婚"时的尴尬局面如出一辙。此时老舍的心中,依然容不下任何一个女性来取代那位青春"女神"的位置。他几乎关闭了现实生活的大门,宁肯独守心灵的祭坛,也不愿进入现实中的女性世界。

老舍的"情殇情结"还对其写作构成一定的影响,使得老舍自认为"怕写女性"。

老舍说:"我怕写女人;平常日子见着女人也老觉得拘束。在我读书的时候,男女还不能同校;在我做事的时候,终日与些中年人在一处,自然要假装出稳重。我没有机会交女友,也似乎以此为荣。在后来的作品中虽然有女角,大概都是我心中想出来的,而加上一些我所看到的女人的举动与姿态……"②熟悉老舍作品的人们都知道,老舍笔下的许多女性形象个性独特,神采飞扬,尤其是对女性心理的描写,老舍似乎具有得天独厚的艺术手腕。可见,老舍是从心理上"怕写女性",而并非对女性缺乏艺术感觉。只不过由于青春时代的"情殇情结",老舍一直压抑着自己的感情,生活中怯

---

①《十五年前的一封老舍家书》,原载 1941 年 3 月 8 日《立言画刊》第 128 期。转引自张桂兴编著:《老舍资料考释》(上册),中国国际广播出版社 1998 年版,第 42 ~ 43 页。

② 老舍:《我怎样写〈赵子曰〉》,原载 1935 年 10 月 1 日《宇宙风》第 2 期。参见《老舍生活与创作自述》,人民文学出版社 1982 年版,第 11 页。

于或羞于同女性交往罢了。而一旦进入他内心丰富的想象世界，一个个女性形象无不栩栩如生，老舍挥毫将其描写出来，便丰富了现代文学的人物画廊。

三、"情殇情结"的三次艺术升华

1931 年 7 月 8 日，老舍与胡絜青女士在北平结婚。婚后，老舍与夫人居住在泉城济南(1934 年秋移家青岛，1937 年 8 月复回济南)。步入婚姻生活殿堂的老舍，在心理和情感上进入一个比较稳定的时期——"山东时期(1930～1937)"。在这个生活与感情都相对稳定的时期，老舍"生活安定，创作生命力旺盛，佳作不断，是老舍创作生涯中的黄金时代"①。这一时期，老舍青春时代的"情殇情结"终于找到集中释放的时机，三次尽情释放同时也是三次艺术升华，老舍相继完成了《微神》、《月牙儿》和《阳光》三部带有抒情色彩的心理小说，"《月牙儿》三部曲"得以成为现代文学史上的艺术精品。

1. 描绘心中的青春"女神"

1933 年 10 月 1 日，短篇小说《微神》发表于《文学》杂志第 1 卷第 4 号。这是老舍第一次将其内心深处的"情殇情结"升华为文学艺术形象。小说《微神》以抒情色彩极浓的笔致描写一对青年男女之间的青春初恋悲剧：尽管这对恋人过去曾经灵犀相通，心心相印，然而，由于许多"无意识而有力量的阻碍，提婚是不能想的事"。几年后，当男青年从南洋回来时，当初的恋人却因家道中落而沦为暗娼。尽管如此，男青年仍然愿意娶她，但她为要保住恋人心目中的美好形象，在打胎时结束了自己的生命。

这篇以第一人称"我"展开叙事的小说，里面既有老舍的青春

---

① 孙洁：《世纪彷徨：老舍论》，百花洲文艺出版社 2003 年版，第 2 页。

初恋“本事”,又有“本事”的迁移和艺术“变形”。这里不妨把“本事”部分(1)与迁移后的“变形”部分(2)作一对照比较:

(1)青春初恋—受阻—去英国—恋人家庭变故—恋人出家为尼。

(2)青春初恋—受阻—去南洋—恋人家庭变故—恋人结婚被弃—沦为暗娼—拯救恋人—恋人死亡。

通过对照比较可以看出,青春初恋“本事”迁移到文学作品中之后,作者主要是把“恋人出家为尼”这一结局变成了“恋人结婚被弃”(至于“去南洋”与“去英国”并无多大实质差别);而后的“(恋人)沦为暗娼—拯救恋人—恋人死亡”一系列情节则是作者的虚构,可以看做“本事”迁移过程中对生活原生态的艺术“变形”。“本事”中的老舍在萌生了爱情之后,由于心理自卑(似乎过于羞涩,甚至比较懦弱),因而并没有采取积极行动,就被一种无形的阻力(主要是家庭地位悬殊)压垮了,老舍的“情殇情结”由此而生。相比之下,文本中的“我”则勇敢得多。在恋人沦为暗娼后,“我”仍然不忘旧情,不但托人给她送钱,还表示愿意娶她:“是她打开了我的爱的园门,我得和她走到山穷水尽”;“初恋是青春的第一朵花,不能随便掷弃”。显然,文本中的“我”扮演了一个“英雄救美人”的侠义之士和多情公子。

老舍为何要做这样的“本事”迁移和艺术“变形”呢?精神分析学家和文艺理论家的一些观点可供我们参考。精神分析学家弗洛伊德认为,文艺本质上是被压抑的性本能的冲动的一种升华。作家、艺术家也和常人一样,由于欲望长期受压抑而得不到满足,便试图在文艺创作中得到感情的宣泄,以获取快乐。经过升华作用,受压抑的“力比多”可以通过社会道德允许的途径或形式得到满足。[①] 文艺理论家厨川白村把“生命力受了压抑而生的苦闷懊

① 参见朱立元主编:《当代西方文艺理论》,华东师范大学出版社 1997 年版,第 63 页。

恼”，看做是“文艺的根柢”，文学是“苦闷的象征”。他认为，文艺和梦一样是“人的燃烧着的欲望”，免去了监督的压抑，以绝对的自由而表现出来：“正如在梦中，欲望便打扮改装着出来似的，在文艺作品上，则身上裹了自然和人生的各种事实来表现。”①老舍在理论上接受了弗洛伊德精神分析学影响，对这种心理学在文艺上的运用而带来的利与弊认识得非常深刻，他说：“近代变态心理与性欲心理的研究，似乎有拿心理解决人生之谜的野心。性欲的压迫几乎成为人生苦痛之源，下意识所藏的伤痕正是叫人们行止失常的动力。拿这个来解释文艺作品，自然有时候是可笑的，特别是当文艺作品为作者性欲表现的时候；但是这个说法，既科学而又浪漫，确足引起欣赏，文人自然会拾起这件宝贝，来揭破人类心中的隐痛。”②有鉴于上述观点，我们不难推测出，老舍的青春初恋“本事”迁移和艺术“变形”，是“苦闷的象征”，是“情殇情结”的心理宣泄，通过“本事”迁移和艺术“变形”，青春老舍受伤的心灵得到某种程度的安慰和医治。当文本中的“我”把“一篮最鲜的玫瑰，瓣上带着我心上的泪”放在恋人“灵前”的时候，我们可以猜测，老舍既是为恋人而哭，也是为自己而哭。哭出来，感情就得到释放，“情结”就有所缓解，——这，或许是老舍先生创作《微神》的动因之一吧！

小说《微神》这一题目也颇有意味。在作者的心目中，青春初恋是神圣的，初恋情人在想象中被编织成世界上最完美的青春女神形象，供奉在自造的神座上。恋爱中很容易产生异性崇拜，尤其是初恋，更容易造就偶像崇拜与感情圣徒，中外文学史上的此类例子不胜枚举。古希腊神话中的美狄亚，被爱神的箭射中，疯狂地爱

① 转引自余凤高：《“心理分析”与中国现代小说》，中国社会科学出版社1987年版，第45页。

② 转引自谢昭新：《论老舍小说创作方法及艺术形式的创新》，参见《文学评论》2003年第5期，第115页。

上了远航而来的伊阿宋。为了伊阿宋,她背叛了父亲,杀死了自己的亲兄弟,把身体和灵魂都奉献给自己的崇拜对象。意大利诗人但丁在《神曲》中所塑造的完美形象贝阿德里采,总是在诗人迷惘困顿的时刻引领诗人进入一个更高的精神境界,诗人对贝阿德里采的崇拜之情洋溢通篇。歌德在《少年维特的烦恼》中,尽情抒发主人公维特对少女绿蒂的崇拜之情,对崇拜过程中的那种惊喜而又痛苦、忧郁、绝望的复杂感情做了细致入微的描写。歌德《浮士德》中的名句"永恒之女性,引领我们向上",把对女性的崇拜同神圣的精神超越联系在一起。

小说《微神》中,"我"对爱情的崇拜也达到了宗教般的虔诚状态,恋爱的季节,约会的环境,青春恋人的体态神情乃至她的随身一物(如小绿拖鞋)都成了崇拜对象。"我"的初恋情人的那双"小绿拖鞋"先后六次出现在文本中,那双"绣白花的小绿拖鞋","像两片嫩绿的叶儿","像两片树叶在永生的树上作着春梦"。恋人的那双"小绿拖鞋"化成了一种青春意象,初恋的象征,从而成为作者独特的爱情崇拜物。对当年青春恋爱的环境,作者也用诗一般的语言将其描绘得如同梦中仙境:"说也奇怪,每逢到似睡非睡的时候,我才看见那块地方——不晓得一定是哪里,可是入梦以前它老是那个样儿浮在眼前。就管它叫梦的远方吧。"①

"我"心目中的青春"女神"是怎样的形象呢?文本中有两次集中描写:

听见我来了,她象燕儿似的从帘下飞出来;没顾得换鞋,脚下一双小绿拖鞋象两片嫩绿的叶儿。她喜欢得象清早的阳光,腮上的两片苹果比往常红着许多倍,似乎有两颗香红的心在脸上开了两个小井,溢着红润的胭脂泉。那时她还梳着长

---

① 老舍:《微神》,见《老舍短篇小说选》,人民文学出版社1956年版,第99页。

黑辫。①

说也奇怪,我在梦中的女性永远是"她"。梦境的不同使我有时悲泣,有时狂喜;恋的幻境里也自有一种味道。她,在我的心中,还是十七岁时的样子:小圆脸,眉眼清秀中带着一点媚意。身量不高,处处都那么柔软,走路非常的轻巧。那一条长黑的发辫,造成最动心的一个背影。我也记得她梳起头来的样儿,但是我总梦见那带辫的背影。②

这个小巧玲珑、眉清目秀、神采飞扬的少女形象,作为梦中的"女神"形象,永远定格在"我"的心中。老舍先生曾在创作谈中认可《微神》属于自己的亲身经历,③那么,这一"女神"形象就应当是老舍为初恋情人勾勒出的大致形象。在老舍后来所塑造的女性人物形象画廊中,凡是可爱的形象,似乎都多少有点儿"女神"的影子;另一方面,那些"人高马大、五官粗糙、缺乏神采"的女性形象,大都属于令人厌恶的反面角色。就这样,老舍的初恋"本事"竟然如此深刻地影响到他的现实女性审美观,进而又影响到他的艺术创作。

尽管老舍的初恋"本事"在迁移到文学作品的过程中作了颇有意味的艺术"变形","我"被描写成"英雄救美人"式的侠义之士和多情公子,细读文本就会发现:"我"始终都未能征服"女神"的芳心,甚至"女神"堕落之后也仍然保持了高傲的姿态;在整个文本中,"我"大都处于被"女神"俯视的被动位置。这是老舍有意识的心理写实抑或内心深处无意识的自然流露?我们且看文本中的一

① 老舍:《微神》,见《老舍短篇小说选》,人民文学出版社1956年版,第102页。

② 老舍:《微神》,见《老舍短篇小说选》,人民文学出版社1956年版,第104页。

③ 老舍:《我怎样写短篇小说》,参见《老舍生活与创作自述》,人民文学出版社1982年版,第36页。

些细节:(1)“我”与“女神”最美的“那一回”短暂见面,“女神”“极不愿意而又不得不说”的两个字是“走吧!”“我”的心不愿离开,“我的脑知道非走不可”,从此,“我”和“女神”再没有约会的机会。(2)“我”毕业后便作了小学的校长,“平生最大的光荣,因为她给了我一封贺信。信笺的末尾——印着一枝梅花——她注了一行:不要回信。”虽然“我”好像心中“燃着一束火把”,然而,“我也就没敢写回信”。(3)听到她沦为暗娼的消息,“我”想帮助她,便去见她,“她始终没正眼看我一次”,“好像完全应酬我”。“我的眼湿了,她不会看不见我的泪,可她没有任何表示”。[①] (4)“我”自己没有胆量去,便托友人向她说明,“我”愿意娶她。“友人回来,带回她的几声狂笑。她没说别的,只狂笑了一阵。”(5)“我”在想象中虚拟了一次同恋人的诀别。当“我”把初恋“夭折”的原因归结为“我不是怕得罪你的父母吗?我不是上了南洋?”之时,“她”则反驳道:“惧怕使你失去一切,隔离使爱的心慌了。”当“我”很暧昧地要求看一眼她的“玉脚”时,“她”推了我一把:“去吧!”

这些文本细节和蛛丝马迹向读者流露出不少“另类”信息:在很大程度上,“我”与青春“女神”的那场惊心动魄的初恋,不过属于一次狂热的“单相思”而已,高傲的青春“女神”始终俯视着惧怕、懦弱、自卑然而多情的“我”,“我”因崇拜而狂热痴迷,青春“女神”不过是游戏般地虚应故事而已,在其内心深处,“我”根本不能入围青春“女神”的神秘花园。在许多关节处,青春“女神”总是向我说“不”,“走吧”“去吧”,甚至根本无视“我”的存在。拜倒在青春“女神”脚下的“我”,甘愿作她的“奴隶”,这种心态固然可以理解;然而,“我”“不敢写回信”、“自己没胆量去”见她、“怕得罪”她的父母……这一系列细节却暴露出“我”天性中的懦弱与自卑,连“女神”

① 老舍:《微神》,见《老舍短篇小说选》,人民文学出版社 1956 年版,第 104~105 页。

都能一针见血地指出:"惧怕使你失去一切……"所以,尽管"她"已沦为风尘女子,也并不真正把"我"放在眼里,在"我"面前,依然保持着"女神"般的高傲与尊严。在"本事"迁移的艺术"变形"中,作者精心编织的"英雄救美人"模式,却不期被一些细节中的蛛丝马迹给消解了结构,颠覆了意义:"英雄"拯救"美人","美人"并不领情,尴尬无奈之际,"英雄"反倒显出自身的"懦弱"与"自卑"。当"我"把一篮最鲜的玫瑰——"瓣上带着我心上的泪"——放在"美人"灵前的时候,小说中这样写道:"结束了我的初恋,开始终生的虚空。"原来,没有青春"女神"的引领,"我"的生活竟是如此虚空,应该被爱情拯救的,原来是那位自卑的"多情公子"啊!

笔者认为,文本中这些细枝末节和蛛丝马迹,属于老舍潜意识的自然的流露,更接近于老舍青春初恋"本事"中的原生情态;小说《微神》作为文学作品,虽经"变形",仍然保有当事人的情感"密码"或心理"印痕",这些"密码"和"印痕"之所以挥之不去,主要还是由于老舍内心深处那种难以消弭的"情殇情结"在起作用,由此足见童年经验或青春经历对一个作家的心理性格和艺术创造的重要影响。

2."月光下"的青春悲鸣

《月牙儿》于 1935 年 4 月 1 日在《国闻周报》第 12 卷 12 期连载,到 4 月 15 日在第 14 期上续完,与姊妹篇《阳光》一同收入短篇小说集《樱海集》①。《月牙儿》的写作是老舍"情殇情结"的第二次尽情释放,这一次释放哀婉凄切,悲不自胜,创造了震撼人心的悲剧艺术形象和悲剧境界;酣畅淋漓的艺术升华,使得老舍把一轮艺术的"明月"送上了审美的天空,引起众多读者翘首仰望;然而,人们在欣赏"月牙儿"的时候,却每每忽略了那个曾经在"月光下"悲

① 短篇小说集《樱海集》由人间书屋 1935 年 8 月出版;短篇、中篇相对而言,老舍把《月牙儿》、《阳光》当作短篇看,也有人将它们归类为中篇小说。

鸣的老舍先生。

《月牙儿》脱胎于老舍1931年完稿的长篇小说《大明湖》。1932年,《大明湖》唯一的手稿被上海"一·二八"战火化为灰烬,老舍不想把《大明湖》重新默写一遍,可是其中的母女二人沦为暗娼的悲剧情节让他难以释怀,短篇小说《月牙儿》遂于1935年4月问世。然而,《月牙儿》并非《大明湖》的缩写版或改写版。《大明湖》以发生在济南的"五卅"惨案为背景,描写的是发生在两家人之间的爱情故事,它是以情节、叙事为重的写实小说;《月牙儿》则由《大明湖》中的一对母女相继沦为暗娼这一情节生发开来,通过女主人公"我"的回忆、叙事与抒情,形成一篇具有意识流特色的"心理小说";由于女主人公的内心独白和月亮意象成为小说的重要内容,《月牙儿》也被称为"抒情小说"或"象征小说"。《月牙儿》与《大明湖》不仅在艺术风格上大相径庭,更重要的是作家的创作动因与创作心态迥然有别。从题材上看,《月牙儿》写的是风尘女子的辛酸故事。老舍先生说:"《大明湖》被焚之后,我把其他的情节都毫不可惜的忘弃,可是忘不了这一段。……由现在看来,我楞愿要《月牙儿》而不要《大明湖》了。"①老舍先生对其他情节弃之不惜,可总是忘不掉那一对母女的辛酸故事,这是为什么呢?笔者的解释是:那一对孤女寡母相依为命的苦难生活,勾起了老舍郁积多年的少年往事,引起老舍深切的人道主义同情。

小说《月牙儿》里,失去男人的孤女寡母,因为贫穷,开始依靠典当勉强度日。后来,依靠妈妈给人家洗衣裳维持生活,"那些臭袜子,硬牛皮似的,都是铺子里的伙计们送来的。妈妈洗完这些

---

① 老舍:《我怎样写短篇小说》,原载1936年1月1日《宇宙风》第8期。参见《老舍生活与创作自述》,人民文学出版社1982年版,第38页。

'牛皮'就吃不下饭去"①。老舍对青春时代的贫穷生活有着铭心刻骨的记忆,正是带着辛酸的回忆和深切同情的心态,老舍把自己母亲给人家洗衣服洗臭袜子的青春记忆,写进了《月牙儿》之中。老舍曾谈到自己的性格与家境的联系:"我的脾气是与家境有关系的。因为穷,我很孤高,特别是在十七八岁的时候。一个孤高的人或者爱独自沉思,而每每引起悲观。自十七八岁到二十五岁,我是个悲观者。"②在心理学上,"自卑"与"孤高"紧密相连,外在的"孤高",往往是由内在的"自卑"所造成。老舍说"因为穷,我很孤高",也就等于说因为穷造成了青春时代的自卑性格。贫穷的家境塑造了老舍"自卑而又孤高"的内向性格,在青春时代,他甚至以"悲观主义者"自命。被外界称为"幽默大师"的老舍先生,其幽默性格的背后,却有着悲观的性格底色。如他自己所言:"您看我挺爱笑是不是?因为我悲观。"③对于老舍,王瑶先生曾经有过一个中肯的论断:"从根柢上说,老舍先生的内心感情是忧郁的。"④在《月牙儿》里我们看到的正是那个忧郁的诗人的老舍,从而能够近距离地接近他。

作为"《月牙儿》三部曲"的中心作品,《月牙儿》上承《微神》,下启《阳光》,老舍投入其中的感情最多,抒情最为酣畅淋漓;它如一首哀歌,寄托着老舍先生长歌当哭般的幽愤情怀。那么,《月牙儿》是怎样上承《微神》的呢?

---

① 老舍:《月牙儿》,见《老舍短篇小说选》,人民文学出版社 1956 年版,第 131 页。

② 老舍:《我的创作经验》,原载 1934 年 12 月 15 日《刁斗》第 1 卷第 4 期。参见《老舍文集》第 15 卷,人民文学出版社 1990 年版,第 191 页。

③ 老舍:《又是一年芳草绿》,原载 1935 年 3 月 6 日《益世报》。参见《老舍生活与创作自述》,人民文学出版社 1982 年版,第 344 页。

④ 王瑶:《中国现代作家选集 · 老舍 · 序》,转引自傅光明主编:《老舍的文学地图》,新世界出版社 2005 年版,第 81 页。

如前所述，“宗月大师”的女儿出家为尼，在小说《微神》中“变形”为女主人公沦为暗娼，无限感慨与遗憾随之而生。《微神》中女主人公沦落为娼，主要原因是家庭变故，根本上是由于贫穷，缺少最基本的生存条件。《微神》中的“我”之所以懦弱惧怕，不能克服两人之间的无形障碍，“贫穷”应该是最主要的原因。从某种意义上说，贫穷这条“恶虎”既是吞噬老舍初恋情人的顽凶，又是造成他自己心理自卑的魔障。到了《月牙儿》里面，这条贫穷“恶虎”继续成为吞噬着母女二人的一只怪兽。于是，老舍先生在《月牙儿》里，首先控诉的就是那只“恶虎”的罪恶。月光之下，老舍先生在吟唱一首苍凉的哀歌，他唱给所有经历过苦难的人们听，其间包括他的母亲和他自己。

《微神》中，“我”所崇拜的青春“女神”因生活所迫沦为暗娼，其过程只是被一笔带过。《月牙儿》中，老舍则详细描写了女主人公沦为暗娼的经过，表现了其复杂而痛苦的内心矛盾过程。《月牙儿》的女主人公“我”，本是一个美丽、纯洁、自尊、要强的女孩子，由于世道险恶，命运不公，一步步沦为风尘女子。“我”虽经挣扎和反抗，但是最终无法摆脱命运的捉弄，乌云终于遮住了皎洁的月亮，一个花季少女的青春岁月从此毁灭。《月牙儿》中的女主人公“我”可以看做《微神》中主人公“她”的进一步抒写。范亦豪先生指出：“《月牙儿》中有老舍本人爱情创伤的痛楚，是《微神》那痛彻心肺的悲哀和愤怒抗议的继续，它抒写着《微神》未尽的倾诉。……在《月牙儿》里老舍也在倾吐着自己心里的‘苦汁子’，我们可以在字里行间时时感觉到老舍的心。”①在这里，范亦豪先生以敏锐的洞察力，注意到《月牙儿》与《微神》之间的情感纽带以及老舍创作心态上的内在同一。

---

① 范亦豪：《沉重的〈月牙儿〉》，参见傅光明主编：《老舍的文学地图》，新世界出版社2005年版，第82页。

如果说老舍在《微神》中抒发了对初恋情人的“崇拜之情”，那么，在《月牙儿》里，则寄托了作者对风尘女子的深切同情。因为同情，老舍为那些风尘女子的堕落而哭泣悲鸣；因为同情，老舍把那些女子堕落的原因统统归之于险恶的社会环境，并向罪恶的社会发出了悲愤的控诉之声。《月牙儿》之外，老舍笔下的风尘女子，也大都是有于命运的凄苦，被迫走上屈辱的生活道路，“她们的身体是卑污的，心灵却是纯洁的；她们的生活是下贱的，但她们的气质却是高雅的；她们的行为是放荡的，但观念却是传统的”①。老舍的对风尘女子的深切“同情”使得其创作在思想境界上达到了相当高度。在中外的文学史上，不乏以妓女生活为题材的文学作品，雨果、莫泊桑、托尔斯泰、陀思妥耶夫斯基等现实主义文学大师，都对沦落风尘的不幸女子给予道义上的声援和关怀。雨果在其小说的序里就指出了20世纪的三大问题：“贫穷使男子潦倒，饥饿使妇女堕落，黑暗使儿童羸弱”；托尔斯泰在他的小说《复活》里，塑造了一个灵魂洁白的妓女形象马丝洛娃；莫泊桑在小说《羊脂球》中也对一个受伤害的妓女形象给予极大同情。出于对不幸女子的人道同情，罗莎·卢森堡曾赞扬陀思妥耶夫斯基和托尔斯泰等俄国艺术家，说他们“认为妓女不是‘堕落者’而是人，这个人的灵魂、苦难和内心斗争要求艺术家的最深厚的同情。……把她从淫乱的炼狱和精神的苦难提升到道德的纯洁和妇女英雄主义的高度”②。老舍先生的《月牙儿》，虽然没有把女主人公提高到“妇女英雄主义的高度”，但却写出了她的灵魂、苦难和内心斗争，达到了透视人性和批判社会的相当深度，成为现代文学史上的名篇佳作。

值得注意的是，解释文学作品与作家的创作动因、创作心态，

---

① 石兴泽：《老舍与二十世纪中国文学与文化》，人民文学出版社2005年版，第314页。

② [德]罗莎·卢森堡：《论文学》，人民文学出版社1983年版，第66页。

并非只有一种渠道。作家因表达对风尘女子的深切同情而得到现代社会道德的普遍认可并引发出读者强烈的共鸣，这在精神分析学家看来，远非简单的“同情”二字所能解释清楚；作家创作出艺术佳作并非是道德境界高低问题，而是有着更为复杂的内在心理动因。弗洛伊德认为，作家艺术家都是本能冲动异常强烈的人，同时又是一种具有内向性格的人，他们从事艺术活动是对“力比多”（一种与性有关的生命能量）的转移或升华，即把“力比多”转移到社会道德所容许的有价值的创造活动中去。“作家隐藏在自己幻想的背后，通过两种方式获得读者的认可：其一，作家通过改变和伪装他的利己主义的白日梦以软化它们的性质；其二，在他表达他的幻想时，他向我们提供纯形式的——亦即美学的——快乐，以取悦于人。”①现代作家许钦文在1936年曾出版理论著作《文学概论》，受弗洛伊德和厨川白村的影响，他认为文学是“苦闷的象征”，这苦闷一有机会就要发泄出来；苦闷的发泄或者说是表现要通过曲折的“化妆”的方式，例如，作家在创作的时候——“表面上是在表现爱护人类社会的情感，实际却在暗中发泄失恋的苦闷，是在抒写对于所倾心爱慕的人的心意。或者表面上是在暴露人类社会公敌的丑态，实际是在暗中责骂自己的情敌。这样，作者无非发泄个人的苦闷，在公众的团体上也是很有益处的”②。

从深层次的创作心理分析，老舍在《月牙儿》中为风尘女子所唱的那首哀歌，既有对社会上无数风尘女子不幸遭际的普遍同情，也包含着对自己“情殇情结”的自挽自悼，自伤自怜。老舍在《月牙儿》中所营造的悲剧氛围哀婉凄切、沉郁悲凉，令读者感到强烈的

① [奥]弗洛伊德：《作家与白日梦》，参见《弗洛伊德论美文选》，知识出版社1987年版，第37页。

② 转引自余凤高：《“心理分析”与中国现代小说》，中国社会科学出版社1987年版，第70页。

压抑、忧伤和悲愤，这里还有一种“集体无意识”学说的心理解释，亦可聊备一说。据关纪新先生研究，民国以后，京城里的满族人失去了“铁杆庄稼”，社会地位一落千丈，大量的衣食无着的年轻女子沦为妓女。有调查资料表明，北平城里的妓女大部分都是满族。这种悲惨的情景在民族意识很重的满族作家老舍心里是很难忘怀的，一旦寻到适当的喷射口，老舍先生的民族“集体无意识”情感，就会像火山爆发那样喷涌而出，他要为本民族中不幸的女性惨痛呼喊。① 综上所述，老舍先生在《月牙儿》中发出的阵阵悲鸣，既是为自己梦中的情人而哭，也是为本民族的不幸女子而哭，更是为普天下沦落风尘的所有不幸女子而哭！月光下的老舍先生，内心世界是如此沉郁而悲凉，博大而深邃！

3.“阳光下”的青春沉思

1935 年 5 月 1 日，就在小说《月牙儿》发表一个月之后，其姊妹篇《阳光》发表于《文学》杂志第 4 卷第 5 号，与《月牙儿》一起收入短篇小说集《樱海集》。《月牙儿》与《阳光》在篇幅、结构、语言和艺术风格方面非常相近，人物形象则一贫一富，性格和命运也有较大反差。《阳光》的写作是老舍少年时代的“情殇情结”第三次释放，这一次艺术升华使得老舍走出了初恋失败的阴影，获得了心理平衡；面对顶礼膜拜过的“女神”，老舍先生开始了阳光下的沉思。

《阳光》中的女主人公“我”是一个生长在富贵人家的女子，聪明、体面、傲慢，从小学到中学再到大学，一直像公主一样娇生惯养，颐指气使。她爱慕虚荣，追求享受，极端利己，却又渴望自由浪漫的恋爱生活。在中学时期她就喜欢恋爱游戏，从中寻求刺激；到大学时代，她引诱许多男人给她写信、追求她，然而，她也只是戏耍他们，嘲弄他们。她嫁给一个“顶有身份，顶有财产，顶体面而且顶

① 关纪新：《旗人作家老舍》，参见傅光明主编：《老舍的文学地图》，新世界出版社 2005 年版，第 3 页。

有道德"的阔少爷，婚后，伴随着物质的满足而来的是精神的空虚。她以姿色同权贵相交寻求刺激，却被丈夫利用作为进身的阶梯。她和一个没有地位的男人偷情，遭到丈夫的反对，把她关在家里。她要求离婚不得，就买通律师，将丈夫的劣迹在报纸上披露，身为"道德家"的丈夫丢官弃职，身败名裂，她也随之失去了尊贵的地位。

"《月牙儿》三部曲"之一的《阳光》，同《微神》、《月牙儿》的内在联系比较复杂，通过对主人公形象的分析有利于把握三部曲之间的精神联系，进而探析老舍的创作动因及心态。作为老舍初恋情人的原型，《微神》中的女主人公出生于富贵之家，有着女神般的尊贵与高雅，只是由于家庭变故才沦落风尘；即便风尘之中身世飘零，女主人公的精明与优越感在文本中亦可略见一斑。这说明，老舍在创作《微神》时，是以一种异性崇拜的心态对待青春"女神"的，在那位青春"女神"面前，老舍由于"情殇情结"而生的自卑感一直在暗中作祟。在《阳光》中，出身于富贵之家的主人公，自幼就有无比的优越感，甚至自居为"太阳"，自封为青春"女神"，这里且看《阳光》中女主人公的几段内心独白："自幼我就晓得我的娇贵与美丽。自幼我便比别的小孩精明，因为我有机会学事儿。……地位的优越使我精明。可是我不愿承认地位的优越，而永远自信我很精明。因此，不但我是在阳光中，而且我自居是个明艳光暖的小太阳；我自己发着光。""我是这样的美，我觉得我是立在高处的一个女神刻像，只准人崇拜，不许动手来摸。我有女神的美，也有女神的智慧与尊严"①。

《阳光》中像这样的心理独白比比皆是。与《微神》迥然不同的是，尽管《阳光》中女主人公"我"一边满怀自恋地卖弄精明，自述风流，文本背后的另一个叙述者——老舍——却毫不留情地在消解"我"的"精明"，在鄙视"我"的"风流"，将"我"内心深处的放荡与

① 老舍：《阳光》，参见《老舍全集》第7卷，人民文学出版社1999年版。

空虚揭露出来，从而彻底粉碎“我”骨子里的优越感，把一个伪装的青春“女神”推倒在地。写作《阳光》的老舍，此时已经走出了异性崇拜的“情网”，克服了由于“情殇情结”造成的自卑心理，他不再拜倒在“女神”的脚下，而是站在一个理性的平台上，观看青春“女神”的一次次滑稽表演：将其“美丽”外衣下的丑陋，“精明”外表下的愚蠢，“浪漫”背后的放荡——尽收眼底，一览无余。

在老舍的“情殇情结”中，“被抛弃”、“被玩弄”这些青春时代的阴影似乎占据相当比重，与“贫穷”一样，这种阴影也是造成少年老舍心理自卑（或过分孤傲）的重要因素。要释放自己的“情殇情结”，老舍必须把“被抛弃”、“被玩弄”的阴影从内心深处消解或者清除，依靠什么手段呢？创作——按照弗洛伊德的说法是“做白日梦”——是一种行之有效的方法。老舍有一部未完成的长篇小说《大概如此》①，写的是在伦敦的中国人。作品情节“……只有一男一女。男的穷而好学，女的富而遭了难。穷男子救了富女的，自然喽跟着就得恋爱。男的是真落入情海中，女的只拿爱作为一种应酬与报答，结果把男的毁了”②。《大概如此》的故事情节与老舍的初恋“本事”和《微神》中的情节具有相似之处，“贫穷”、“被抛弃”、“被玩弄”这些阴影在此出现，应是作者老舍“情殇情结”的一次无意识流露。老舍自评这部未完成的长篇：“文字写得并不错，可是我不满意这个题旨。”③从创作心理上分析，老舍希望通过《大概如此》这部长篇小说的写作，释放心中郁积的“情殇情结”，但那时（1929年夏），老舍尚未获得足够的心理自信来超越“被抛弃”、“被

① 1929年夏，老舍在回国途中路过欧洲大陆时，开始创作这部长篇小说，后来在由马赛到新加坡的船上又写了些，一共写了四万多字，书名为《大概如此》。但后来老舍毅然抛弃了这部作品，没有继续再写下去。

②③ 老舍：《我怎样写〈小坡的生日〉》，原载1935年11月1日《宇宙风》第4期。参见《老舍生活与创作自述》，人民文学出版社1982年版，第21页。

玩弄”的心理阴影，老舍释放“情殇情结”的尝试遂告失败，于是，《大概如此》终成未完之作。

到1935年5月，老舍在小说《阳光》中对那位以恋爱为游戏、玩弄“恋人”、抛弃“恋人”的富家小姐，进行了巧妙的讽刺，暴露了她虚伪、自私与放荡的本性。身为富家小姐的“我”认为，“爱是一种游戏，可由得我出主意”。在一次婚礼中，“我”曾被邀当作“伴娘”，出于虚荣心爱上了漂亮的“伴郎”并征服了他，可是当他来找“我”时，“我”不答理他，毫不迟疑地拒绝了他。“我”的理想是：“变成电影中那个红发女郎，多情而厉害，可以叫人握着手，及至他要吻的时候，就抡手给他个嘴巴。”对这种视爱情为游戏的富家小姐，老舍是恨之入骨的。因此，在《阳光》中，老舍给主人公“我”安排了一个“失去丈夫”、“失去爱情”、“失去地位”的结局。在老舍的其他作品中，那些游戏爱情、玩弄恋人的所谓“摩登女性”，也都没有好的结局。她们大都是爱慕虚荣，精神空虚，为寻求刺激而“红杏出墙”，她们往往只追求自己的享乐与自由，缺乏女性的本分与操守，其结果往往是毁家损人害己，一时放纵带来终身悔恨。自私与放荡，似乎是她们的天性。老舍对这类女性的恨之入骨，是否说明其青春时代的“情殇情结”一直在起作用呢？

《阳光》作为《月牙儿》的姊妹篇，在艺术上不如《月牙儿》精致，情节有些生硬，抒情色彩也有所淡化。不过，在对女性性格、女性命运的认识方面，《阳光》弥补了《月牙儿》的偏颇与不足，因此，“《月牙儿》三部曲”连起来阅读才显得珠联璧合，相得益彰。在《月牙儿》中，老舍把主人公沦为风尘女子的原因全部推给了黑暗的社会，尤其是“贫穷”这只怪兽，是吞噬人性的罪魁祸首。由于对女主人公的深切同情，老舍想尽一切理由为她辩护，女主人公一向认为，“我所做的并不是我自己的过错”。细读《月牙儿》文本，有些地方甚至表现了女主人公吃青春“浪漫饭”的“精明”与“优越感”。这使人们在同情她不幸遭遇的同时，不禁自问：“她，真的是无路可走了吗?"作为一个读过书的女性,能够心安理得地吃青春"浪漫饭",把堕落的理由完全归结为贫穷,这种解释不免有些牵强。《阳光》中的主人公,出身富贵之家,根本不存在"吃饭问题",也还是向往"浪漫",并且打着"自由"的幌子不知羞耻地尽情放荡。《微神》、《月牙儿》与《阳光》的主人公,在人性深处的某些方面是否有一些共同之处呢? 撇开贫与富的经济因素,三位青春女郎都有几分姿色,几分精明,这是形成她们青春"优越感"的重要因素;在内心深处,她们都有几分风骚,几分浮荡,这是她们走向青春"浪漫"的内在因素。在老舍的记忆中,她们是否代表着同一个美丽而轻浮的青春女子原型呢?

弗洛伊德说过这样一段话:"一般说来,心理小说的特殊性质无疑是由当代作家用自我观察的方法,把他的自我分裂成许多部分自我的倾向而造成,结果就把他自己精神生活的互相冲突的趋势体现在几个主角身上。"①老舍先生的"《月牙儿》三部曲"也属于"心理小说",按照弗洛伊德的观点,"三部曲"中的三个青春女性形象代表着老舍心中的三个分裂的"自我",这三个"自我"的相互冲突,反映了老舍无意识深处对女性认识上的内在矛盾。通过"《月牙儿》三部曲"的创作,从青春"崇拜"到"同情"再到"沉思",老舍先生完成了对梦中青春"女神"的超越,其"情殇情结"得以成功释放。

小　结

带着青春时代的痛苦与创伤,老舍为我们描绘了一个感伤而破碎的青春世界,在描绘这个青春世界的同时,老舍也作了一次青春漫游,在月光下圆了一个破碎的青春之梦。具有抒情色彩的

---

① [奥]弗洛伊德:《作家与白日梦》,参见《弗洛伊德论美文选》,知识出版社 1987 年版,第 35 页。

“《月牙儿》三部曲”是老舍以散文语言写作小说的成功尝试，在老舍的小说世界中占有独特的艺术地位。作为“心理小说”，它在表现人类情感世界的复杂与深奥的同时，也展示了老舍先生丰富、隐蔽的心理世界的一角。老舍因青春期初恋失败而形成的“情殇情结”是其创作“《月牙儿》三部曲”的重要的心理动因，而“《月牙儿》三部曲”的特殊意义就在于：通过这三部作品的写作，老舍内心世界中的“情殇情结”得到了感情释放和艺术升华。老舍把一轮明月送上了艺术的天空，明月下的青春世界五光十色，而月光下的老舍却留给我们一个艺术家的孤独而神秘的背影。让我们在这里说一声：老舍先生青春永在！

第四章　青春情怀　“雷雨”性格①

——曹禺笔下的青春世界

曹禺被誉为中国现代戏剧之魂，他还是一位“青春型”天才戏剧家。作为中国话剧成熟标志的《雷雨》是曹禺23岁时完成的，而代表其创作最主要成就的四大名剧②都完成于30岁以前。他本人在《〈雷雨〉序》中坦言：“我是一个不能冷静的人……写《雷雨》是一种情感的迫切需要……《雷雨》的降生，是一种心情在作祟，一种情感的发酵。”③这正是“青春型”创作最为典型的心理特征。在20世纪30年代那个激荡着黑暗与光明、禁锢与革新等矛盾和斗争的时代，面对衰朽而顽固的封建社会，曹禺怀着青春的激情与愤懑，用一颗赤诚真挚的心来探索社会人生，用剧作表达自己对时代和人性的理解。曹禺的四大名剧和青春结下了不解之缘：青春激情形成其创作的情感动力；青春期对人生与社会的探索形成其剧作的基本冲突；而在对现实人生的深刻观察与表现的同时，热烈与执著的青春创作带来了强烈的浪漫主义色彩。在不断的探求和表现

---

① 本章是由我所带的研究生楚静搜集材料并帮助我写成的，特此致谢。

② 一般指《雷雨》、《原野》、《日出》和《北京人》。

③ 曹禺：《〈雷雨〉序》，见《曹禺精选集》，北京燕山出版社2006年版，第110页。

中，曹禺的剧作也成为他的一部精神成长史。

有学者认为曹禺剧作精神的深层结构可以概括为压抑与憧憬的矛盾，自由生命的被压抑以及压抑引起的青春渴望和青春抗争成为剧作的一贯主题，这种观点不无道理。究其原因，曹禺本人的童年和少年，心灵就异常压抑和痛苦。他的家“是一口死井，实在是闷得不得了”，甚至“沉静得像座坟墓，十分可怕”，[①]这主要缘自他的父亲。父亲官场失意，心境颓丧，他的坏脾气给家庭带来了沉闷和压抑的空气。这样令人窒息的气氛，我们可以在《雷雨》、《原野》和《北京人》中感受到。曹禺在《跋》中对《日出》的创作动因进行这样的表述：“我应该告罪的是我还年轻，我有着一股年轻人按捺不住的习性……这些年在这光怪陆离的社会流荡中，我看见多少梦魇一般的人事，这些印象我至死也不会忘却：它们化成多少严重的问题，死命地突击着我，这些问题灼热我的情绪，增强我的不平之感。”[②]在一个不合理的社会中，青年在生活道路、个性发展、爱情婚姻等方面往往不能自主，青春自我遭到极大压抑和戕害。他们充满了青春的苦闷与抗争的愿望，在与现实既定秩序的对抗中挣扎着、苦痛着，以至毁灭。敏感的曹禺善于表现青春的秘密和痛苦，他的剧作中几乎所有主要人物的戏剧冲突都是围绕着生命青春的被扼杀以及青春生命的复活与抗争展开的，下面我们将走进曹禺笔下的青春世界，对曹禺剧作中的青春形象进行分析研究，以便进一步认识曹禺和青春主题的密切关系。

---

① 曹禺：《我的生活和创作道路》，见田本相：《曹禺剧作论》，中国戏剧出版社 1985 年版，第 362 页。

② 曹禺：《〈日出〉跋》，收入《曹禺精选集》，北京燕山出版社 2006 年版，第 226 页。

一、青春的礼赞

青春是美丽的，像梦一样美好。曹禺曾把他的青春梦寄寓在《雷雨》中的周冲身上。“周冲完全是个充满诗意的幻想的创造，他，寄托了青年曹禺最纯真的理想，最深挚的憧憬，寄寓着他对真善美的乌托邦世界的无限渴望和对丑恶现实的极端憎恶。”①周冲的理想是最完美新鲜的，是曹禺人生和文学探索的起点。

周冲只有 17 岁，出场时作者对他有这样的描述：“他身体很小，却有着大的心，也有着一切孩子似的空想。”②作为周家的二少爷，他接受了西方新思想和时代变革的信息，目睹过社会的不平等，感受到家庭的压抑气氛，稚嫩的心中怀有对现实的憎恶和不平，萌生了对真正的人类幸福的美好设想。周冲对社会有自己独立的思考和人道主义倾向，当他看到鲁大海作为工人代表因为闹罢工而被周朴园宣布“开除”的时候，正直地提出：“爸爸，这是不公平的。”而且他还大胆反驳父亲说：“我们这样享福，同他们争饭吃，是不对的。这不是时髦不时髦的事情。”这些话语显示了他对父辈和社会的叛逆。周冲喜欢四凤，是因为“她心地单纯，她懂得活着的快乐，她知道同情，她明白劳动有意义。最好的，她不是小姐堆里娇生惯养出来的人”③。反映出他对平等独立、纯朴自然的人生境界的向往。在四凤被迫离开周家后，周冲对她劝勉说：“不，你不是个平常的女人，你有力量，你能吃苦，我们都还年青，我们将来一定在这世界为着人类谋幸福。我恨这不平等的社会，我恨只讲强

① 朱栋霖：《情感的憧憬与发酵》，海天出版社 1999 年版，第 69 页。
② 曹禺：《雷雨》，《曹禺精选集》，北京燕山出版社 2006 年版，第 14 页。
③ 曹禺：《雷雨》，《曹禺精选集》，北京燕山出版社 2006 年版，第 25 页。

权的人。”①尽管他的理想还是抽象、模糊的，但已经包含了为自己和社会谋求幸福的强烈愿望。

《雷雨》在表现周冲的青春美梦时，很有意味的是在鲁家，周冲以“梦语”道出了他的希冀：

像是在一个冬天的早晨，非常明亮的天空，……在无边的海上，……我同你，我们可以飞，飞到一个真真干净快乐的地方，那里没有争执，没有虚伪，没有不平等……没有……②

也许是他模糊地感觉到自己的梦想实现的渺茫，将自己的幸福又寄希望于逃离。青春是盲目的，喜欢缩进自己的内心做着一厢情愿的美梦，每个青少年最终都要领受或多或少的幻灭。理想和现实之间的不调和，不断地冲击着青春的心灵，压抑与反压抑的撞击使青春常常处于苦闷、烦恼之中，有时还会造成精神的内伤。青年的理想又往往和自己的父辈和社会既定秩序是相背离的，周冲的时代是现代与传统断裂的时代，他的理想与以周朴园为代表的社会威权和现实生活发生了极大的矛盾，注定要遭受最惨痛的打击。

关于周冲，在《雷雨·序》里曹禺有如下的解释：“他不能了解自己，他更不能了解他的周围，一重重的幻念茧似地缚住了他，他看不清社会，他也看不清他所爱的人们。他犯着年轻人 Quixotic③病，有着一切青春发动期的青年对现实的隔离。他要现实的铁锤来一次一次地敲醒他的梦。”④

尤其不幸的是，在那么短的时间，周冲遭受了一次次锥心的失

---

① 曹禺：《雷雨》，《曹禺精选集》，北京燕山出版社 2006 年版，第 70 页。

② 曹禺：《雷雨》，《曹禺精选集》，北京燕山出版社 2006 年版，第 15 页。

③ Quixotic，英文，指不切实际的、慷慨助人的。

④ 曹禺：《〈雷雨〉序》，收入《曹禺精选集》，北京燕山出版社 2006 年版，第 112 页。

望："在喝药那一景，他才真正认识了父亲的威权笼罩下的家庭。在鲁贵家里，忍受着鲁大海的侮慢，他才发现，他和大海中间隔着一道不可填补的鸿沟。在末尾，繁漪唤他出来阻止四凤与周萍逃奔的时候，他才看出他的母亲全不是他想的那样。而四凤也不是……"①

这接连不断的发现让他困惑，他开始怀疑自己的梦想，他好像明白了自己对四凤的爱只是一个抽象的对"爱"的概念，自己对人生和社会的幻想只是个渺茫的梦。但最让他心痛的是："待到连他的母亲——那是17岁的孩子的梦里幻化得最聪慧而慈祥的母亲，也这样丑恶地为着情爱痉挛地喊叫，他才彻头彻尾地感觉到现实的粗恶，他不能再活下去，他被人攻下了最后的堡垒——青春期的儿子对母亲的那一点憧憬。于是，他整个的死了——他生活最宝贵的部分，那情感的激荡。"②这种青少年时期的理想幻灭的剧烈刺激是如此惨痛，会毁灭一个人的生命。所以，曹禺安排了周冲的死，并以此来表达和宣泄自己青少年时期曾遭受的理想幻灭的精神伤痛。周冲是剧中最无辜最美好的青春形象，他一直到最后仍然怀有对母亲、哥哥和四凤的关爱，并向四凤伸出了援助的手。曹禺用他的死亡揭示了世界的残酷，太多美好的青春理想在那个时代注定要遭受压制和毁灭，美好的周冲和他的理想被扼杀在成人世界的威权和罪孽里。

二、青春的堕落

《日出》中的陈白露是中国现代文学史上一个相当独特的青春

① 曹禺：《〈雷雨〉序》，收入《曹禺精选集》，北京燕山出版社2006年版，第112页。

② 曹禺：《〈雷雨〉序》，收入《曹禺精选集》，北京燕山出版社2006年版，第113页。

形象,既有丰富复杂的内蕴又有通体的矛盾。她是一个堕落了的交际花,“她的堕落是社会对青年女性压迫腐蚀和青春生命丧失进取心软弱沉沦的双重结果”①。学生时代的陈白露像周冲一样有着美好的梦想,她纯洁天真,喜欢春天、太阳,喜欢年轻,怀有“飞的欲念”和冲动。她也曾热烈真挚地与一位诗人相爱,那段短暂的时光是她一生中最美好的日子。但是她没有决心像她爱过的诗人那样为理想而斗争,不同的志趣使爱情变得越来越平淡和厌烦,他们终于分道扬镳。

青春的盲目和躁动使陈白露不甘于寂寞,她对未知的都市有着尝试和冒险的欲望。而当时的社会没有给陈白露这样的青春女性提供什么理想的出路,如果不走传统女性嫁人的老路,就只好进入那个繁华而糜烂的交际场所。陈白露以为凭借美貌和才华可以获得自由和骄傲,就带着梦想独身闯入现代大都市。多年的漂泊使她明白,在世上再也找不到她想要的理想和爱情了。

青春的生命力和欲望总是旺盛的,精神的空虚往往需要用物质享乐和虚荣放纵来填补,在交际花生涯中,陈白露陷入了极度的矛盾之中。她依然年轻,但她的青春是病态的,人格是分裂的。一方面,她憎厌生活圈子里的灵魂空虚和道德堕落,对自己的地位有着苦闷感和屈辱感;另一方面,她又留恋沉溺于灯红酒绿、纸醉金迷的生活方式,无法离开。这种心态和情绪表现出来就是:“眼神不时露出倦怠与厌恶;这种生活的倦怠是她那种漂泊人特有的性质。她爱生活,她也厌倦生活……”②

方达生的到来让陈白露终于明白,为了生存,自己已经不得不套上金钱的枷锁,成为大旅馆里公众的玩物,彻底地失去了自我。方达生一声“竹均”,让她回忆起了自己的少女时代,她才“猛然意

---

① 朱栋霖:《情感的憧憬与发酵》,海天出版社1999年版,第84页。

② 曹禺:《日出》,《曹禺精选集》,北京燕山出版社2006年版,第117页。

识到，自己已经很久不知‘春天为何物’了，她终于发现了另一种形态生命的枯萎，产生了幻灭感。于是，她的心灵深处，想起了‘归去’的呼唤……然而，无情的事实却是，她已经‘卖给这个地方’……除了‘死亡’，她再也没有别的归家之路”①。“小东西”的自杀，让陈白露彻底认清了自己的无力和未来的命运。她在极度的矛盾中无法自拔，带着巨大的失落感、厌倦感和绝望感结束了自己的青春生命。

曹禺曾说过，陈白露如果不是一个年轻人，在当时的状况下是不会自杀的。她还有未曾泯灭的纯洁天真的心灵，还在深深地眷恋着过往的青春梦想，内心一直想过理想的生活。现实无法给她这种希望，青春的生命已经枯萎，所以她下决心不再妥协，不再继续那种令她厌倦的屈辱生活，正是青春的决绝让她选择了死亡。从陈白露身上我们可以看到：青春热烈而躁动，冒险而盲目，天真而软弱，美丽而又残酷；社会生活的复杂混乱，时代的病态丑恶，使得青年人一旦失足堕入生活的泥潭，往往难以自拔，只能成为黑暗时代的殉葬品。曹禺以陈白露这个独特而复杂的人物形象，向我们展示了那个时代的青春女性在追求自由的路上堕落与毁灭的悲剧，令人同情而又发人深省。

三、青春的反叛

曹禺笔下的青春世界是丰富的，其中不乏青春的反叛，有两类青春反叛人物，给读者和观众留下了深刻的印象：一类是专制家庭中的青春反叛，另一类是乡土原野上的青春反叛。

1. 专制家庭中的青春反叛

周萍是《雷雨》中一个有着复杂内涵的人物形象，曹禺通过他

① 钱理群：《大小舞台之间》，浙江文艺出版社1994年版。

展示了一个富家子弟从对父亲的反叛到归顺于父权的心理过程，剧作中周萍的前后性格和行为变化比较大，从青春学的角度可以更深入地分析这一人物形象。

周萍的内心世界镌刻着早年的心理创伤，他与后母繁漪之间的乱伦行为，主要源于他对父亲强烈的仇视和反叛心理。周萍幼年即被周朴园送往乡下，随着年龄的增长和自我意识的觉醒，他因爱的缺失而不断积累起对父亲的怨恨甚至敌意。受“五四”时代反传统、反专制文化思潮的影响，青年一代对父辈专横压制的反抗也成为一种社会风潮，当周萍从学校回到家庭时，敏感的他处处感受到周朴园的专制与绝对权威，于是，早年的怨恨和现实的压抑使他对父亲的仇视感变得极为强烈。当然，从心理学上分析，周萍与繁漪的苟合也应该考虑到“恋母情结”这一因素。荣格在分析恋母情结的成因时，十分注重人的早年创伤经验的作用，他说：“子女要是被粗暴地与自己的母亲分开，这就可能导致一种持久的恋母情结，以作为失去了的母亲的补偿。”①弗洛伊德指出：由于男孩把母亲作为爱的对象，为了占有她，父亲自然成了他决意要排除的情敌，所以，在一个具有恋母情结的人身上，对母亲的爱和对父亲的恨往往是交织在一起的。周萍孩童时产生的对母爱的渴望在孤寂中愈来愈强烈，曹禺说：“他还有一个地方是渴的。”周萍不仅和同样受周朴园冷落和压制的繁漪相互有情感慰藉，繁漪的柔情还唤起周萍内心沉睡的“恋母”意识，这种“恋母”意识进一步促成了周萍反叛动机的发展，加上青春欲望的不可抗拒，乱伦事件随之发生。

那个时候周萍还充满着乡间带来的青春的蛮性：“他会贸然做出自己终身诅咒的事，而他的生活是不会有计划的……”②青春的蛮性是一种不可冒犯的原始生命活力，它具有自发性、盲目性和冲

---

① 霍尔：《荣格心理学入门》，三联书店 1987 年版，第 38 页。

② 曹禺：《雷雨》，《曹禺精选集》，北京燕山出版社 2006 年版，第 27 页。

动性等特点。青年人往往热血沸腾,面对充满压制和禁锢的社会传统和价值秩序,敢于傲视一切、颠覆一切,也敢于舍弃一切。周萍那句“愿他死,就是犯了灭伦的罪也干”的诅咒,反映了他当时不顾一切的青春冲动。也正因为是青春冲动,来得快也消失得快,周萍很快就悔恨了。他疏远繁漪,憎恶自己的行为,身心背负了沉重的罪恶感和恐惧感。这种罪恶感和恐惧感使得周萍走向了反叛的另一面,他开始归顺父亲甚至佩服父亲:“他的父亲在他的见闻里,除了一点倔强冷酷——但这个也是他喜欢的,因为这两种性格他都没有——是一个无瑕的男子。”①周萍宣称:“父亲是个好人,父亲一生是有道德的。”他对父亲不再有恨,说:“我自己还承认我是我父亲的儿子。”他甚至不知不觉地在以父亲自居,他对繁漪说:“你现在不像明白人,你上楼睡觉去吧。”为了维护“父亲”代表的社会秩序,周萍还“走到大海面前,重重地打他两个嘴巴”。

周萍的这种青春心理和行为上的逆转,按照弗洛伊德的看法,属于“俄狄浦斯情结”的正常命运,他在《陀思妥耶夫斯基与弑父者》一文中写道:“男孩子与他父亲的关系,正如我们所说,是一个‘矛盾’的关系,除了企图去掉作为对手的父亲之外,对他的某种程度上的温情,一般也是存在的。这两种精神状态结合起来,产生了以父亲自居的心理;男孩子想要处在父亲的地位上,是因为他羡慕父亲,希望能像他父亲一样。”但是现实生活中的父亲总是具有绝对支配地位,青少年被忽视和压制,就产生了逆反心理,可以称作“弑父冲动”。经过某个时期之后,那种“弑父冲动”又会形成罪恶感,从而放弃反叛,回归温顺和服从,对此问题弗洛伊德有如下解释:“在某一时候,孩子开始领会,由于除掉作为竞争对手的父亲的企图将会被父亲用阉割对他进行惩罚。这样,由于对阉割的恐惧——就是说,保持他的男性特征,他便放弃了占有他母亲和除掉

① 曹禺:《雷雨》,《曹禺精选集》,北京燕山出版社2006年版,第27页。

他父亲的念头。这个意念留存于无意识之中,形成了罪恶感的基础。"①周萍因为怕自己的乱伦行为被揭露,从而遭到社会秩序的惩罚和谴责,所以"理智冷回来的时候,他更刻毒地悔恨自己,更深地觉得这是反人性,一切的犯了罪的痛苦都牵到自己身上"。在负罪心理的驱使下,正值青春年华的周萍愈来愈变成性格矛盾并近于病态的人,他"既好内省而又冲动","乍一看,有时会令人觉得他有些憨气的,但是一种可以炼钢熔铁,火炽的,不成形的原始人生活中所有的那种蛮力,也就因为郁闷,长久离开了空气的原因,成为怀疑的,怯弱的,莫名其妙的了……四凤不能了解也不能安慰他的疚伤的时候,便不自主地纵于酒,于热烈地狂歌,于一切外面的刺激之中。于是他精神颓衰,永远成了不安定的神情"②。一旦想到要面对父亲及其身后的文明秩序,他就变得卑怯而软弱,总要遮掩自己曾有的行为,他在强烈的悔恨和深深的恐惧中,在消沉的境地里,急于抓住四凤这个能拯救他的青春女子,同时背弃了繁漪,充分暴露了他的卑怯自私和懦弱无能。周萍在自杀之前,他身上那种青春热情和自我个性已经消泯,作为一个青春自由的生命,他已经死亡。周萍是曹禺剧作中一个曾经激烈反叛的青年,由于反叛的盲目性以及自身性格的软弱,他的青春反叛因畏惧而妥协,因妥协而失败。周萍对父亲的反叛失败了,他最后以自杀的方式结束生命,仿佛是对命运的一次报复性"反叛",令人感到震撼。

2. 乡村原野上的青春反叛

相对于周萍,《原野》里的花金子这个年轻的乡野女性的反叛却更为成功与彻底。金子面对的是更为严酷的封建势力和黑暗现实。她被焦阎王押到焦家做儿媳,从进门就没被当作人看,而是遭

① 张唤民、陈伟奇译:《弗洛伊德论美文选》,知识出版社 1987 年版,第 155 页。

② 曹禺:《雷雨》,《曹禺精选集》,北京燕山出版社 2006 年版,第 26~27 页。

到焦母的肆意凌虐、禁锢。焦母反感大星对金子好，骂金子是狐狸精，处处提防她，挑拨儿子焦大星和金子的关系，甚至用巫术加害于金子。而焦大星善良而懦弱，显出的女子气和孩子气让金子只能觉得厌气、苦闷。但金子丰沛的青春生命并没有被苦闷的生活窒息，反而更加蓬勃，甚至越发强悍，越发显出了原始蛮性，无时不在想要反叛。她的性格核心是"野"，野地出生，野地长大，妖媚中闪着泼野，生命里有强烈的求生存、求自由、求激情的欲望，那正是她青春生命力的体现。金子几乎是本能地渴求富有激情的生活，她清醒"一个人活着就是一次"，要好好地活，而"在焦家，我是死了的"。金子对焦母的反叛，实质上是青春生命对自我独立、个人价值的追求，也是青春生命与扼杀自由意志的封建专制文化的对峙。

金子年轻泼辣、美丽聪明，生命力极其旺盛。她恨焦母，就利用自己的魅力来驾驭大星，一有机会就对焦母进行抗争。在那场"掉河救谁"的戏中，金子硬逼大星说出"淹死我妈"的诅咒，反映了她积蓄已久强烈的反抗心理。这口头上的诅咒是金子长期备受压抑憋在心里的强烈愿望，只求"听着痛快"，释放出受压抑的情绪。仇虎出现后，他那旺盛强健的生命活力、粗野奔放的雄浑性格，以及他所带来的理想世界的信息，唤醒了金子青春生命的激情。她爱上了仇虎，热烈而疯狂；仇虎也使她重新认识到自己是个人——一个真正的女人。曹禺对金子与仇虎捡花那场戏这样赞叹："这一对被情欲燃烧得几乎疯狂的男女，竟会爱得如此痛苦，情人间如仇敌般互相折磨，在对方'筋肉的抽动'中享受着爱的快感，在丑的变形中发现美的极致。"①曹禺剧作中，只有在仇虎与金子的关系中，才充分表达了作者对青春情爱的热烈讴歌。

金子本是具有强烈自由意志、个性张扬、处事决断的青春野性

① 钱理群等：《中国现代文学三十年》（修订本），北京大学出版社1998年版，第417页。

女子,在青春爱情和理想的激发下,她显示了敢爱敢恨又敢作敢当的无畏个性。作为乡野女子,她是能够自立的,经济的压力不足以对她的生存构成威胁;伦理道德方面,她为追求自由和爱情甘愿触犯罪孽禁忌,根本不怕伦理道德的谴责,丝毫没有什么负罪感;她不怕牺牲,不顾惜一切愿意跟仇虎到任何地方去。自然野性的青春生命是善良、干净和美好的,她没有仇虎的负罪感,她的一切都是坦荡率真的。她对仇虎的劝解表明她有清醒而坦白的思想,她只知道自己没有恶念,有的只是生的愿望,青春的热情,她的反叛与追求是正当合理的。《原野》的最后,曹禺为她安排一条生路,这正表达了作者对花金子青春生命的热情礼赞。相对于软弱的周萍和脆弱的陈白露,原野上的花金子凭着旺盛热烈的青春生命以及自然健康的野性精神,坚定无畏地把反叛进行到底。她义无反顾地走向自己心中的理想国,追求自由热烈的“真人”的生活,成为曹禺早期剧作中形象最饱满、性格最亮丽的青春女性形象。

四、青春的复仇

曹禺笔下的青春世界还包括一些复仇的人物形象,复仇是受害者的报复行为,是反抗的一种极端形式。曹禺笔下的青春世界里,有两个复仇者引人注目,成为曹禺剧作中的主要人物,这就是《原野》中的仇虎和《雷雨》中的繁漪。

1. 原始蛮力的青春复仇

仇虎是有着充沛野性生命的青春形象,又是黑暗时代受严酷压迫的年轻人的代表,他的青春是被极度摧残的。然而正是这种压迫,使仇虎成为最富蛮性力量的人物。因为在冲破压迫的过程中,处于弱势地位的人往往表现出惊人的力量,饱含着生命的原始动力,能够不顾一切冲破理性的束缚,去寻求自由,去复仇、去抗争。钱理群先生感叹道:“‘生命的蛮性’与‘复仇’的命题,现在在

‘原野’里，终于得到了淋漓尽致的发挥。”①年轻仇虎的胸中是血海深仇：恶霸地主焦阎王占了他家的地，害了他们一家人：活埋了他的父亲仇荣，卖了他的妹妹，烧了他们的房子，把他送进监牢，并叫人打瘸了他的腿。他在狱中整整苦熬了八年，逃出来时已变得不像一个人：“那绕着他的，苍莽的原野，狰狞恐怖。头发像乱麻，硕大无比的怪脸，眉毛垂下来，眼烧着仇恨的火。……筋肉暴突，腿是两根铁柱。……他眼里闪出是个刚从地狱里逃出来的人。”②他的脚踝上还有难以挣断的铁镣，心中郁积着强烈的仇恨。他的青春被囚禁和摧残了八年，没有自由，没有尊严，只有身上心里的伤痕和满腔的仇恨，他的机敏和野性也化作狡恶与凶狠了，青春的生命力对他来说只是郁积太久的复仇激情。

花金子的自由率真和热情美好使他焕发了青春和真爱，从他和金子互相调情试探中可以看出，他渴望心灵的爱恋，开始有了对自由理想生活的热切向往。仇虎由外表的丑变成了一种“代表着真人的渴望”，蕴涵着对自然人性美的向往。仇虎的复仇原本是求一个公道，是正义合理的，但他发现复仇对象焦阎王竟然已经死了。仇虎背负着父仇子报、父罪子代的传统观念，要杀掉阎王的子孙。杀人前他是踌躇的，金子劝他放过焦大星，他动摇过，徘徊过。他连续三次痛苦地说：“他是阎王的儿子。”激荡太久的仇恨使仇虎无法停下疯狂杀戮的念头。人的原始生命强力一旦受到束缚和桎梏，往往要爆发残酷的冲突和流血，甚至以死亡为代价，尤其是在青春时期。

悲剧无可避免。仇虎杀了无辜的焦大星并借焦母之手杀了小黑子。当仇虎在黑林子里奔逃时，焦母的叫魂，良心的谴责，使其

① 钱理群等：《中国现代文学三十年》（修订本），北京大学出版社 1998 年版，第 417 页。

② 曹禺：《原野》，《曹禺精选集》，北京燕山出版社 2006 年版，第 236 页。

陷入极大的恐惧之中。宗教里的天地鬼神构成了他内在的“心狱”,加上侦缉队的追捕,仇虎无法从黑林子里突围。被希望、追忆、恐怖、愤恨纠缠着,他变得异常不安,左冲右突无法摆脱。在最后时刻,彻底绝望的仇虎终于绕到“心狱”的边缘,似乎觑破神秘的鬼神世界的奥秘——“好,好,阎王!阎王!原来就是你!你就是你们!我们活着受尽了你们的苦,死了,你们还想出这么个地方来骗我们。”①仇虎再不愿意顺从被囚禁和奴役的命运,他已经“逃够了”,果决地选择了死亡。在曹禺笔下,那种极原始也极蛮荒的野性之力,既表现为金子顽强求生的本能,又表现为仇虎慷慨求死的决绝。仇虎以青春生命的牺牲张扬了对不公道世界的背叛和复仇精神,留下了对自由永远的憧憬。

2.“雷雨”式的野性复仇

曹禺剧作中另一个复仇者是繁漪,这是一个在封建家庭中青春生命被极度压抑的上层女性形象。当她得到了周萍的爱情时,青春自我被唤醒,热情被点燃。但这种乱伦情感很快遭到背叛,人格遭受侮辱,青春复活如昙花一现。在愤懑和绝望中她疯狂地向冷酷虚伪的世界复仇,终于演成《雷雨》中那一道最惨白而炫目的闪电。

繁漪是这样出现在读者面前的:“她像秋天傍晚的树叶轻轻落在你的身旁,她的生命的夏天已经过去,生命的晚霞早暗淡下来了,她的内心却是一片浇不息的火。”②因为遭受长期的压抑和失望,她面容上写着太多的忧郁、痛苦与怨愤,而内心却时刻藏有对青春复活的渴望。旧礼教旧道德迫使繁漪跟一个她根本不爱的男人结成夫妻,周朴园的封建家长秩序禁绝着正常合理的思想和行为,扼杀着自然鲜活的青春个性,在周公馆的 18 年里,她渐渐地磨

① 曹禺:《原野》,《曹禺精选集》,北京燕山出版社 2006 年版,第 337 页。
② 曹禺:《原野》,《曹禺精选集》,北京燕山出版社 2006 年版,第 19 页。

成了"石头样的死人","活着像死去一样"。而在周朴园逼迫她喝药那一场,我们看到封建家长那张极端冷酷专横的面孔,也看到了一个渴求自由却备受压抑得快要爆炸的灵魂。她对周萍说:"我希望你明白方才的情形,这不是一天的事情。"青春生命和情感的压抑使她感到令人窒息的苦闷与痛楚,曹禺说:"这类的女人多有美丽的心灵,然为着不正常的发展,和环境的窒息,她们变为乖戾……这样抑郁终生,呼吸不着一口自由空气的女人在我们这个现实社会里不知有多少吧。"①在封建父权夫权专制下个性被禁锢、青春被压抑是封建家庭女性必然的命运,繁漪的悲哀是那个时代普遍的悲哀。

但繁漪本性是热爱自由的有个性的女子,她有"更原始的一点野性"。她说:"人家说一句我就要听一句,那是违背我的本性的。"她要做一个"真正活着的女人","要一个男人真爱她"。她遇到了周萍,萌发的情爱使她感到自我的苏醒和青春的复活。为了得到"真爱",她情愿过着"妻子不像妻子,情妇不像情妇"的屈辱生活,把自己的一切都交给了周萍。"她满蓄着被压抑的'力'","她有火炽的热情,一颗强悍的心,她敢冲破一切的桎梏。"②被压抑的青春能量一旦得到释放,就爆发出强大的热情和力量,无畏于反抗理性的规范。

尽管繁漪的情感遭到周萍的背叛,但她并不后退。她的青春生命一旦复活,就不想再度昏睡下去,她呼喊着"我的心,我这个人还是我的"。她看透了周朴园的伪君子面孔,也深知"周家的空气满是罪恶",极度鄙视周家父子的怯懦与卑劣,对平庸衰朽的社会传统秩序嗤之以鼻。然而,无论繁漪如何地威逼、劝诱、乞求周萍,结果都是徒劳。复活的青春生命又要归于枯萎死寂,她绝望了。

---

①② 曹禺:《〈雷雨〉序》,见《曹禺精选集》,北京燕山出版社2006年版,第112页。

但她绝不想再回去，带着屈辱过苦闷得窒息的日子，她这样说："热极了，闷极了，这儿真是再也不能住的。我希望我今天变成火山的口，热烈烈地冒一次，什么我都烧个干净，那时我就再掉进冰川里，冻成死灰，一生只热热地烧一次，也就算够了。"①复仇之火与爱情之火同时燃烧，使得繁漪由爱变成恨，由倔强、果敢变成阴鸷、疯狂。她的行为失去任何节制，完全为自己"火炽的热情"所左右："她什么也看不见，她就看见热情；热情到了无可寄托之际，便做成自己的顽石，一跤绊了过去。"她从楼上叫出周朴园，公开了自己和周萍的秘密，残酷地要把周萍和四凤的爱情置于死地。这是一种"予及汝偕亡"的绝望的反抗，她决绝地要么以生命的大欢乐来彻底解放自己，要么以生命的大毁灭将自己彻底沉沦，其中不变的仍然是青春的热烈与决绝，这是繁漪这一形象震撼人心的魅力所在。

五、青春的悲哀

曹禺笔下的青春世界是丰富多彩的，既有堕落者、反叛者、复仇者，还有与青春无缘的生命"早衰者"，在生命"早衰者"人物身上，作者让人们感叹青春的悲哀。《北京人》中的曾文清就是一个生命"早衰者"。

曾文清是生长在中国封建士大夫家庭的大少爷，生性聪颖，心地淳厚，言谈风趣，举止文雅，有着"诗人也难得有的这般清俊飘逸的骨相"，表面看是非常美好的形象。而再看他的精神状态，却是"活得是那般无能力，无魂魄，终日像落掉了什么。种种对生活的厌倦和失望甚至使他懒于宣泄心中的苦痛。懒到他不想感觉自己

---

① 曹禺：《〈雷雨〉序》，见《曹禺精选集》，北京燕山出版社 2006 年版，第 41 页。

还有感觉，懒到能使一个有眼的人，看得穿：'这只是一个生命的空壳。'"①才不过36岁的他，生命已经与青春绝缘，一个懒字，极度的懒，说明了他只是一个按照惯性活着的空壳。曾文清的青春过早衰竭，和他的所接受的封建礼教、生活方式，士大夫情趣的熏陶有最主要的关系。

曾文清的婚姻是不幸的，面对曾思懿日常生活中对他的咄咄逼迫，他连爆发一下的勇气都没有，只是顺从地屈服于她的淫威。虽然他和愫方灵魂同声同气，但"爱也不敢爱，恨也不敢恨，哭也不敢哭，喊也不敢喊"，只是藏在心里，因为所受的封建礼教影响，使他绝不敢以区区男女爱情去对抗婚姻。他"沉默地接受这难以挽回的不幸，在无聊的岁月中全是黑暗同龃龉，想得到一线真正的幸福而不可能。一年年忍哀耐痛地打发着这渺茫无限的寂寞日子，以至于最后他索性自暴自弃，怯弱地沉溺在一种不良的嗜好里来摧毁自己"②。由怯懦而灰心，压抑着对真爱的渴望，进而懒于做任何的努力，他已经丧失青春的激情。眼看着儿子儿媳又重蹈自己的覆辙，也只是同情，从没有替他们考虑过如何摆脱。封建礼教禁锢了他的思想，也直接戕害了他的青春生命。

在苦闷中曾文清越来越麻木，所有的慰藉只有他的富有士大夫情趣的生活方式。他生活在图画般的北平的悠闲岁月中："春天放风筝，夏夜游北海，秋天逛西山看红叶，冬天早晨在霁雪时的窗下作画。寂寞时徘徊赋诗，心境恬淡时独坐品茗……"③悠闲的北平、精致过熟的士大夫情趣把他"陶冶"成了无用的废物，日日满足得意于熟稔精致的物件和艺术的消遣，永远处于一种恍惚懒散的

①③ 曹禺：《北京人》，《曹禺全集》（第二卷），花山文艺出版社1996年版，第383页。

② 曹禺：《北京人》，《曹禺全集》（第二卷），花山文艺出版社1996年版，第384页。

精神状态，却绝少有对新事物的兴趣，绝不想到粗恶的外界去寻求什么。他“再也出不了门，做不得事，只会在家里抽两口烟，喝会子茶，玩玩鸽子，画画画，恍惚了这辈子。”面对家道衰落，他根本无力承担守成的责任。只有当父亲跪在他面前，才被迫出去转了一转，发现外面的那个世界比他厌恶的家庭更难安身。从小娇生惯养的生活使他认同了寄生的生活方式，他没有独立生活和实干的能力，也没有克服困难的意志，无力搏击外面的风浪。多年来封建思想信条的捆绑和窒息，早已使他失去了人生的目标和对理想的追求。他无从产生新的想法，更不会尝试新的事情，他也缺少青壮年应有的冲劲和勇气，他更适应不了新的时代。他苟且地过着他寄生腐烂的士大夫生活，一日日重复，一直到无以为继的地步。

曾文清生命的早衰是由封建士大夫文化一手造成的，正如曹禺的充满痛惜的戏谑：“一向是曾家的婴儿们仿佛生下来就该长满了胡须，迈着四方步的。”①“这是一个士大夫家庭的子弟，染受了过度的腐烂的北平士大夫文化的结果。他一半成了精神上的瘫痪。”②他离家不久，就被倦怠和绝望、无意识的强大心理惰性、熟稔的文化习性驱使回来了。愫芳冷峻的一语“因为他已经不会飞了”像一道强烈的闪电，照出了他的枯萎生命的本相，他难以忍受下去，吞了鸦片。但曾文清的自杀并不导向反抗，甚至不如陈白露，而是缘于青春心灵的完全瘫痪，终于失去了继续生存的勇气和尊严，再也无力面对生活的痛楚和新的挑战，他的生命就在烟灯下伴随着升腾的烟雾消逝。

曾文清生命的早衰难免让人感到青春的悲哀，但这不是曹禺

① 曹禺：《北京人》，《曹禺全集》（第二卷），花山文艺出版社 1996 年版，第 390 页。

② 曹禺：《北京人》，《曹禺全集》（第二卷），花山文艺出版社 1996 年版，第 383 页。

的目的，曹禺在否定了生命早衰的曾文清之后，又揭示了新的希望，塑造了新一代北京人，代表人物就是袁园。袁园没有任何衰朽传统和理性文明的负累和压制，“她活脱脱像一个莫名其妙的娃娃。但她一切都来得自然简单，率直爽朗，无论如何顽皮，绝无一丝不快的造作之感”①。她又像一个原始人，“持弓挟矢，光腿赤脚，半裸着上身，披起原来铺在地上的虎皮，在地板上扮起日常父亲描述得活灵活现的猿人模样。”②总之她的一切都那么自然健康，充满青春的率真和活力，也许，这就是曹禺一直到晚年心中依然最向往的青春形象。

小　结

曹禺笔下的青春世界是丰富多彩的，寄寓着作者沉痛的思考和美好的希望。曹禺的创作是以他青春的生命写就的：执著美好的青春理想使剧作展示了对人生与社会的不倦探索；炽热浓烈的青春创作激情给剧作带来了强烈的感情色彩；敏锐深入的青春思考使剧作呈现深邃阔大的哲理境界。曹禺剧作中的青春深深镌刻着那个特殊时代的烙印，同时又是诗意隽永的，可以超越时空咀嚼不尽的。他向人们展示了青春的热烈、自由与美好、理想和希望；也展示了青春的盲目和脆弱，甚至青春的疯狂和残酷。他以一幕幕青春悲剧愤怒控诉时代造成的对青春的压抑、扭曲和毁灭，又以主人公们从未止息的追求和抗争来热情讴歌青春的无限美好，带给我们一次次关于青春的震撼和感动。

---

①② 曹禺：《北京人》，《曹禺全集》（第二卷），花山文艺出版社 1996 年版，第 393 页。

第五章　破碎的青春　“恐惧”的内心

——张爱玲创作心理探析

雨果说过:“世界上最广阔的是海洋;比海洋更广阔的是天空;比天空更广阔的是人的心胸。”相对于外部世界,人的无限丰富的内心世界本身就构成一个内在宇宙,而作家、艺术家的内心世界尤其丰富和复杂。作家、艺术家们的心理世界一方面连接着他们的艺术世界,一方面连接着他们的现实人生世界。因此,对他们心理世界的分析研究,不失为走近作家和把握文本的有效途径。本文旨在通过对张爱玲笔下一系列“破碎的青春”形象的分析以及作者心理世界中的“恐惧”情结的探析,把张爱玲的艺术世界和现实人生世界联系起来,从而在更深层次上解读“张爱玲世界”。

一、破碎的青春世界

似乎很难把张爱玲与“青春”二字联系起来,因为张爱玲对世俗人生看得太透了,她笔下那些人物即便年纪轻轻也大都城府颇深,至于机关算尽、钩心斗角的混事老手和内心阴暗、外表冷漠的变态人物在其作品中并不少见。张爱玲笔下的人物似乎没有经过清纯可爱的青春阶段就跨入到喧嚣纷扰的成人社会。其实,张爱玲写得最多的是“没有青春的青春”和“没有爱情的爱情”。[1] 从青春的视角看,“没有青春的青春”是可悲的,破碎的青春也是青春世界的一个侧面。张爱玲为人们提供的往往是病态的青春形象,他(她)们有的是破碎的青春世界。透过这个破碎的青春世界,或许更有利于我们探析张爱玲的创作心理。下面我们通过对一些重要文本的分析,透视张爱玲笔下破碎的青春世界,进而认识内心“恐惧”怎样影响到人物形象的性格及行为。

文本之一:《倾城之恋》女主人公白流苏离婚后回到娘家,然而娘家已不复是她的庇护所,兄弟花光她的积蓄后便不再容她。三十岁的白流苏只好重施粉黛,从破残的青春中寻找一些美丽,以全力捕捉自己的另一次婚姻。她遇到了范柳原,希望从他那里得到赖以维持淑女身份的金钱和名分。但范柳原是一个空虚的花花公子,他虽然喜欢白流苏,却无意娶她为妻。一个要嫁,一个不娶,两人各怀心机,于是展开了一场文雅、风流而又机巧的“上等调情”。最后,正当居于下风的白流苏甘愿认输做范柳原情妇时,香港的陷落成就了她的心愿,她成为梦寐以求的范太太。兵荒马乱的年代,相濡以沫的情感,在一刹那间促成了两个恋人之间的彻底谅解。张爱玲的作品中有那么多不圆满的结局,《倾城之恋》中的白流苏算是遂了心愿的一个幸运者,尽管如此,恐惧感还是笼罩着主人公的心理,甚至弥漫了整部作品。范柳原不愿结婚又害怕孤独,所以只想找个情妇,他不愿结婚是对结婚责任和失去自由的恐惧,找情妇则是对孤独的恐惧。而一心想结婚的白流苏恰恰恐惧的是范柳原不负责任,游戏爱情。于是,两个心存恐惧的人真真假假,进进退退,机关算尽还是不冷不热。是一座名城的陷落成就了他们,是战乱成就了他们。从心理学上分析,在两种心理刺激面前,较

---

[1] 台湾女作家平路认为,张爱玲写的并不是情爱,她写得最多的是“没有爱情的爱情”,刚好不是“鸳鸯蝴蝶派”。

强的刺激总是压倒较弱的刺激，甚至忽略较弱的刺激，这是很简单的道理。就《倾城之恋》而言，是外部社会的战争恐惧压倒了个人内心的恐惧，促成了他们的婚姻。个体的生命在兵荒马乱的炮火声中何其脆弱和渺小，跟战争所带来的生命恐怖比较起来，个人内心那种患得患失的恐惧则不在话下了，于是他们不约而同地选择了结婚。倾城之"恋"，也是倾城之"恐惧"，二者在张爱玲的笔下浑然融为一体。"恐惧感"，既是构成人物性格的重要因素，又是推进情节发展的重要依据，还作为一种氛围，弥漫了整部作品。

文本之二：《金锁记》中的曹七巧是中国小说中少见的具有变态人格的女性形象。她本是麻油店小老板的女儿，素有"麻油西施"之称。哥嫂为了贪图钱财，把她嫁给了姜公馆里生有痨病的二少爷。曹七巧虽然恨哥嫂，但自己也不无为金钱而舍身的意向。后来二少爷死后，获得了金钱支配权的曹七巧产生了变态心理，她把金钱作为报复命运的利器，举起"黄金的枷角"狠狠劈向身边的人，吓跑情人，毒杀媳妇，离间女儿的爱情。曹七巧为金钱卖掉了自己的一生，如此得来的金钱，在曹七巧的心中便具有了非同寻常的价值。她害怕任何人夺去她的金钱，甚至对哥嫂家的小孩子也放心不下，更遑论姜家的各色人物了。因此，小叔子姜季泽在曹七巧面前略表爱意也就遭到了她的断然呵斥。此时的曹七巧可以说害上了金钱恐惧症。另一方面，人的自然情欲又不是能够轻易摆脱掉的，曹七巧所用的办法便是压抑，因为压抑欲望而产生了种种变态心理和变态行为。在金钱恐惧的背后，对自然欲望的压抑成了曹七巧更为内在的恐惧。恐惧愈深，变态也就越发厉害起来。金钱恐惧和欲望恐惧形成一种紧张的矛盾，吞噬着曹七巧的心灵。在此意义上曹七巧是恐惧症的患者和第一受害人，那把金锁，锁住的是青春和生命欲望，锁不住的则是内心深深的恐惧。

文本之三：《红玫瑰与白玫瑰》主人公佟振保被张爱玲描述为

“一个最合理想的中国现代人物”,他是留学归来的工程师,工作认真,凭本事打天下。一方面,他具有中国传统知识分子仁义礼智信的典范美德,另一方面,欧风美雨的熏陶也使得他风流多情,经不住朋友太太王娇蕊的诱惑,陷入了婚外恋的漩涡之中。在传统道德和本能欲望的交锋中,佟振保陷入了人格分裂,最终成为一个具有双重性格的人物。当王娇蕊真的爱上他并不顾一切要嫁给她时,佟振保却选择了放弃,因为他明白这会危及他的社会地位和名誉。佟振保不是不爱他的红玫瑰王娇蕊,他之所以忍痛割爱,陷入人格分裂,主要是由于道德恐惧。道德恐惧造成了佟振保在“好人”与“真人”之间艰难地挣扎,挣扎的结果是一个男人的“精神”阳痿。不唯《红玫瑰与白玫瑰》中的佟振保,由于道德恐惧而造成的“精神”阳痿者,在中国现当代文学史上简直可以排出一长串人物形象系列表。张爱玲所涉及的道德恐惧及“精神”阳痿问题触及了中国文化在西方文化冲击下的困境问题,佟振保这一人物形象就具有了相当的历史感和文化内涵。

文本之四:《沉香屑　第一炉香》中的葛薇龙是一个极普通的上海女孩,为了继续留在香港读书,她来到香港的姑妈梁太太家,被这个“小型慈禧太后”所网罗,拖进了滥情的交际圈,做了风流成性的梁太太的“肉饵”,只得既给姑妈搞钱,又给姑妈搞人。一个追求上进的女孩子变成了堕落的交际花,葛薇龙的生命是悲哀的,她不仅要出卖自己的肉体,还要出卖自己的灵魂。葛薇龙初登梁太太宅门,潜意识里就有一种对未来生活方式的恐惧感,但她自信可以“出淤泥而不染”,于是,怀着恐惧感一步步往深处走去,直至落入泥淖不能自拔。葛薇龙堕落至深的时候,她的那点恐惧感也消失殆尽了。另一方面,那个“小型慈禧太后”梁太太之所以要尽种种卑劣而可笑的手腕不断勾引和笼络男人,那种因年老色衰终将被男人抛弃的内心恐惧感,应该是其心理和行为变态的原因之一吧。正是唯恐失宠于她的新老情夫们,她才竟至于以侄女做“肉饵”,老“妇”聊发少年狂,主动出击猎取男色。可见,葛薇龙和梁太太都有各自的内心恐惧,葛薇龙因克服了堕落的恐惧而深深地堕落,梁太太则因无法克服的失宠恐惧而拼命发泄情欲。在繁华而热闹的香港大都市里,在豪华而淫糜的梁家大院内,女人内心深处的恐惧构成了第一炉香的故事内容。

其他文本:《沉香屑 第二炉香》的故事发生在华洋杂处的社会之中。罗杰·安白登是一个在香港大学教书的外国人,他满怀着爱心迎娶纯洁的中国少女愫细为妻。新婚之夜的新娘子由于缺乏最基本的性知识,产生了性恐惧,无法理解丈夫在新婚之夜的正常行为,竟然半夜仓皇出逃,闹得满城风雨,几乎所有的人都把罗杰·安白登当作“色情狂”、“心理变态”和“神经病患者”。罗杰·安白登有口难辩,最后在世人的冷眼中含恨自杀。对性欲的恐惧导致了对性爱的无知,对性爱的无知才导致了荒唐可笑的心理和行为。而导演这一悲剧的正是愫细的母亲禁欲主义式的“家教”。《心经》中的许小寒是一个具有“恋父嫉母”情结的少女。她小时候崇拜父亲的高大完美,长大后变崇拜为爱恋。这一病态的爱情不仅毁掉了父母之间的爱,也使她无法接受任何一份健康的爱情。做父亲的徐峰仪是一个事业成功、有身份有地位的男人,一旦陷入这种畸形的情感,内心也充满矛盾和痛苦。徐峰仪和许小寒的最大的恐惧就是乱伦恐惧,这种拂之不去的恐惧扭曲了他们的心灵,吞噬着它们的灵魂。

通过以上分析我们发现,在张爱玲笔下的青春世界里,其主人公尤其是女主人公的内心总是充满各种各样的恐惧感,这种恐惧感像影子一样与其主人公须臾不离。在张爱玲的作品中,恐惧感有时是人物行动的内在动机,推动故事情节的进展,有时则是悲剧发生的深层原因,引起读者进一步沉思。有时,在算不上悲剧的作品中,主人公内心依然有着拂之不去的恐惧感。已经有不少评论家注意到了张爱玲独特的艺术世界里的荒凉底色和死亡般的颓废。例如，评论家唐文标在《一级一级走进没有光的世界》一文中称，张爱玲的小说里“横亘着一个背景世界”，“在我们逐渐接近这个世界的过程中，我们发现了这世界的内涵荒凉，充满了黑幕的烟灰，以及人物的灰色，到一个死的世界”①。评论家宋家宏认为，荒凉，在张爱玲的小说中成为一种背景，浸染着每一个人，每一种关系。宋家宏有一本关于张爱玲的书，题目就是《走进荒凉——张爱玲的精神家园》。但他们都没有进一步探索那种荒凉底色和死亡般颓废的形成原因，不能不说是一种遗憾。张爱玲本人也说：“如果我最常用的字是‘荒凉’，那是因为思想背景里有惘惘的威胁。”②她自己也没有对那种“惘惘的威胁”多加解释，其实她本人也未必能解释清楚。

笔者认为，张爱玲作品里那种荒凉虚无的底色，正是源于其思想背景里有“惘惘的威胁”；那种“惘惘的威胁”即是其心理世界中的恐惧感在作祟。恐惧感作为张爱玲作品的一条隐形底线，又进一步引领读者，去感悟主人公们那苍凉虚无的人生底蕴。张爱玲作品里的这条隐形底线未必是其有意的设置，在更多的情形下可能是其不经意的自然流露，或者说是其“恐惧”无意识的艺术升华。因此，从“恐惧”情结入手，不失为进入神秘的张爱玲世界的一把钥匙。

二、内心“恐惧”情结的成因

“情结”作为情感深处的病灶和症结，是隐隐中存在的感情魔障，又是作家艺术家创作的灵感和动力的源泉。情结一经形成，就

---

① 唐文标：《一级一级走进没有光的世界》，参见今冶主编：《张迷世界》，花城出版社 2001 年版，第 288 页。

② 张爱玲：《〈传奇〉· 再版序》，《张爱玲文集》（第 4 卷），安徽文艺出版社 1992 年版，第 135 页。

在感情上心理上凝成一种内驱力：消极的一面成为精神障碍，从而使人陷入精神分裂的状态；积极的一面则成为执著、缠绵、迷狂、沉浸、陶醉、痴情等“残酷的激情”（荣格语），这种力量是强大的、热烈的、持久的、深沉的，用之于创作，是一种难以消磨的一往直前的内在动力。调查表明，作家艺术家一般都有某种情结，如“童年苦难”情结、“青春”情结、“孤独”情结、“恐惧”情结、“爱情”情结等；作家艺术家情结的强度、明晰度、作用力都高于常人；他们的情结大都转化为创作心理的一部分，外化于、寄托于作品，从而在作品里得到升华。——当然，如何将精神分析学、文艺心理学有关理论运用于分析、把握具体作家创作中的心理状态，是较为复杂的事情。但是，这并不等于说作家的心理奥秘“羚羊挂角，无迹可求”，因为它毕竟不是空穴来风。一方面，有关作家生平事迹的资料能给我们提供一些作家外在的客观生存环境方面的佐证；另一方面，就作家主体生理机制而言，既然创作心理和情结常常外化于寄托于作品，那就有可能在作品里找到蛛丝马迹，使我们在阐释作品之时获得一种可供参考的思维向度和思维空间。

张爱玲心理世界中的“恐惧”情结是比较复杂的，童年、少年时代主要有“家庭”恐惧和“战争”恐惧。“家庭”恐惧又可分为“父亲”恐惧、“禁闭”恐惧、“死亡”恐惧和“继母”恐惧，当然，它们之间有着密切联系，很难截然区分。

在张爱玲的记忆深处有关于“家”的梦魇和关于父母的阴影。在她著名的散文《私语》中，有一些解读她的线索。她说童年的经历是“下意识的一部分背景”，是“不必去想，永远在那里的”。出身名门的张爱玲曾受高贵典雅的大家庭氛围的熏陶，三岁即能诵读唐诗，七岁时尝试过写小说，早慧的张爱玲做着浪漫的天才梦。但是随着父母的离异，她的童年分离为两个世界：母亲的世界——洋派、光明、温暖而富足；父亲的世界——腐朽、黑暗、冷漠而死寂。张爱玲十岁时父母正式离异，张爱玲随父亲生活，三年后父亲再婚。性格暴躁的父亲和心理变态的后母所组成的特殊家庭给张爱玲稚嫩的心灵留下了难以平复的创伤。有一次继母因为一件小事打了张爱玲一个嘴巴，张爱玲本能地要还手，却被继母诬告打人，因此遭到父亲的一阵毒打和监禁，给张爱玲埋下了恐惧的种子。这里不妨引用张爱玲散文《私语》里的几段文字：

我父亲扬言要用手枪打死我。我暂时被监禁在空房里。我生在这里的这间房屋忽然变成生疏的了，像月光底下的黑影中现出青白的粉墙，片面的，癫狂的。

Beverley Nichols（尼科尔斯·贝弗莉）有一句诗关于狂人的半明半昧："在你的心中睡着月亮光。"我读到它就想到我们家楼板上的蓝色的月光，那静静的杀机。

我也知道我父亲决不能把我弄死，不过关几年，等我放出来的时候已经不是我了。数星期内我已经不是我了。我把手紧紧捏着阳台上的木栏杆，仿佛木头上可以榨出水来。头上是赫赫的蓝天，那时候的天是有声音的，因为满天的飞机。我希望有个炸弹掉在我们家，就同他们死在一起我也愿意。

……

正在筹划出路，我生了沉重的痢疾，差一点死了。我父亲不替我请医生，也没有药。病了半年，躺在床上看着秋天的淡青的天，对面门的楼上挑起灰石的鹿角，底下累累两排小石菩萨——也不知道现在是哪一朝，那一代……朦胧地生在这所房子里，也朦胧地死在这里么？死了就在园子里埋了。①

这一段文字如实地披露了张爱玲童年经历中的"恐惧"情结的由来。父亲恐惧、继母恐惧、禁闭恐惧、死亡恐惧交织在一起，使得少女时代的张爱玲即承担着如此沉重的心理重负，多少有些变态

① 张爱玲:《私语》,《张爱玲文集》(第4卷),安徽文艺出版社1992年版,第108页。

的倾向。张爱玲七岁时写的第一篇小说，就是一个家庭悲剧。在被囚禁的张爱玲眼里，楼板上蓝色的月光，竟然也充满静静的杀机。后来，月光的意象成为她小说中出现频率最高的意象。此外，死亡主题成为张爱玲小说经常写到的主题，而现实生活中的父亲和后母也成为她以后许多小说的原型。"长的是磨难，短的是人生"，这张爱玲式的独特沉吟也和这一段心灵的苦难经历不无关系吧。

"恐惧"情结深深埋藏在潜意识深处，有时以种种奇特的隐秘的形式表现出来，不经过精神分析不易察觉其存在。张爱玲的"父亲"恐惧情结就隐藏得较为隐秘，甚至悄悄转化成了对男性世界的恐惧和敌意。这种恐惧和敌意在作者的日常生活中未必流露出来，因为作者的"本我"要受到"超我"所在的家庭伦理和社会道德的制约；而在作者进入艺术创作世界的时候，"本我"处于极其活跃的状态，作者心灵无拘无束，对父亲的恐惧和敌意则以变形的方式得以艺术升华。评论家林幸谦在《反父权制的祭奠》一文中写道："整体而言，张爱玲施于男性角色的各种描写手法，不论是将其幼稚化、婴孩化、尸体化、女性化、抑或使身体残障化、精神人格上的阉割贬压，都是女性作家在重写压抑自我、焦虑模拟之中，对男性/父权的一种惩罚的表现形式。这也是女性作家重写女性自我中，化解压抑与焦虑的一种模式。"①在张爱玲的笔下，对男性/父权的惩罚同对女性内心伤痛的展示有时是同步进行的，控诉也是惩罚的一种形式。评论家于青在《女奴时代的谢幕》一文中写道："张爱玲为女性文学掀开了女性心狱满目疮痍的一页，她真实地掀开了黑夜里女性生活的残酷画面。在中国女性作家里，还没有一个人像张爱玲那样以对女性的深切的同情和关注去孜孜于女性凄惨、

---

① 林幸谦：《反父权制的祭奠》，参见今冶主编：《张迷世界》，花城出版社2001年版，第293页。

悲凉的命运写生。”①

同样，张爱玲的“继母”恐惧则变形成为“恋衣”癖好，或者至少可以说，张爱玲的“恋衣”癖好跟她的“继母”恐惧有关。

谁都知道，张爱玲用她惊世骇俗的衣着创下了文字之外的另一个“文坛之最”，从来没有哪一位作家的服饰似她这般耸人听闻。然而，奇装异服之于张爱玲并非是卖弄噱头和出风头，而是她长期被压抑的“恋衣”癖好的恣意释放。张爱玲自幼便对衣服有一种难言的喜好。十二三岁时，盛大的时装表演是她理想中最美的胜景；中学时代，她一边梦想着“要比林语堂还出风头”的同时，一边发下宏愿“要穿最别致的衣服周游世界”。留在她记忆里最美好的印象之一就是她母亲站在镜子前，绿短袄上别上翡翠胸针，而她在一旁仰脸观看，羡慕不已，发誓“八岁要梳爱司头，十岁要穿高跟鞋”，恨不得马上便长到可以梳妆打扮的年纪。好容易熬到中学，正是花枝招展的年纪，张爱玲偏巧在继母的统治下过活，永远只能拣继母穿剩的旧衣服。事隔多年，张爱玲提及此事时写道：

> 有一个时期在继母统治下生活着，拣她穿剩的衣服穿，永远不能忘记一件暗红的薄棉袍，碎牛肉的颜色，穿不完地穿着，就想混身都生了冻疮，冬天已经过去了，还留着冻疮的疤——是那样的憎恶与羞耻。一大半是因为自惭形秽，中学生活是不愉快的，也很少交朋友。②

显然，由于继母压抑了少女张爱玲对衣服的内心偏好，从而造成了在穿着方面的“继母”恐惧，并留下了深深的心理情结。等到

---

① 于青：《女奴时代的谢幕》，参见今冶主编：《张迷世界》，花城出版社2001年版，第300页。

② 张爱玲：《童言无忌》，《张爱玲文集》（第4卷），安徽文艺出版社1992年版，第89页。

张爱玲摆脱了继母的统治并且有了一定的经济条件时，张爱玲的“恋衣”癖好得到恣意张扬，心理压抑得到合理释放，这种恣意的心理释放也可以看成是对“继母”恐惧情结的克服和反叛。“生命是一袭华美的袍，爬满了虱子。”张爱玲的这句隽语似乎道出了自己内心的秘密：爬满虱子的恐惧感竟然同生命紧紧相伴，外表是华美的，内心却是恐惧的和荒凉的。

张爱玲的“恐惧”情结的形成亦与战争破坏和时代动荡有关，“战争”恐惧也成了张爱玲心灵上抹不去的一道阴影。1939 年，英国伦敦大学在上海举行入学考试，在包括日本、香港、菲律宾、马来西亚等远东地区的考生中，张爱玲名列第一。然而，欧战的爆发，阻断了她去伦敦大学的计划，只好改入香港大学。在香港大学她发愤读书，每一门功课都考第一，为的是获取去英国继续深造的机会。不幸的是，她在香港大学读到第三年的时候，港战爆发了。战火烧掉了香港大学全部文件记录，也又一次毁掉了她的大学梦。港战期间，张爱玲和她的女同学都被指派到“大学堂临时医院”做看护。战争给香港带来的大破坏张爱玲亲眼目睹，千疮百孔，满目疮痍，她甚至预感到战争对文明的毁灭，荒凉感和恐惧感油然而生，那种早年就形成的“死亡”恐惧也无疑有所加剧。战争破坏和时代动荡中的青春、爱情、人性和生命迥然有别于和平时期，张爱玲看过了，经历过了，“因为懂得，所以慈悲”。这样，张爱玲笔下的青春和爱情，便少有一般作家笔下的天真和浪漫、单纯和狂热；她笔下的人性和生命较之一般的作家，则多了些许破碎和冷漠、深度和厚度。张爱玲在《传奇》再版序中写道：

个人即使等的及，时代是匆促的，已经在破坏中，还有更大的破坏要来。有一天我们的文明，不论是升华还是浮华，都会成为过去，如果我最常用的字是“荒凉”，那是因为思想背景里有惘惘的威胁。①

张爱玲思想背景里那“惘惘的威胁”，自然也应当包括“战争”恐惧情结在内吧。

三、内心“恐惧”对其现实人生的影响

张爱玲心理世界中的“恐惧”情结使得其艺术世界中充满了孤独、焦虑、不安、残缺、破碎，也给其现实人生涂上了一层苍凉的底色；它既造就了张爱玲独特的艺术世界又给现实世界中的张爱玲造成了心理障碍和精神痛苦。

张爱玲似乎自小就生活在艺术和现实这两个割裂的世界里，对现实世界的恐惧也似乎早就埋下了种子。张爱玲在她的散文《天才梦》里写道：

> 我是一个古怪的女孩，从小被目为天才，除了发展我的天才外别无生存的目标。然而，当童年的狂想逐渐褪色的时候，我发现我除了天才的梦之外一无所有——所有的只是天才的乖僻缺点。世人原谅瓦格涅的疏狂，可是他们不会原谅我。……七岁写了第一部小说，一个家庭悲剧。遇到笔画复杂的字，我常常跑去问厨子怎样写。第二部小说是关于一个失恋自杀的女郎……
>
> 我发现我不会削苹果。经过艰苦的努力我才学会补袜子。我怕上理发店，怕见客，怕给裁缝试衣裳。许多人尝试过教我织绒线，可是没有一个成功。在一间房子里住了两年，问我电铃在哪儿我还茫然。我天天乘黄包车去打针，接连三个月仍然不认识那条路。总而言之，在现实的社会里，我等于一

① 张爱玲：《〈传奇〉·再版序》，《张爱玲文集》（第4卷），安徽文艺出版社1992年版，第135页。

个废物。①

原来，张爱玲自幼就有一种对现实中日常生活的恐惧。在40年代文坛大紫大红成名以后的张爱玲仍然生活在“恐惧”情结中。自1945年之后，张爱玲虽还有新作出现，但已经不像前两年如喷泉般文思泉涌。用她自己的语言来表达就是：“内外交困的精神综合征，感情的悲剧，创作繁荣陡地萎缩，大片的空白突然出现，就像放电影断了片。”张爱玲描述的这种“精神综合征”，其间应该有“恐惧”情结在作祟，由恐惧造成的焦虑严重之时会使人的艺术创造力萎缩，甚至产生精神方面的危机。

在现实世界中，张爱玲的童年、少年时代形成的“恐惧”情结，非但没有消除，反而随着世事的沧桑变化越发厉害，最终演变为某种程度的心理障碍，给张爱玲带来一定的精神痛苦。不过，从婚恋失败恐惧到红色大陆恐惧再到人群恐惧，这种演变也有一个漫长的过程。

和胡兰成坎坷的婚恋经历给张爱玲的心灵留下了难以平复的创伤。不仅如此，日本投降以后，有人以张爱玲与胡兰成的婚恋为把柄，指责她“附逆”，给她扣上“汉奸”的罪名。张爱玲借为《传奇》再版作序，在序中为自己作澄清，声明自己并未参与“附逆”，但说到与胡兰成的婚恋问题则拒绝解释，——如此的婚姻遭际自然难免在其内心形成一种对婚姻失败的恐惧。而这种恐惧又很容易造成张爱玲对大陆新政权的恐惧——胡兰成的附逆问题已经是铁定的事实，谁也无法否认，张爱玲本人简直是跳进黄河也洗不清。新中国成立以后，张爱玲留在大陆并应邀参加了上海市的第一次文代会，凭着她的敏感和先天的悟性，她觉察到了这个时代的氛围最终将不能容忍她的过去。于是她在1952年离开大陆到达香港，

---

① 张爱玲：《天才梦》，《张爱玲文集》（第4卷），安徽文艺出版社1992年版，第16～17页。

供职于美国新闻署的香港办事机构。在此期间，张爱玲奉命为《今日世界》杂志写了两部长篇小说:《秧歌》和《赤地之恋》。这是两部思想倾向十分偏激的反共作品。出于思想意识的片面而命题作文的《秧歌》和《赤地之恋》的致命伤在于虚伪，描写的人、事情、景全是凭空捏造。这种政治倾向性的小说使得张爱玲捉襟见肘，扬"短"避"长"。离开了真实性的"传奇"，除了虚假和苍白，是没有艺术生命力的，连张爱玲自己也给予了很低的评价。

问题是，一贯回避政治，在作品里几乎找不到政治倾向性的张爱玲怎么突然写起政治思想十分偏激的反共小说呢?

其间固然受香港社会政治环境的影响，有受人操纵的因素，甚至有经济因素在起作用，但笔者认为这些都不是根本原因。根本原因应该在张爱玲自身创作心理机制内部寻找，而"恐惧"情结在其中所起作用不容忽视。与张爱玲婚恋有关的对大陆新政权的恐惧，使得张爱玲对大陆新政权产生了某种程度上的敌意，她越是恐惧大陆新政权，就越是容易把其当成假想敌。在假想敌还没有进攻她的时候，出于恐惧心态下的自我保护心理的需要，就先对假想敌实施进攻——这在本质上还是由于"恐惧"情结所致。由于"恐惧"情结，使得张爱玲的主观判断和客观事实之间存在着明显的差别，这种判断失误自然要影响到其笔下作品的艺术生命力。

光阴荏苒，世事沧桑。张爱玲于 1955 年赴美，1966 年同美国剧作家赖雅结婚，1967 年赖雅去世。自从 1972 年定居洛杉矶开始，张爱玲便几乎与外界断绝来往。美国作家塞林格自从《麦田里的守望者》畅销以后，声誉与日俱增，但他的行为也越来越怪癖。他退隐到乡间，在山顶上筑一所小屋，周围种上许多树，外面围上铁丝网，过起了深居简出的隐居生活。塞林格出生于 1919 年，张爱玲出生于 1920 年，这两位同时代的作家，在避世隐居方面竟然惊人的相似。晚年张爱玲虽然住在大都市的公寓里，也坚定地过起了孤寂的生活。书信与电话是张爱玲与外界联系的通道，可即使是与关系密切的朋友,她的信也越来越少了。因为怕回信麻烦,她甚至任来信搁着,累月经年也不拆阅,即便拆了也不回信。夏志清教授是她一生中最为信赖的朋友之一,然而她直到1988年4月才拆看并回复他1985年寄给她的信。与别人通信,她只留下自己租用的信箱的号码,自己的住址从不敢写上信封,即使是对晚年唯一能进入她生活的建筑师林式同也是如此,为的是"万一给人看见"。她有电话,可是几乎从来不接,只有极少极少的时候,她会主动给别人打电话。人们只能从她偶尔在港台杂志上发表的散文,知道她还在写作,可是谁也无从知晓她过着怎样的生活。张爱玲遗世独居,于1995年9月8日在无人知晓的情况下,去世于洛杉矶租住的公寓内。她生前留下遗嘱,要将她的骨灰抛撒于荒野之地。——就这样,婚姻恐惧、大陆恐惧和人群恐惧,终于使张爱玲的心扉彻底封闭,成为一个"幽闭症"患者,走完了她的孤独、恐惧、荒凉的人生之路。这诸多的恐惧感看来各有其具体的刺激内容和形成原因,实际上仍和早年的"恐惧"情结有密切的关系,也可以认为是以往"恐惧"情结在不同生活状态中的弥散,加上外界刺激,有了更进一步的发展,以致成为某种程度上的病态。

小　结

张爱玲笔下的青春世界是破碎的。"没有青春的青春"和"没有爱情的爱情"是其小说司空见惯的模式,通过这种破碎的青春和病态的爱情,张爱玲把无限的苍凉传达给人间。张爱玲艺术世界的背后有着难以愈合的心灵创伤,正是心灵的创伤造就了张爱玲艺术世界的璀璨和峥嵘,而当她的艺术激情喷涌过后,那颗受伤的心越来越病态地脆弱起来,她和现实世界的对立也就越来越不可调和,走向"幽闭症"几乎成为必然之势。细想一番,有着"恐惧"情结的张爱玲对于现实世界其实是一直逃避的。自从张爱玲在一个隆冬的夜晚逃离了关闭她的禁闭室和那充满腐臭气味的旧家庭，她先是逃避失败的婚姻，后又逃避红色大陆，最后逃避人群，离群索居。或许，只有她的艺术世界才是安全自由的吧——艺术世界里的天才和现实世界里的失败者有时会不可思议地统一在一起。人们称尼采和他的思想为"疯狂的天才与天才的疯狂"。在某种意义上，张爱玲和她的艺术堪称是"病态的天才与天才的病态"。评论家李子云在《废墟上的罂粟花》一文中写道："张爱玲的作品好像是在未经清扫的战争废墟之上长出的一株罂粟花，妖艳眩目却又象征着死亡。这是一个特殊时期特殊条件下的产物。"①——的确，张爱玲其人其文就像"废墟之上长出的一株罂粟花"，有一种病态的美丽。

① 李子云：《废墟上的罂粟花》，参见今冶主编：《张迷世界》，花城出版社2001年版，第306页。

第六章　岁月峥嵘　青春万岁

——王蒙与青春主题研究

王蒙是丰富多彩而又博大宏阔的，然而乐观、明朗的青春性格终究是王蒙性格的主要色调。无论是意气风发的少年时代，还是崭露头角就被迫选择远游的青年时代，王蒙都保持了良好的、快乐的心态，这也是王蒙的青春性格使然。热爱大自然、热爱音乐、热爱运动、热爱新生事物、善于与时俱进、敏感的心灵感受使得王蒙似乎永远年轻，不仅不排斥新异的东西，而且自己就时常处在标新立异的风头浪尖上。王蒙的小说由初期的热情、纯真趋于后来的清醒、冷峻，但总体上保持着乐观向上、激情充沛，而且不断进行探索和创新，因而成为中国当代文坛创作最丰硕、也最有活力的作家之一。回顾王蒙50余年来的文学创作，我们不难发现，在浓烈的青春情结下，王蒙作品呈现出一个鲜明的主题：赞美、歌颂青春，表达对青春的珍惜和眷恋。随着岁月的流逝和现实生活的历练，王蒙一方面膜拜青春，另一方面也对青春不断反思，从而赋予王蒙作品中的青春主题更加丰富的内涵。笔者研究发现，王蒙作品（以小说为主）丰富的青春主题至少包含了“成长主题”、“初恋主题”、“理想主题”、“崇拜主题”、“反叛主题”、“挣扎主题”和“寻找主题”等分类主题。这里笔者从中选择一些主题加以分析说明。

一、王蒙青春小说中的“成长主题”

“成长小说”简言之，就是描写青年人成长经历的小说，是描写少年摆脱童年幼稚长大成人的小说，是成长者精神旅程的一种记录。在某种意义上，成长小说往往是作者的自叙传或者忏悔录。它在主题学意义上的渊源可以上溯到欧洲德、英、法等国的文学史上的“教育小说”。西方文学中“成长小说”一词来自德语 Bildungsroman，大致出现于启蒙运动后不久的德国。“成长小说”除了展示主人公的个体成长之路外，通常还具有象征意义：象征着民族国家的成长。18 世纪末 19 世纪初的德国要构建现代民族国家，需要建立关于“成长”的话语，“成长小说”作为一种象征，满足了时代的需要。20 世纪中国小说史上很少严格意义上的“成长小说”，但是有关青春的“成长主题”却在众多小说中大量存在。在中国当代作家中，王蒙尤其善于表现各种各样的“成长主题”，在某种意义上甚至可以说“成长主题”构成了王蒙青春小说的总主题。

《青春万岁》是写建国初期 50 年代一群中学生在校内外成长的故事，郑波、杨蔷云等女中学生在成长中自然要经历一些风波，但他们毕竟属于“阳光女孩”，她们的成长是阳光下的成长。德国心理学家斯普兰格在他的《青年心理学》卷首写道：“在人的一生中，再也没有像青年时期那样强烈地渴望被理解的时期了。”他说：“没有任何人会像青年那样深陷孤独之中，渴望着被人接近与理解；没有任何人会像青年那样站在遥远的地方呼唤。”《青春万岁》中的主人公们，渴望友谊和朦胧的爱情，渴望被理解，渴望参与社会工作，渴望到祖国最需要的地方去。

所有的日子，所有的日记都来吧，
让我编织你们，用青春的金线，
和幸福的缨络，编织你们。

……

是单纯的日子，也是多变的日子，

浩大的世界，样样叫我们好惊奇，

从来都兴高采烈，从来不淡漠，

眼泪，欢笑，深思，全是第一次。

……①

《青春万岁》这首序诗，燃烧着青春的激情，唱出了50年代共和国城市中的青年学生渴望成长、渴望生活的青春心曲，成为一代人的经典的“青春之歌”。

同样是50年代青春成长，当成长的环境由校园转移到组织部这样的机关部门之后，《组织部新来的年轻人》主人公林震成长中遇到的矛盾和困惑要突出得多，他遭遇到的心理压力也要大得多。虽然遭受一些挫折，但是林震那种初生牛犊不怕虎的“牛劲”，那种敢闯敢干敢打敢拼的“虎劲”，恰恰显示了青春本身的活力和上进心，因此，这一形象得到了读者普遍的认可，成为当代文学史上独具魅力的青春形象。然而成长并非一件易事，要完成“成年礼”需要经过严酷的考验。《组织部新来的年轻人》造就了王蒙，也几乎毁灭了王蒙。他因此被打成“右派”，接受劳动改造，自1963年至1979年被“放逐”新疆达16年之久。归来后的王蒙，继续写他的成长小说，作品获得了深度和厚度。王蒙笔下的主人公大都经历了一次次的“死亡”，这里的死亡并非肉体的死亡，而是一种象征性的死亡，是为了再生和复活而经历的精神上的“死亡”。例如接受劳动改造时的钟亦成，在劳动工厂的火灾中奋不顾身地参加灭火，反而陷入被诬纵火的处境，这时他觉得“天地在旋转，头脑在爆裂，身体在浮沉，心脏在一滴又一滴地淌血。他知道，他死了”；当张思远站在台上挨斗时，儿子冬冬的巴掌迎面而来，“连脑袋都嗡地一响，

① 《王蒙文集》（第1卷），华艺出版社1993年版，第3页。

像通了电、耳膜里的刺心的疼痛使他半身麻木，恶心得想要呕吐”，“等挨了第三个巴掌以后，他已经不省人事了”。在这里他们感受了死亡的痛楚，但这又是他们必得经过的象征性的死亡，这之后他们才能获得新生：经由这次火灾事件，钟亦成确认了山区民众的关心和信赖，从而获得了能克服苦难的生存的原动力；在山村中寻找儿子的劳动中，张思远也经历了和劳动大众结合成一体的感觉，经由这些过程，他们发现了自己，从而和自己的过去以及冬冬和海云取得了和解。尽管如此，我们还是不得不感叹：成长的代价也太高昂了！当一个个人物成熟起来的时候，他们往往“年届不惑”，甚至已达“天命之年”，轰轰烈烈的青春阶段早已荡然无存！这是命运的残酷还是成长的必由之路呢？

二、王蒙青春小说中的“初恋主题”

歌德说过：“哪个男子不钟情，哪个少女不怀春？”青春之所以美好，就在于它跟青年人的初恋密不可分。王蒙青春小说的特别之处也在于，它们表现了特定环境特定时代青年人的初恋。

《青春万岁》描写了两对青年没有结局的朦胧爱情。郑波与《青年日报》的编辑田林相会在黄丽程的婚礼上，他们相互爱慕的表现仅仅是愿意一起交谈。“他们说着话，走过了电车站，郑波想：要不，等下一站再坐车吧，于是继续在路边走。”当郑波意识到他们的交往过于密切了，她毅然地给田林写了一封信，非常委婉地表示不再往来：“十二分地请求你，别伤心吧，原谅我！你是勇猛的纯洁的战士，丢开一切，向前去吧。让我说句傻话，我看得出，你不是个平凡的人！”作品的另一对儿，杨蔷云和张世群之间的爱，朦胧得几乎只能用纯洁的友谊来形容，但他们在分手时也禁不住沉浸在惆怅的感情里，“焦躁的杨蔷云，现在却忘我地沉醉在自然与人类的混杂的声音和气息里，一想也不想，一动也不动”；“张世群半闭上眼，看看已经走向西边的太阳，感慨地说：'有时候我真怕离别，比如原来两个人是好朋友，顶好的朋友，分开了，最初是一星期来一封信，后来一个月一封，后来一年来一封信，最后，慢慢地失去了联系，就此生疏了，隔阂了，谁也不想谁了……'"作品描写这种没有结局的初恋有一个共同点，就是他们彼此的爱，只有到了结束和分手的瞬间，只有当分手的感伤来临之际才逐渐清晰起来。这种描写虽然令人有仓促之感，却也通过人物分手时那转瞬即逝的一份难舍之心，一丝流连之意，不经意地传递出特定年代青春的焦虑状态。那些人物来不及细细地品味本属于生活的一切，甚至来不及认真对待自己的初恋，就行色匆匆地被时代理想的浪潮裹挟而去……

在《青春万岁》中，爱情描写还处于某种被封存，或朦胧的状态，初恋的感伤是淡淡的，有时甚至让人难以察觉。作品几次提到主人公看前苏联作家奥斯特洛夫斯基的长篇小说《钢铁是怎样炼成的》，小说主人公也想努力做保尔·柯察金式的人物。他们对异性爱慕采取回避的态度，这并不因为他们把爱情看做是后来受极"左"思潮攻击的"不健康的"修正主义或"资产阶级的恋爱观点"，而更倾向于像保尔倾慕的《牛虻》的人物亚瑟（牛虻）那样，执著于信念，受尽曲折和磨难，却吃苦而不诉苦。

《青春万岁》中的初恋故事，淡化到几乎没有故事，然而却又如此深刻地留在一代人的心中，成为终生难忘的记忆。这样的初恋故事如同一幅幅黑白照片，在新时代有些不合时宜，然而却保留着无法模仿和复制的古色古香的温馨情怀。除了政治因素外，王蒙写出了青春本身的羞涩与朦胧，这正是《青春万岁》爱情描写不可代替的特殊价值所在。

时过境迁，岁月悠悠。90年代王蒙写作的《初恋的季节》，其故事发生在建国初期，与《青春万岁》同期，但爱情的描写却那样的大相径庭。一群年龄相近、革命资历相同的年轻人相聚在团区委的大院中，无论是工作还是生活，在集体主义的凝聚下，他们步调一致,几乎没有自我,他们集体婚礼,集体狂欢,集体吃夜宵甚至集体上厕所,一切都显得那么单纯,那么透明。处于人生花季中的年轻人纯真、热情、坦诚,互不设防,都在编织着自己未来人生的美丽迷人的梦。集体的狂欢,浪漫的梦幻,导致了恋爱季节的到来,他们相继开始了青春的萌动,先后步入了对异性的试探、靠近或热恋,一对对的恋人相继出现。但是浪漫最终要回到现实,在政治面前,人们的选择显得那样被动和无奈,就连恋爱,也是政治化的,在政治狂欢的背景下王蒙揭示出的却是爱情的无奈、爱情的自私以及爱情的荒唐,十几对婚恋故事中几乎没有一对儿是以美满幸福为结局的。在那个时代,尽管被王蒙冠以了"恋爱的季节",但林林总总的恋爱却被时代塑造成了幼稚的、武断的、政治化的。"现在不是一个小桥流水悄声细语的时代,不是一个刘大白徐志摩的时代,不是一个多情多感多思的时代,现在要的是冲锋号是大炮是大锣大鼓红旗飘扬广场上亿万群众一心支援卡斯特罗大胡子和胡志明伯伯"。由于政治风浪的冲击,恋人、夫妻出现了很多变数,分分合合,扮演着婚恋的闹剧以至悲剧。在《恋爱的季节》中,读者已经看不到《青春万岁》里欲说还羞的初恋,而是一幕幕爱情的狂欢,这时的王蒙对政治背景下的爱情开始反思,逐渐揭去了爱情神圣的面纱,真实地描写了一些人物的爱情生活悲剧:这是王蒙思想认识上的变化之一,是作者对读者负责,特别是对青年读者负责,体现了作者严肃、认真、坦诚的写作态度。

三、王蒙青春小说中的"理想主题"

青春理想作为青春成长过程中精神成长的重要方面,体现了一个民族、一种文化或一种社会集团对青年人精神成长的时代要求,也体现了青年人在民族文化制约下,在社会现实和时代要求的召唤下,实现自我价值,追求人生意义的主观努力。青春理想一般总是时代理想和个人理想的统一，个人理想总是指向时代理想；但有时候，特别是在历史的转型时期，当人生观和价值观的标准发生扭曲或断裂的时候，个人理想和时代理想往往产生错位甚至矛盾对立，个人理想不再指向时代理想，而是表现出多元纷呈的状态。王蒙青春小说的特点之一，在于不论什么样的环境什么样的条件，其主人公都不放弃对理想的追求，理想主义的火把永远燃烧在王蒙的心中，也燃烧在读者心中。创作于50年代的小说《青春万岁》、《组织部新来的年轻人》，其主人公具有理想，自不待言，就是王蒙从"放逐地"归来后的80年代，王蒙作品中的主人公，仍然不放弃心中的理想。《风筝飘带》中的男主人公佳原虽然是个修理雨伞的学徒，但他却有着崇高远大的人生理想和积极上进的人生态度。他修伞之余还不断学习"优选法，古生物学和外语"；他心地善良，救了人，却被被救者赖上，但他依然无怨无悔；他激励素素学习，素素说："我的最宝贵的时间是用来端盘子！"并且"就是端盘子也不见得那么需要我"，"埃及大使不会到这里来吃炒疙瘩"。而佳原却满怀希望地回答："最宝贵的是时间……但是你可能担任驻埃及大使……你完全可以做到和驻埃及大使具有同样的智慧、品格、能力甚至远远地把他甩在后面。你可以做不成大使，但是你应该比大使还强，关键在于学习。"这是多么乐观，多么积极进取的一种青春姿态呀！寒冷的冬天，虽然找不到一处可以谈恋爱的清静之地，但他们的感情却更加融洽，对生活的热情依然节节高涨，没有吗？"没有。房管局不给。他们说有些人已经结婚好几年了，已经有了孩子，然而没有房子。""那他们在哪里结的婚呢？公园吗？在炒疙瘩的厨房吗？要不就是在交通警察的避风亭里？那倒不错，四下全是玻璃。还是到动物园的铁笼子里去？那么，门票可以涨价。"王蒙没有忽视生活与理想的矛盾，而是通过正视、反映社会问题，揭示出历史根源，同时正是这些现实中矛盾的存在，素素的内心才会在与佳原的交往中不断发生着变化，不断朝着理想的境界提升，随着佳原对素素的指引，在爱的呵护下，她又梦见了风筝，“变成了风筝上面的一根长长的飘带儿”，她又有了对明天的憧憬，又找到了人生的价值，从而展示出青年人执著地追求美好未来的高尚情操。在《风筝飘带》中我们仿佛又看到了《青春万岁》中年轻人的影子：明朗积极的青春姿态，爱学习，单纯，富有激情，光明美丽纯洁的爱情，王蒙在这里肯定了新一代青年的青春理想，并以青年一代的热情激励老一辈人的干劲。

王蒙本人也是一个执著的理想主义者。从1945年到1957年反右扩大化以前，王蒙都是时代革命主潮积极的参与者。对王蒙而言，这是一段激扬光辉的人生历程，是其人生永不再复得的辉煌篇章，这段人生的辉煌构成了王蒙对革命最初的记忆，在其后来回忆这段特殊的经历时，曾深有感触地说：“在中国翻天覆地、高唱革命凯歌行进的年代成长起来的少年——青年人的精神风貌是非常动人和迷人的，特别是其中那些政治上相当早熟的‘少年布尔什维克’，给我终生难忘的印象。”①王蒙的可贵之处在于，它一方面坚持理想，一方面又反对偏激的理想主义。在价值多元的时代里，王蒙在坚持理想的同时，对思想自由采取了兼容并包的宽容态度，显示出王蒙的睿智与大度：“虽然对于那些消极的东西我也表现了尖酸刻薄，冷嘲热讽，但是，我已经懂得了‘凡存在的都是合理的’道理。懂得了讲‘费厄泼赖’，讲恕道，讲宽容和耐心，讲安定团结。尖酸刻薄后面我有温情，冷嘲热讽后面我有谅解，痛心疾首后面我仍然满怀热忱地期待着。我还懂得了人不能没有理想，但理想不能一下子变成现实，懂得了用小说干预生活毕竟比脚踏实地地去改变生活容易。所以我写小说的时候，比起用小说揭露矛盾、推动

① 王蒙：《文学与我——答〈花城〉编辑部××同志问》，花城出版社1983年版，第4页。

社会政治问题的解决,我更着眼于给读者以启迪、鼓舞和安慰。"①很显然,王蒙已经向现实撤退了一大步,他对理想与现实的理解更加深入和实际了:一方面依然对理想充满了向往憧憬怀旧的心态,另一方面,也对偏激的理想主义充满警惕,因为偏激的理想主义走向极端也必然导致专制主义,走向天堂的道路也往往是走向地狱的道路,同时,王蒙对现实投注了更多的理解,因此,倡扬多元,反对独断,崇尚理解和宽容成为王蒙80年代以后越来越明显的特点。孙郁认为:"王蒙与他的同代人,完成了中国文学由浪漫的崇高,向多元的杂色的过渡,仅此一点,他便获得了一种'史'的意义。"

王蒙在文坛的形象,尽管有多副面孔,但是,在其骨子里,却是一位青春理想的歌手,清纯的诗人。一个在14岁的小小年龄就投身于地下党的少年布尔什维克的革命情怀,始终在他胸中燃烧。经过漫长的历史淘洗之后,王蒙仍坚定地声称:"我的头一个身份是革命者,这一点不含糊。我14岁入党,15岁北平解放就是干部。……革命、共产主义是我自己选择的。一个革命者、社会的理想者,在我身上打下了深深的烙印。讲政治,党员的修养、权利和义务,那是我的童子功。我不是书斋的知识分子。"②王蒙在《如歌的行板》中这样回顾青春岁月:"充实中有虚无缥缈,飞驰中有暂停,挥汗如雨中有万古长青,兼收并蓄的生活,青春、十九岁,多咪咪多发咪……十九岁!十九岁!十九岁!青春!青春!青春!"对青春流逝和岁月更替抒情,只有拥有过火热的青春时代,经历了几十年岁月磨砺又不失年轻人赤诚的心灵,才会有这样的敏感和喟叹,经过了几十年的岁月,对过往的青春理想还是如此的执著坚定,的确是王蒙所特有的。当代文坛上一些年轻作家在青春小说中所丧失

---

① 王蒙:《我在寻找什么?》,见《王蒙专集》,贵州人民出版社1984年版,第37~38页。

② 王蒙:《我只是文化蚯蚓》,见2000年7月21日《羊城晚报》。

的青春理想，正是王蒙的青春小说中所处处充满的，这不正是王蒙小说独特的存在价值吗？

四、王蒙青春小说中的“反思主题”

青春并不是一个简单的单面体，而是包含着五颜六色的多面体。既有火热的青春又有冷漠的青春，既有红色的青春又有黑色的、灰色的青春，既有美丽的青春又有残酷的青春。如果说王蒙早期的青春小说表现出简单形态和色调，80 年代之后王蒙的青春小说则转向了复杂与斑驳。越到后来，“反思主题”在王蒙的青春小说中所占分量也就越重。

“季节系列”长篇小说是王蒙文学创作生涯中的又一个高峰。曾有十几年时间，王蒙沉入了深切的历史记忆之中——那些与他的青春岁月血肉相融的年代——这个年代对于许多中国人来说，已经是依稀朦胧的遥远往事，但王蒙却还记忆犹新，他怀着高昂的热情，孜孜不倦地探寻，沉浸到“季节”系列的创作之中，他承认这几乎是他的半自传体，其间经历大起大落，目睹风云变幻，笔触纵横恣肆，内心感慨万千。他如此执著而快乐地重归故里，重回历史之中，并且热情四溢，慷慨激昂，认真而真切地书写着他自己以及共和国的那段青春历史，努力告诉人们一个他所知道的年代，他运用编年体长卷的方式，既写出了那一代人的单纯、透明、纯洁与真诚，同时也写出了他们内心深处的分裂、矛盾、压抑和言不由衷的苦恼。王蒙的态度无疑是矛盾的、双重的：“我讲我所知道的，我是诚恳的。我们经历过什么，我们是怎么走过来的，悲哀、奋斗、思考、丢人、现眼、豪情、神圣、扭曲、扭曲中始终保持的自尊和节操，有情和无情，这是个整体性的展示。当然我也是怀旧的，当然也有嘲笑，在嘲笑中也有依恋，有探寻，有超越。我是一个受难者，其中不免有些把我认为好的神圣化，而把另一些人对立化，两极人物黑白化，但我还是力求写出真相。我写我所知道的生活。”

《失态的季节》展示了“反右”运动在一批共青团干部中造成的惶惑、惊恐、痛苦与冷漠，还有变态的激情，生动刻画了有的人在“革命”与人情味之间徘徊，有的在“革命”洪流中随波逐流，有的自我批判到了灵魂萎缩的地步，有的冲锋陷阵到了吃人的地步，降级、开除、下放劳动、家庭变故、人性扭曲、自我沉沦……人们处在《失态的季节》。《踌躇的季节》里，时光走到60年代，历史在这里仿佛转了一个弯，轻信与热烈的年轻人、成熟与沉稳的中年人，随着整个文坛、整个社会而恢复了生机。而到了《狂欢的季节》中“文革”年代大棒打来，人们“真诚”地怀疑自己、出卖别人。像昆德拉对青春的本质予以无情揭露的那样：

> 青春是一个可怕的东西：它是由穿着高筒靴和化妆服的孩子在上面踩踏的一个舞台，他们在舞台上做作地说着他们记熟的话，说着他们狂热地相信但又一知半解的话。历史也是一个可怕的东西：它经常为青春提供一个游乐场——年轻的尼禄，年轻的拿破仑，一大群狂热的孩子，他们假装的激情和幼稚的姿态会突然真的变成一个灾难的现实。①

譬如中国的“知青”一代没有经受过战争文化的锻造，“文革”中他们中的一些人以“红卫兵”的身份象征性地补上了“战争”的一课。但它更像是一场有组织的青春期利比多发泄，他们以故作姿态的严肃面孔进行了一次懵懂的政治暴力的游戏，借政治信仰的神圣名义表演了一场极富观赏效果的戏剧，他们对自己心仪的革命父辈的红色神话进行了一次轰轰烈烈的“搬演”，所追求的其实是一种惊心动魄的表演性，虽然这出戏剧后来（本来）知青一代经受了理想的大幻灭，“上山下乡”非但没有把他们锻造为红彤彤的“新人”，反倒带来许多无价值的苦难，以“红卫兵运动”为中心的青

---

① [捷]米兰·昆德拉：《玩笑》，作家出版社1991年版，第89页。

年运动是“知青”一代英雄主义和理想主义的产物。

王蒙通过作品以及他的理性思考告诉我们,青春并不是唯我独尊的,彻底的思考,澄明的理性,应该占据更高的位置。但同时他也提醒我们,经历了苦难和动荡的青春,并不就一定能自动地转化为精神财富和思想成果,更不会自动产生多少社会价值。王蒙曾自称是一个“深刻的悲观主义者”,但他同时又坚信“只有最深刻的悲观主义者才能乐观”,青春自身是一个深植于人们内心中的价值源泉,它应该与生命、激情、浪漫、爱情等一切美好动人的东西连在一起。

五、王蒙在青春文学史上的地位

王蒙作为当代中国一个巨大的文化符号,他的政治命运与文化创造使他成为见证中国当代文学史的一个足够典型的鲜活标本。无论作为文化符号还是鲜活标本,王蒙都是一个丰富而复杂的存在,举世为之瞩目。评论界对王蒙这一丰富而复杂的“存在”描述和命名之时,显然有些尴尬和矛盾:有人说王蒙是聪明的、机智的、智慧的;有人说王蒙是有才华的、有才能的;有人说王蒙是圆通的、通脱的;也有人说王蒙是安静的、清明的;还有人说王蒙是中庸的、辩证法的;最近有几种形象化比喻大意是王蒙如“狐狸”、如“刺猬”、如“阿庆嫂”……笔者认为,王蒙在本质上是青春的。他的青春“九命七羊”①,既单纯而又驳杂,既有个人生活轨迹又有时代

① 《王蒙自传》共有三部,分别为《半生多事》、《大块文章》和《九命七羊》。“九命七羊”出自王蒙的《七律·感怀》:“此生多事亦堪哀,九命七羊叹妙哉。”王蒙本人曾解释“九命七羊”道:“民间有一种说法,狗有九条命,猫有九条命,说的是命不高贵。‘九命’是指生活的宽广与顽强。生活中虽然要遭受挫折,但总是东方不亮西方亮。我做过各种社会工作,有各种头衔,拥有多重身份,有成功的也有不成功的,也遭受过困难,碰到过挫折,所以说我有九条命。‘羊’就是‘祥’,是说我有很多的吉祥、朋友和转机,在困难面前总能够逢凶化吉。”

风吹浪打。而在21世纪的今天,人们依然能从王蒙身上找到那个“组织部新来的年轻人”的影子,依然能听到王蒙吟唱的“青春万岁”的动人旋律!在20世纪中国文学史上,谈论青春主题,不能不谈论王蒙;而谈论王蒙,不能不谈论青春主题。王蒙与青春结下不解之缘——这种缘分似乎是一种宿命。

20世纪中国文学与“青春主题”结下了不解之缘,20世纪中国文学史包含着几代作家的“青春梦”——他们大声呼吁青春文化、青春民族和青春人格,用文学的形式探索中华民族精神的振兴和民族灵魂的重塑,留下了一份弥足珍贵的“百年青春文学档案”。20世纪举足轻重的中国作家绝大多数都关注“青春问题”并在文学创作中涉及到“青春主题”。这些作家的青春意识不同,对青春主题的敏感程度也就不同;基于不同的出身经历、文化立场和艺术个性,他们对青春世界的各种主题有所偏爱,对青春文化的思考和艺术表现也有深度上的不同。譬如,创造社作家侧重于表现青春狂飙突进浮躁凌厉的一面,同时也充满忧郁感伤的艺术情调;文学研究会中的茅盾则擅长刻画大革命时代处于风头浪尖上的青春女性的复杂心理;“左翼”青年作家为人们留下了青春革命者的形象;鲁迅描写了激进的青春如何在残酷的现实社会被压弯了脊梁,要么如受伤的野兽一般哀叹如涓生,要么走回头路并以精神麻木或自戕的方式报复社会如吕纬甫、魏连殳;张爱玲则为人们留下了特殊环境中一个个变态青春的艺术形象如曹七巧等等;当代作家杨沫满腔热情为革命青春谱写赞歌,台湾作家琼瑶则把青春恋爱书写得一波三折荡气回肠……但是,如果要以“青春作家”为他们(她们)命名的时候,就需要斟酌一番。“青春作家”未必是青年作家,却须具有青春气质和热情并长期执著于青春主题的写作和思考。如果现代文学阶段以巴金为代表的话,那么当代文学则以王蒙为代表。在现代文学阶段,具有青春品格的巴金提出了“青春是美丽的”这样的命题,其作品影响了几代读者;在当代文学时期,同样具有青春品格的王蒙，则唱着“青春万岁”的旋律，执著于表现青春世界和抒发青春情怀，其作品感染了许许多多的读者，2003 年他的《青春万岁》位居“十大青春小说”排行榜之首。

在 20 世纪中国青春文学史上，巴金和王蒙无疑是两位重量级作家。就王蒙而言，他在中国当代文学史上的地位在某种意义上取决于其在中国青春文学史上的地位。王蒙的小说《青春万岁》和《组织部新来的年轻人》记录了共和国第一代青年的青春，不仅具有文学意义而且具有社会学意义和青年学意义。王蒙笔下这一代青年的青春单纯而透明，仍然不失为一种经典青春。王蒙之后，有一些作家描写青春比如王朔，还有网络作家安妮宝贝等人，他们笔下的青春往往是斑驳陆离，残酷而美丽。如果说这些后起作家是用“彩色胶卷”和“数码相机”表现青春的话，王蒙的表现手段则如同“黑白胶卷”。我们不得不承认，在某种意义上，那种“黑白胶卷”或许更带有历史的沧桑和真实感觉，在此意义上王蒙是不可替代的。

小　结

综上所述，王蒙研究中的一个关键词——青春，是研究者不可忽略的内容要素。作为一个作家，王蒙具有青春感觉、青春情趣、青春视角和青春判断，他从 19 岁一直写到 73 岁的今天，仍然笔耕不辍，也可以说他具有青春元素、青春能量或者说青春基因。在现代文学史上，巴金的名言“青春是美丽的”感动了无数读者；在当代文学史上，王蒙则喊出了一个响亮的口号“青春万岁”。王蒙在中国青春文学史上具有独特的地位。王蒙用他的笔不但记录了个人的青春，而且写出了共和国第一代青年的独特青春，他独特的青春记录不仅具有文学价值，还具有丰富的社会学、青年学价值。王蒙的写作和人生证明了青春具有独特的美学价值，青春是一种生命哲学。

20 世纪中国文学

文本的青春学阐释

编

第一章 青春无罪 “沉沦”有因

——郁达夫青春小说《沉沦》阐释

研究20世纪中国青春文学史，不能不涉及郁达夫；研究郁达夫不能不涉及《沉沦》。《沉沦》是一部典型的青春小说，它的问世在当时就引起了轩然大波，大批青年读者为主人公的苦闷和遭遇扼腕而叹，因为深有同感，所以深表同情与理解；而那些封建卫道士们则恼羞成怒，群起而攻之。文学评论界也对其褒贬不一，毁誉参半。早在1920年代初，郁达夫就被人称为“颓废者”、“肉欲作家”。徐志摩当时曾不指名地讥讽郁达夫“和街头的乞丐一样，故意在自己身上造些血浓糜烂的创伤来吸引过路人的同情”。苏雪林在海外撰文，标题索性就是《黄色文艺大师郁达夫》。国民党教育部长王世杰指责郁达夫“生活浪漫，不足为人师”。周作人则征引美国人莫台耳(Mordell)的观点为《沉沦》辩护，认为《沉沦》属于“非意识的不端方的文学，虽然有猥亵的分子而并无不道德的性质”①。郭沫若在谈到郁达夫时称赞：“他的清新的笔调，在中国的枯槁的社会里好像吹来了一股春风，立刻吹醒了当时无数青年的心。他那大胆的自我暴露，对于深藏在千万年的背甲里面的士大

① 参见周作人：《性爱的新文化》，山西人民出版社1992年版。

夫的虚伪,完全是一些暴风雨式的闪击,把一些假道学、假才子们震惊得至于狂怒了。"①翻开不同历史时期编写的各种版本的现代文学史,人们在不同时期对郁达夫的评价也有较大出入,这恐怕也是与《沉沦》等作品的大胆性描写和自我暴露分不开的。遗憾的是,人们很少从"青春"视角对《沉沦》这部典型的青春小说进行正面研究,总是在"青春"之外指指点点。自《沉沦》诞生至今 80 多年来,中国读者对《沉沦》羞羞答答地接受和解读,也反映了社会文化背景以及接受者思想观念的历史嬗变。笔者认为,《沉沦》这部青春小说在中国社会所引发的轰动效应足以构成"《沉沦》现象",已经远远超出了一般文学"文本"的含义,其背后的"社会文化文本"更值得细心研究。下面笔者选取青春学、伦理学、民俗学三种学科视角,对《沉沦》及其背后的"社会文化文本"进行阐释研究。

一、从青春学视角阐释

既然是典型的青春小说,首先就应该从青春学视角进行研究。青春学又叫"青年学",是研究青年的成长、活动规律、社会影响及其他有关青年问题的一门新学科。生理意义上的青年期从人类一产生就存在,但社会意义上的青年期,却是现代西方文化的产物。在过去,无论是欧洲还是中国,青春期问题都不成其问题,纵使有一些问题,也算不上突出的社会问题。原因之一就是那时的年轻人普遍结婚较早,不存在青春期问题。据资料表明,在欧洲的中世纪,少男少女结婚的法定年龄为:男 14 岁,女 12 岁;在中国封建社会,各朝代年轻人结婚的法定年龄虽有不同,但一般为:男 16 ~ 18 岁,女 14 ~ 16 岁。在现代社会中,青年人由于受教育和训练,延长了从少年到成年之间的时间。他们身心已经成熟,但由于未进入

① 参见郭沫若:《沫若文集》(第 12 卷),人民文学出版社 1958 年版。

社会岗位，所以又不完全符合成人资格。于是，现代文化意义上的青年群体出现了。由于划分青年期的年龄段开始得早而结束得晚，青年群体的人数也大大增加，青春期问题也随之产生。

《沉沦》中的主人公是一个正处于青春期苦闷中的青年，身心已经成熟，强烈渴望爱情。可是，一个"弱国子民"，远在异国他乡，他那火热的青春的渴望根本得不到满足。性的压抑和对这种压抑的反抗，在主人公内心展开了激烈的斗争，使其陷入极端的精神痛苦。"他"靠"自慰"排遣精神的紧张，发泄心中的郁闷，然而，传统的性道德观念又使得"他"心中充满犯罪的恐惧，于是，"他"只得在不断的自责和忏悔中痛苦度日。由于在青春期，"他"对异性特别敏感，甚至一见到异性就紧张。"他"偷窥旅馆主人的小女洗浴，心里既害怕又喜欢，第二天早晨逃走换了住处……主人公的所作所为是典型的青春期苦闷中的青年所为，按照现代青年性心理学的观点，似乎没有什么反常之处，根本不值得大惊小怪，尤其不必加以道德伦理上的指责。《沉沦》问世不久，那些封建卫道士们对其横加指责，撇开伦理道德上的原因不谈，就是因为他们不具备"青春期"的基本常识，他们也根本没有把青春当作青春来看待。这实在是一种对青春的"误读"。郁达夫说过，"五四"运动最大的发现就是"个人"的发现。那种"个人"的发现，本质上是青年的发现。青春小说主题的盛行，也是青年文化诞生的标志。郁达夫所反映的青春问题，并不是一个人的问题，而是时代的问题。青春问题普遍地存在于社会潜流，一旦被激起波澜，就会形成一股强大的青春能量。郁达夫的《沉沦》就是激起青春波澜的一声长哭，它尽情地倾诉着青春的苦闷和委屈，令无数青年人发出共鸣。恩格斯曾借用一位诗人的话语说过，"时代的性格，往往就是青年的性格"。郁达夫正是通过对特定时代青年性格的敏锐把握，反映了那个时代的特点。

《沉沦》的世界是一个青春的世界。在那里，青春期的诸多生理、心理问题得到充分展现和反映，可以说《沉沦》为人们研究那个时代的青春问题提供了一个很好的文学范本。《沉沦》的主人公曾大声呼唤：

> 知识我也不要，名誉我也不要，我只要一个能安慰我体谅我的"心"，一幅白热的心肠！从这一幅心肠里生出来的同情！从同情而来的爱情！我所要求的就是爱情！①

这是典型的青春期异性崇拜心理的发泄，明显带有非理性的色彩，我们不能简单地指责其"爱情至上"。爱情说到底是一种强烈的激情，在青春期爆发的爱情更像火焰一样熊熊燃烧，不可遏止。歌德《少年维特之烦恼》中的维特，正是因为不堪那种强烈感情的打击，才殉情而死。《沉沦》主人公则大胆呼喊出了青春的烦恼，那声音对于生活在旧道德文化中处于情感压抑状态下的中国青年，尤其具有振聋发聩的作用。歌德有言："哪个男子不钟情，哪个少女不怀春？"处于恋爱的季节，抒发对爱情的向往和对异性的渴慕，是再自然不过的事情了。郁达夫曾写道："人生从十八、九到二十余，总是要经过一个浪漫的抒情时代的，当这时候，就是不会说话的哑鸟，尚且要开放喉咙来歌唱，何况乎感情丰富的人类呢？"②显然，郁达夫具有青春本位观念和青春解放意识，他把大胆追求情爱、性爱看做青年人最根本的权利。试想，假若《沉沦》里面没有主人公那一段青春呼唤，那么，作品自然会锐气有减，读者阅读也不会那么酣畅淋漓，更重要的是，作品所表达的时代气息将不会那么强烈逼人。

此外，郁达夫还通过《沉沦》表现了特定环境中青年人的绝望、

---

① 郁达夫：《沉沦》，转引自夏传才主编：《中国现代文学名篇选读》（修订本）（上），南开大学出版社 1993 年版，第 293 页。

② 郁达夫：《忏余独白·〈忏余集〉代序》，1931 年 12 月 20 日《北斗》第 1 卷 4 期。《忏余集》，上海天马书店 1933 年出版。

忧郁、苦闷和寂寞等心理状态。这些状态中的情绪是青春成长过程中难免出现的心理现象，但曾被有些论者简单归入颓唐或变态的范畴。伊·谢·科恩在《自我论》中曾指出："绝望、忧郁、苦闷和寂寞等心理状态的发现，是个性和反思发展的重要标志。中世纪思想不知有伦理以外的心理：它把一切既有的体验分为恶习和美德两类。"①"五四"之前的中国传统价值系统是以道德伦常作为衡量事物的最高规范的。它把"自我"绝对地纳入社会角色和社会活动之中，强调人在社会整体存在中的共同性。而当人把"自我"从共同观念中解放出来，要为自己下定义的时候，"自我"的归属性问题就呈现出来了，孤独感和渺茫感往往油然而生，于是一面极力推崇"自我"，一面又极端怀疑"自我"。《沉沦》中处于青春期的主人公远在异国他乡，身处中、日两种文化的夹缝之中，对两种文化都有所疏离。在日本学校里"他"也是极力避开同学，宁肯和自然亲近。由于没有纳入社会角色和社会活动之中，主人公的"自我"意识特别突显出来，在"他"的绝望、忧郁、苦闷和寂寞等心理状态中也包含着对周围世界的静观和对自身生命的审视，虽然"他"并未得出什么思考结果，但"他"绝不是浑浑噩噩地度日。作为一名具有个性和反思精神的青年，"他"的颓唐或变态里面，未尝没有深刻之处，未尝没有觉醒之处，"他"对民族歧视敏感和投海之际对祖国富强的渴望就是证明。看来，以往有些论者把《沉沦》主人公的绝望、忧郁、苦闷和寂寞等心理状态仅仅归结为颓唐或变态是有失偏颇的，至少是对青春期"自我"觉醒问题的一种忽视。从某种意义上可以说，正是《沉沦》，使人们开始正视青春世界，正视青春期出现的问题，《沉沦》在其文学意义之外还具有丰富的青春学意义。

当然，对"《沉沦》现象"，即使新文学内部，也有不同的评价。"五四"女作家苏雪林曾说过："他（郁达夫）所表现的性的苦闷，都

---

① [苏]伊·谢·科恩：《自我论》，佟景韩译，三联书店 1986 年版。

带有强烈的病态，即所谓‘色情狂’（Satyriasis）的倾向，这是郁氏自己的写照而不是一般人的相貌。象《沉沦》中的主人公一见女性呼吸就急促，面色就涨红，脸上筋肉就起痉挛，浑身就发颤，还有其他许多不堪言说的情形，这是一般青年所有的么？《茫茫夜》里的于质夫到小店女人处买针买帕回来自刺等行为，又是普通男子感到性欲无可发泄时的情况么？”①苏雪林坚决反驳“达夫这种病态在一时成为青年苦闷的典型”的论断，认为这是“违心之论”，“青天白日闭了眼睛说梦话”。——其实，从青春学的角度看，“色情狂”倾向等“性变态”病症是青春期中常见的问题，随便翻一本《青春心理学》读物，都有详细的介绍。郁达夫在选材时偏爱那些变态的青年，也不见得他本人就是变态者。即或有人拿出确证，证实郁达夫的确是个变态者，也并不影响他在文学上的成就和才华。变态者笔下的变态青年，引起了无数变态读者的同情和感伤，这本身就是社会问题。站在青春本位的立场看，病态的青春也是青春，病态的青春正是时代病态的表现。阅读《沉沦》文本，我们可以注意到如下关键词：青春、叛逆、性爱、病态、感伤、死亡等，这些关键词在某种意义上指涉了青春最本质的方面，即现代青春的共性所在。按照弗洛伊德的观点，生本能（包括性本能）和死亡本能是最基本的生命能量，二者的斗争彼此消长直至生命完结。而人类的文明史就是一部性压抑的历史，因为有压抑，所以产生了叛逆、病态和感伤。在青春时期，这种压抑和反压抑的斗争达到最激烈的程度，青年个体甚至以死亡解脱生命的烦恼。郁达夫当然不是以小说的形式演绎弗洛伊德的精神分析理论，但他的确抓住了青春问题的要害所在，加上袒露直率的艺术表达，使其作品获得了不同时代青年们的价值认可和艺术青睐。

---

① 苏雪林：《郁达夫论》，参见《郁达夫研究资料》，天津人民出版社 1982 年版。

二、从伦理学视角阐释

青春小说《沉沦》所引发的轰动效应和社会波动又不能仅仅从青春学进行解释，要全面解释“《沉沦》现象”，伦理学不失为一个很好的视角。伦理学又称“道德哲学”，是一门以“道德”为研究对象的学科。它研究什么是道德上的善与恶、是与非，分析、评论并发展规范的道德标准，并以此来处理各种道德问题。中国传统文化把自然观、认识论、人生观、伦理观融为一体，并常常以伦理为本。因此，“四书”“五经”等可以看做专门阐述中国传统伦理学的著作。尽管中国伦理思想起源很早，并且内涵极为丰富，但“伦理学”这个名词，却是随着西方文化的影响，在19世纪以后才开始被广泛使用的。从伦理学的视角看“《沉沦》现象”，能够更加理性、客观地对其进行阐释。

《沉沦》描写了一个在日本留学的中国青年，“他”因为欲望得不到满足，患上了精神忧郁症。随着苦闷的增加，开始在“被窝里犯罪”，而后是恐惧、后悔和自责。“他”迷上了旅馆主人的女儿，曾偷窥其洗浴；在野外的芦苇丛中，“他”偷听了一对男女的野合。在孤独和寂寞中，“他”前去酒楼找妓女寻欢，却又因为是“支那人”的缘故，遭到日本侍女的冷落。最后，主人公带着“弱国子民”亟盼祖国强盛的感叹，蹈海自尽。《沉沦》的问世何以会在神州大地引起如此轩然大波？从伦理学的视角看，是由于它的抗世违俗：对传统伦理道德的反叛和诋毁，对道德禁忌的违背和挑战。分析《沉沦》表层文本，至少有四处构成了对传统伦理道德的冒犯：其一为所谓“被窝里的犯罪”，亦即“手淫”或称“自慰”；其二为偷窥少女洗浴和偷听男女野合；其三，表现了对女人灵与肉的渴望和膜拜；其四，或许是最严重之处，就在于作者把那些传统社会的君子所不齿的隐私和忌讳坦率地写进了作品，展示给公众读者。——至于写到主人公到酒楼找妓女寻欢，却恰恰能够为中国传统道德所宽宥，算不上什么恶德恶行。由于传统道德作为一种文化积淀深深地浸入国民意识之中，甚而成为集体无意识，当一部作品冒犯它的权威时，就难免会遭到公众沸沸扬扬的批评和指责。而《沉沦》的价值也正在于通过大胆的违世抗俗，从而否定了某种伦理道德话语。

任何社会都离不开伦理道德的约束，否则社会就会解体或陷入混乱之中。但是，伦理道德并不是先验的存在，而是与社会生活相关的行为规范体系，当生活的性质发生了变化，道德的性质和内容也就相应地跟着改变。"五四"时期新文化运动的健将们向传统伦理道德发起了猛烈的进攻，其目的就在于进行一场伦理道德革命，用新道德来代替旧道德，以适应中国社会由传统农业社会向现代社会的过渡。性伦理和性道德作为伦理学的重要内容，也是社会文化中最为敏感的话题之一。在漫长的历史中形成的性伦理观念和道德禁忌，往往和宗教文化传统密切相关。例如，基督教文化和伊斯兰文化都宣传禁欲，"自慰"和"同性恋"被认为是邪恶的，乱伦和通奸者甚至要被众人用石头砸死。欧洲中世纪的禁欲主义更是登峰造极，十字军东征时期欧洲妇女的"贞节裤"便是最好的证明。相比之下，中国传统的性伦理思想主要有两个特点：其一是宣扬性神秘、性禁锢；其二是宣扬夫为妻纲，男尊女卑。作为中国文化精神渊源的"儒、释、道"，无论哪一家，都反对"自慰"，对于由"淫心"萌动而导致的"偷窥"、"偷听"之类"邪僻行为"更是严加指责。诸如"身体发肤受之父母"、"一滴精，十滴血"、"万恶淫为首"、"女人是祸水"、"年轻血气未足，戒之在色"、"非礼勿视，非礼勿听"等等，这些圣训或者格言俗语，都反复强调了禁欲思想，发展到"宋明理学"时期，竟然到了"以理杀人"的地步。哪里有压迫，哪里就有反抗；哪里有道学压迫，哪里就有对道学压迫的反抗。针对"存天理，灭人欲"的封建礼教，晚明时期的李贽等启蒙思想家向非人的理学思想提出挑战，大胆肯定人的个性权利和自然欲求的合理性。清代思想家戴震曾指斥后儒“以理杀人”，大声疾呼反对压制个性的“遏欲之害”，主张使人“各得其情，各遂其欲”。在“五四”启蒙者眼里，“中国独特的假道学，恰恰是一个戴着古衣冠的淫逸本体”，所以“中国性道德的整饬”，就是要刺破这一虚伪的本体，寻求理性的光辉和人性的解放。那个时期的启蒙者选择了性爱作为突破口，主旨就在于撕开封建道学对人的自然本性的封杀。启蒙者们在对旧派小说发动全面批判的同时，组织了一场关于性爱问题的讨论。恽代英、李达、鲁迅、周作人、章锡琛等纷纷撰文，对性爱的自由与自主提出了自己的看法。这次讨论对“五四”小说家们大胆描写性爱，有着重要的启蒙和指导作用。作家们不约而同地把眼光投注于此，问世于 1921 年的《沉沦》，也正是那种时代大潮的产物。试想，如果《沉沦》出现于 19 世纪末的文坛，顶多被当作一篇邪狎小说；如果出现于 20 世纪末的文坛，有可能被当作一篇“欲望写作”的平庸之作；如果它出现于 20 世纪 50 ~ 70 年代，必定被视为腐朽反动的“大毒草”或者堕落无耻的“黄色小说”。因此，从某种意义上可以说，《沉沦》选择了历史，历史选择了《沉沦》。正是在那样的时代背景下，郁达夫把中国人一向避讳的性问题提到了光明处，可谓捷足先登，惊世骇俗。钱杏邨说，性的苦闷在当时是“一种很普遍的现象，是青年们同具着这样的事件，而没有勇气很痛快的表现出来的实生活的一部分，达夫是赤裸裸的整个的不隐晦的表现出来了”①。郁达夫借《沉沦》所提出的青年问题是沉重和严肃的，促使每一个人思考。现代青年的精神苦闷和性苦闷已经不能用旧的伦理道德标准衡量，怎么来看待和对待这种问题，成了时代的困惑。愈是困惑，就愈能激发人们阅读和探讨的兴趣，《沉沦》的轰动效应也就出现了。借助于对《沉沦》的阅读和评论，“五四”时期的性爱话题得到进一步言说，小说家担当起了思想

① 钱杏邨：《达夫代表作 · 后序》，上海春野书店 1928 年版。

家启蒙的重任。锦明在1927年指出:“打破了传统(Tradition)、习俗(Convention),《沉沦》出世的影响不但在文坛上,在今日中国社会上、道德上的变动,我可以大胆的说一句是它的原动。今日公开的性的讨论,那神圣的光,是《沉沦》起导的……”①郁达夫本人在回答日本山口君的公开状中,曾慷慨激昂地宣称过:“我想以一己的力量,来拚命地攻击着三千年来的恶势力。我想牺牲了我一己的安乐荣利,来大声疾呼这中国民族腐劣的遗传。我想以一枝铁笔来挽回那堕落到再无可堕落的人心。”②看来,文学史家杨义先生称郁达夫为“反抗传统道德戒律的悲剧诗人”是不无道理的。

《沉沦》的诞生和轰动,其意义首先在于其大胆挑战传统道德,提出了困惑青年的时代问题。中国传统道德最大的弊端就在于虚伪,表里不一,言行不一;郁达夫挑战传统道德的方式就是以率真的“自我暴露”,显示人格的真诚。他说:“世人若骂我以死为招牌,我肯承认的,世人若骂我意志薄弱,我也肯承认的,骂我无耻,骂我发牢骚,都不要紧,我只求世人不说我对自家的思想取虚伪的态度就对了,我只求世人能够了解我内心的苦闷就对了。”“我若要辞绝虚伪的道德,我只好赤裸裸地把我的心境写出来。”③《沉沦》独特的价值就在于赤裸裸地写出了青年们性的苦闷和生的苦闷,“吹醒了当时无数青年的心”。1921年的中国文坛,已经产生了《女神》、《狂人日记》、《阿Q正传》等现代文学奠基之作,这些作品在表现时代精神和反封建方面具有相当的深度和力度,但这时的文坛仍然缺乏描写青年一代精神苦闷的大作品,郁达夫《沉沦》的出现弥

---

① 锦明:《达夫的三时期》,参见《郁达夫研究资料》,天津人民出版社1982年版。

② 郁达夫:《公开状答日本山口君》,参见《郁达夫散文选集》,上海文艺出版社1985年版。

③ 郁达夫:《写完了〈茑萝集〉的最后一篇》,参见《郁达夫文集》,花城出版社1982年版。

补了文坛上这一空白，其奠基意义自不待言。《沉沦》里的主人公形象是“现代青年的一个代表”，“他”不像“狂人”那样大胆反抗，也不像“阿 Q”那样性格丰满，在某种意义上不过是一个“扁平人物”，但是“他”却给人留下深刻的印象，读过一遍《沉沦》就再也不会忘记。如果说人们在阅读《阿 Q 正传》时会对“阿 Q”产生“哀其不幸，怒其不争”的态度，那么对于《沉沦》里的“他”，人们尽可“哀其不幸”，却无法“怒其不争”；人们甚至会嘲笑“他”，但却不能鄙视“他”——因为，“他”的软弱，有着难言的苦衷；另一方面，别人不敢吱声的苦衷，让“他”喊出来了，在这一点上，“他”又何尝不是勇敢的？“他”那发自肺腑的对“灵与肉”的呼喊，那种真诚和率真，就是对于虚伪人格的一种否定。所以，《沉沦》的主人公形象具有反封建道德、反分裂人格的伦理意义。

三、从民俗学视角阐释

对“《沉沦》现象”的深度解释，离不开文化人类学中的民俗学视角。民俗学(Folklore)是研究民间风俗、习惯等文化现象的社会科学。广义的民俗学研究涉及人类文化的诸多领域，本文使用的“民俗文化”有时就等同于“民族文化”。下面笔者就从民俗学的角度，探讨《沉沦》主人公精神血液的文化构成，揭示主人公心理以及行为方式的文化矛盾，并分析郁达夫创作《沉沦》是怎样受到日本“私小说”影响的。

中国作家描写中国青年的一部汉语小说，在中国读者中产生了轰动，初看起来，“《沉沦》现象”似乎纯粹是“中国式”的，跟异国文化没有关系。其实不然——留学日本的郁达夫，在日本创作了反映留日学生生活的《沉沦》，从创作主体到作品人物乃至作品细节，都受到日本文化的深刻影响。民俗学中有一种“功能导向说”，认为作为文化的民俗是一种模式和规范，具有导向功能。一个新生儿来到世上，他一生将采取何种方式度过，民俗文化已经为他准备好了模式，为他的一生留下了文化胎记。从创作主体方面看，1913年赴日留学的郁达夫，其文化处境可谓站在中日两个文化圈的交叉之处：既受中国民俗文化制约，又受日本民俗文化影响；既对中国传统文化有所疏离，又未能在日本文化中找到归宿。“读的是西洋书，受的是东洋气”，形象地道出了郁达夫在日本尴尬的社会地位和文化困境。就作品《沉沦》而论，主人公“他”是18岁之后离开故土到日本留学的，那种由中国民俗文化留下的胎记，使得主人公在接受日本民俗文化时发生离间和排斥，加上先天的敏感和忧郁气质，主人公的孤独感特别突出。他厌倦学校机械式的生活，喜欢避开人群，陶醉在大自然的怀抱。《沉沦》结尾处，主人公遥望苍穹中明月下的祖国，泪落如雨，感叹道：“祖国呀祖国！我的死是你害的！你快富起来，强起来吧！你还有许多儿女在那儿受苦呢！”这些感慨，应该说融入了作者在日留学所经历的真实而深切的感受，也可以看做是作者受压抑的情感在小说中找到了宣泄口，以艺术的形式升华而出。

两国民俗文化的差异既影响了主人公的性格，也影响到读者对《沉沦》文本的解读。美国文化人类学家露丝·本尼迪克特在《菊与刀》一书中，对日本民族文化和国民性作了独特的分析。本尼迪克特称日本文化为“耻感文化”，即日本民族对“羞耻”、“耻辱”等极为敏感，为了澄清名誉甚至不惜剖腹自杀。但是，在日本民俗文化中，特别是在男性世界，“自慰”并不被当作羞耻的事情，少年人的“自慰”甚至得到成年人的怂恿和鼓励。这方面与中国的民俗文化形成极大反差。《沉沦》主人公身处日本较为开放的“青春性文化”氛围中，灵魂里却难以摆脱中国礼教文化对“性”的严格限制的观念，所以“他”的青春痛苦较之国内青年和日本青年都要严重得多。再如，日本的洗浴文化特别发达，是其民俗文化中的突出特色。由于洗浴成了这个民族普遍的爱好，男女同浴曾经一度流行，也不被视为不雅。本尼迪克特在《菊与刀》中提到，有些农家妇女就在露天的庭院内洗浴，并不刻意避讳什么“春光外泄”。《沉沦》里有个细节，当主人公怀着犯罪的心理偷窥旅馆主人的女儿洗浴时，那少女听到外面有动静，就叫了一声“谁呀?”也并不特别惊慌失措，更没有披上衣服穷追不舍，非要把“无耻小人”揪出来不可。倒是主人公心中忐忑不安，经受着心灵自责的折磨。

在写作上，郁达夫的《沉沦》等“自叙传”抒情小说，也并非天马行空般无所依傍，而是明显受到日本“私小说”的影响。郁达夫的留学时代正值日本“大正”年间。那时的日本文坛大量引进西方文艺思潮，他们重视感性的自我，特别礼赞个人创造，极为崇尚天才。前期创造社小说自觉地表现性心理，格外强调直觉与生命，也都是在日本大量译介弗洛伊德、柏格森学说之后。可以说创造社诸君是随着日本“大正”文坛的风向，追踪世界文学最新潮流的。1921～1926 年风靡日本的“私小说”是在西方文学与日本传统文化撞击下产生的小说样式，它的文化思想根基是西方宗教文化的忏悔精神和近代思想的个性意识，其文学摹本是西方近代以来的自传体文学。“私小说”描写作者自己身边的事情，把文学描写的重点转移到人的内部世界，内容上突出作者对自我生命的体验。郁达夫的“自叙传”抒情小说，接受了 19 世纪浪漫主义的影响，吸收了“私小说”的创作特点，融入了现代主义小说的创作手法，侧重于对作家内心世界的大胆暴露，包括对私生活中灵与肉的冲突的描写。在性爱描写方面，郁达夫的小说还涉及到窥淫癖、同性恋、受虐狂、恋物癖等性变态问题。日本近代文学以严正的态度将性爱作为人生的重要内容，并将其建立在个性解放的基础之上，性变态问题也得到如实表现。在中国，封建礼教的压迫较之日本要大得多，而中国性启蒙的起步又比日本迟，所以中国性爱题材的小说极易招致封建卫道士的攻击，越是如此，那些“出格”的作品也就越容易引起轰动效应。“《沉沦》现象”在中国的存在充分证明了这一点。

小 结

文学史上有一些作品，自诞生之日起就产生惊世骇俗的轩然大波，其后的历史岁月里又经得起不同读者和批评家的一再阐释，郁达夫的青春小说《沉沦》就应属于这类作品。《沉沦》影响之大、之复杂远远超出了文本自身，称之为"《沉沦》现象"并非夸大其词。"《沉沦》现象"是20世纪中国文坛上的复杂存在，也是20世纪中国青春文学史上的一部力作。理解《沉沦》背后的"社会文化文本"才有可能对"《沉沦》现象"做出正确解释。通过分析我们得知，《沉沦》是一部大胆而严肃的青春小说，它在20世纪初的中国社会起到一种警醒作用，要人们正视青春世界和青春问题。从青春本位的立场看，《沉沦》也是一部反叛小说，它告诉人们：青春无罪，"沉沦"有因。《沉沦》这部青春小说的独特价值就在于：用异域文化作参照，大胆挑战传统道德；以青春文化为本位，大声呼喊青年的苦闷，难能可贵地记录了"五四"时代的"另类"青春的声音。同时也不难看出，以往那种把《沉沦》当作"爱国小说"或者"颓废小说"的观点不过是牵强附会的"误读"。

第二章　青春视角下的“莎菲现象”透视

——《莎菲女士的日记》新解

在中国现代文学史上，一部短篇小说同一个作家的文学道路密切相连甚至影响到作家未来的命运，这种情况并不多见，但又的确存在着。丁玲与《莎菲女士的日记》之间就是这种关系。《莎菲女士的日记》是继《梦珂》之后丁玲的第二篇小说，同时也是她的成名之作。这篇作品给丁玲带来了巨大的声誉，奠定了她文学道路的基础。然而，伴随着丁玲坎坷不平的人生道路与文学生涯，这篇小说也历尽沧桑，饱受争议。其中，争论最多的是关于“莎菲形象”的问题。“莎菲形象”所具有的丰富内涵以及文学史上多次争论所引发的轰动效应使得这一人物形象“走出”了具体文本，不但进入了不断重写的文学史，而且参与到现当代中国历史的流程之中，成为跨越到21世纪的文学形象之一。在此意义上，“莎菲形象”已经构成现当代文学史上的一种“莎菲现象”。“莎菲形象”何以扣人心弦？人们为何对其褒贬不一？“莎菲形象”又何以流传久远？下面笔者试从青春主题的角度对“莎菲现象”进行透视，以期对《莎菲女士的日记》这篇文学史上的经典之作进行新的阐释。

一、日记体“青春叙事”

1927 年秋天，丁玲完成了她的处女作短篇小说《梦珂》，小说发表后，受到了叶圣陶等文艺界人士的赞赏与关注。同年的冬天，《梦珂》的姊妹篇《莎菲女士的日记》脱稿，在 1928 年 2 月的《小说月报》上发表后，一鸣惊人。这时候的丁玲不到 24 周岁，奠定她在文坛地位的成名作已经诞生。而在此之前，丁玲作为文学青年胡也频的妻子，虽然涉猎了许多文学名著但并没有多少文学创作积累，应该说《莎菲女士的日记》一举成名令她本人也有些措手不及。作品问世不久，就有评论者发现文学表达方面的不够熟练：“可惜作者的文字不熟练，有时写得颇不漂亮。作者好叙述，而少抒发。……作者那样高的天才，不幸为不十分流利的文字所累，真是令人觉得有些美中不足。”①那么，《莎菲女士的日记》成功的秘诀何在呢？从文体学的角度看，丁玲运用“日记体”小说形式进行“青春叙事”，无论从文学形式还是从文学内容方面说，都容易引起读者的高度关注，从而形成文学的轰动效应。

日记体小说一般性质的释义即：用日记的形式，表达小说的艺术内容。运用日记进行写作较易掌握，且与人的精神层面密切相关，不仅是一种文学现象，更是一种文化现象。陈平原曾在《中国小说叙事模式的转变》中提到，因为表达自我的强烈需要，使得“五四”时期的作家们偏爱选择日记体小说。日记体小说既是作者本人情绪的审美外化，也是时代情绪的一种折射。第一人称日记体小说，外形上更接近真实形态的日记。第一人称是体验性、认知性

---

① 毅真：《当代中国女作家论 · 丁玲女士》，原载 1930 年 7 月 1 日《妇女杂志》第 16 卷第 7 期。转引自杨桂欣编：《观察丁玲》，大众文艺出版社 2001 年版，第 197 页。

最强的一种叙事人称，它的权威意义在于自我形象的高度“真实”，带有相当浓重的自我展示，自我剖析成分。第一人称日记体小说，具有较强的私密性，在表现人物的内心世界方面具有无可代替的优势。丁玲采用“日记体”小说的形式进行“青春叙事”，属于青春作者以“日记体”方式，向社会公众特别是青春读者展示一个“独特青春”的私人生活与内心世界，比较容易在青年读者中激起阅读欲望和窥探兴趣。女性作家参与的中国现代日记体小说创作，也是和“五四”时期人的解放和女性解放同步的，现代女作家在文坛上的闪亮登场改写了真实女性立场的写作在文学史上总是缺席的历史。说“莎菲”代表着“独特青春”，在于“莎菲”这个具有异国情调且富有女性色彩的名字，与“女士”二字相连，隐含着年轻而“另类”的“知识女性”将构成日记的主角——可以说，小说的题目本身就相当惹眼，富有一定的吸引力。“五四”时代是一个呼唤青春、讴歌青春的时代，青年群体或个人冲破“老年本位”占绝对优势的传统文化，在时代的大舞台上尽情展示着现代青春文化的活力与风采。“青春”成为一个具有生命力的新词汇、新概念，大量涌进报纸杂志和各类题材的文学作品。“五四”运动落潮以后，以青春为题材的文学作品也并未减少，只是加重了感伤忧郁的苦闷成分罢了，“青春叙事”依然具有吸引读者关注的阅读效应。

《莎菲女士的日记》中的“青春叙事”具有鲜明的“性别叙事”的色彩，强烈的女性青春意识的凸现，使这篇作品棱角分明个性张扬，甚至招来不少非议。丁玲却以其大胆、决绝和极端的青春反叛情绪塑造了莎菲这个叛逆的女性青春形象，尽情地嘲弄了男人们的委琐和卑劣，并将他们从中心地位拉了下来，以女性取而代之，表现了强烈的女权意识和反叛意识。《莎菲女士的日记》中我们看到，两性地位已发生了重大的置换：莎菲在两性交往中总是主动，总是有着优越感，并居于审度一切的中心地位。相反，莎菲所接触的男性则居于被审视的从属地位：安徽男人粗俗，云霖呆拙，苇弟委琐，凌吉士卑劣。《莎菲女士的日记》中描写了“被莎菲观看的凌吉士”和“看了莎菲的日记,也永远不懂莎菲的苇弟”。虽然凌吉士是个美人,“修长的身躯,白嫩的面庞,薄薄的小嘴唇,柔软的头发”,尤其是它的两个“鲜红的,嫩腻的,深深凹进的嘴角”,实在是惹人的小东西。但最后莎菲还是放逐了对凌吉士的感情,无疑是由于对他内在灵魂的鄙夷。在某种意义上可以说,莎菲是一个敢于向男权文化传统宣战的青春叛逆者,一个有着鲜明的女权意识并大胆地解构男性神话的现代女性。“五四”时期是中国新文化运动反封建、反传统的狂飙突进时期,也是中国女性解放的重要历史时期,生逢其时的丁玲以她的深刻与敏锐,走在了时代的潮头浪尖,成为中国女权主义写作的一个源头,由此我们足见青春丁玲的前卫和深刻。

《莎菲女士的日记》中的“青春叙事”还包含“身体叙事”和“病态叙事”的丰富内容。“身体”不仅是一个生物存在,更是一个社会文化建构。身体能够感觉到痛苦和快乐,也能够成为思想的对象。身体的到场有一种意思,在文明和愚昧的冲突中,争取个体对自己的身体的所有权与支配权,以表达对婚恋自由、生死自由、精神自由等的追求。“五四”运动落潮之后,“情”的过分强调,造成“五四”日记体小说的人物往往带有敏感、病态、孤独、脆弱等特征,走不出自艾自怜的境地。现代日记体小说强调个体的权利、价值、尊严,而且为小说的个人抒情开辟了广阔的道路,写内心情绪,冲突,个性色彩感触,个性化的精神。身体能感觉到痛苦和快乐,自然成为思想的对象。泪水、疲倦、躺、睡眠(月亮、梦境等意象)、病态、死亡等相关感受词汇,都是主体心灵挣扎的生存图式呈现。当代美国著名作家及文艺批评家苏珊·桑塔格(Susan Sontag)在其著作《疾病的隐喻》中指出:“任何形式对社会规范的背离都可以看做是一种病态。”如果一个女性生活在传统社会,又无法遵从传统道德规范、无法担当传统女性角色,那么,她极有可能不仅精神痛苦,肉体也会经受灾难,最终会陷入沮丧、忧郁和疼痛的“病态”之中。

《莎菲女士的日记》中，青春莎菲的身心其实都处于一种“亚健康”的“病态”之中：她肉体上感觉“头痛”并“咳嗽”，精神上“烦恼”、“焦躁”，心绪不佳。医生警告躺在病床上的莎菲，不要阅读，不要思考，这不仅限制了她的行动还控制了她的思想。莎菲感觉到被动、压抑、窒息与幽闭，她不但不能选择自己的生活，反而被一股无名的力量所限制、胁迫、操纵和伤害。莎菲的疾病与她所处的社会环境有着密切的关系，这种身体和精神状态隐喻了女性在传统社会中的被动地位和弱势处境。由于受疾病的限制，莎菲必须躺在病床上，但是她的行为却表明，她并不是被动地接受作为一个病人的命运。她不仅在病床上辗转反侧，寻求最佳位置，释放病痛的折磨，她还试图通过寻找新的住所和搬家来改善她的环境及她的内心生活。茅盾先生在评论莎菲这个角色时曾指出：“莎菲女士是心灵上背着时代苦闷的创伤的青年女性的叛逆的绝叫者。”然而，莎菲的“绝叫”并不仅仅是发自声音上的，这一“绝叫”更是以其女性病态身体作为特殊文本表达出来的。莎菲的疾病及其有病的身体在表达其“创伤”时更是负有特殊的使命和意义。莎菲精神上“烦恼”、“生气”、“焦躁”和她肉体上感觉“头痛”并“咳嗽”，虽然没有直截了当地指出中国传统社会对一个“新女性”的压迫与摧残，但疾病作为身体语言，确实产生了一种文化效果。《莎菲女士的日记》中的“身体叙事”和“病态叙事”大大丰富了其“青春叙事”的社会文化内容和心理内容。通过“身体叙事”和“病态叙事”，作者将莎菲还原为真性情、有个性的血肉丰满的“青春”人物，改变了在中国几千年的正统文学中，缺少肉的气息、血的猩红和神经末梢的颤悸的境况。

有论者从“青春叙事”的角度中肯地评价了丁玲的这篇成名之作，认为《莎菲女士的日记》中34则日记“事事从身历处写来，语语从心坎中说出”，把青春女性感情中的复杂心态和性爱追求上的隐秘思想进行了彻底的裸露和曝光。不管是莎菲所处的时代，还是思想观念已开放的今天，要一个青春女子如此坦诚地将“爱与被爱”、“灵肉分离”的真实感受公开出来,都是很不容易的。当代作家马加回忆了半个世纪以前阅读《莎菲女士的日记》时的感受,他说:“我为什么喜欢读《莎菲女士的日记》呢?因为当时我是青年人,我有着时代赋予青年人的敏感、苦闷、憧憬与追求。……(作品)在青年读者中有着广泛的影响,它在发掘灵魂的深处,塑造女主人公矛盾复杂的性格方面,都达到了应有的高度。”①马加以阅读主体的青春身份为出发点,解释了青年读者群钟爱《莎菲女士的日记》的时代原因与青春心理因素。

总之,独特的“青春形象”、另类的“青春叙事”,这是《莎菲女士的日记》自身内容上所占的优势;另外,作者所具有的真诚的青春品格也是感动读者的重要因素;加之真实可感的“日记体”形式的魅力,使得《莎菲女士的日记》问世后以相当的传播“热度”给文坛带来一定的冲击波,迅速奠定了一位文学新人在现代文坛上的地位。

二、新女性“青春矛盾”

1920年代末期和30年代前后,以“日记体”形式进行“性别叙事”或“青春叙事”的日记体小说,并非仅仅只有丁玲的《莎菲女士的日记》。稍加留意就会发现如下“女士日记”系列:《一个情妇的日记》(庐隐)、《C女士的日记》(冯铿)、《一个妇女的日记》(黄药眠)、《一个妇人的日记》(沈从文)、《流浪少女日记》(吴似鸿)……还包括丁玲本人的《莎菲女士的日记》第二部。上述小说同样采用了日记体形式,也涉及“女性叙事”或“青春叙事”的内容,且不乏吸引人的题目,但却没有取得丁玲《莎菲女士的日记》(指第一部)的轰动效应和文学史影响。这从另一个方面说明,除了“日记体”形式的“青春叙

① 马加:《读丁玲同志小说有感》,转引自宋建元:《丁玲评传》,陕西人民出版社1989年版,第70页。

事"之外,《莎菲女士的日记》必定还有其他方面的成功要素。笔者认为,其要素之一就是这篇作品深刻地揭示了20年代末期"新女性"所面临的种种"青春矛盾",这恰是上述"日记体"小说所不具备的。

在中国近现代史上,"新女性"是由"新妇女"发展而来,并且其内涵在不同时代也各有差别。"五四"时期的"新妇女"形象是"娜拉"型的,她们纷纷走出父权制下的封建"大家庭",通过自由恋爱建立男女平等的"小家庭"。20年代末期的"新女性"比起"五四"时期的"新妇女"更加"另类",她们反叛社会的行为更加极端甚至有些玩世不恭,因此这一时期的"新女性"在许多场合下往往被称为"摩登女郎"。在婚恋和性爱方面,她们信奉恋爱至上并大胆追求性爱,有的坚持独身,有的拒绝养儿育女;在外貌和行为方面也表现出反抗世俗的特立独行。这一时期的"新女性"更多地表现出与西方女权主义精神血脉的相通性,而中国1920年代末的社会现实环境和文化氛围是相当严峻和冷酷的,并没有为"新女性"们提供多少生存的物质和精神空间,这一时期的"新女性"不仅受到封建文化的攻击,甚至新文化运动以来的"贤妻良母"派、"小家庭"派和"职业"派的女性们也对她们进行非议和指责。因此,经受"五四"精神启蒙和西方文化洗礼的20年代末的"新女性"可谓生不逢时,她们处于种种矛盾和诸多压力的包围中,如同划过夜空的流星,只留下瞬间的光亮,便消失在20世纪中国历史的进程中。女作家丁玲不失时机地为20年代末的"新女性"描摹了一幅生动的肖像,并对其面临的各种矛盾进行了形象而深刻的文学描述。有研究者指出,丁玲在走向左翼作家道路之前的早期作品中,曾专注于"摩登女郎"苦恼的表现,与左翼话语的主导方向并不尽一致,日本学者江上幸子将丁玲视为"摩登女郎"的少数代言人之一。① 可

① [日]江上幸子:《现代中国"新妇女"话语与"摩登女郎"丁玲》,见《中国现代文学研究丛刊》2006年第2期。

以说，在表现20年代末的“新女性”的青春矛盾方面，丁玲的贡献是独特而巨大的，甚至无人可以取代。正因为如此，“莎菲”形象曾一再受到“非议”，直到20世纪50年代后期的“反右”斗争中，姚文元、周扬等都曾以批判“莎菲”为借口，对丁玲进行过人格侮辱和政治攻击。① 丁玲在《谈自己的创作》一文中写道：“……1957年有个叫姚文元的小编辑，投左倾之机，写了几篇文章，得到某些人的欣赏而跃上了文坛。他判决莎菲是玩弄男性。居然有些理论家和少数落井下石的人，跟着狂叫了一阵。……也有人说，那个玩弄男性或者讲性爱的莎菲就是作者自己，要我去受莎菲的牵连，这很可笑。”②这些令人啼笑皆非的文学史存在，也足以说明一个问题：作家和他所创造的典型人物形象往往有着血肉联系，甚至灵魂的相通。丁玲与“莎菲”形象患难与共的故事，其实是非常感人的，在此意义上，把《莎菲女士的日记》作为丁玲的代表作，是不无道理的。

作为20年代末“新女性”的“莎菲”，是一个复杂的青春形象，可以说她身上成了一个矛盾的集合体，下面试作分析。

首先是莎菲这一“青春个体”和社会的矛盾。

莎菲所居住的“公寓”是家庭和社会之间的一个过渡桥梁。住在公寓里的莎菲离开了家庭，但并没有真正地走向社会或者说社会还没有真正地接纳莎菲，因为此时的莎菲没有职业又没有成家，是一个社会边缘人的角色。虽然受过教育却找不到职业，因此也就没有经济来源，就不能真正地融入社会，这是莎菲极大的苦恼。作为社会文化意义上的青春，是由少年到成年的一种过渡状态，此时社会不再把他看成是一个儿童，但他又不完全符合成人的地位，

---

① 周扬：《文艺战线上一场大辩论》，转引自袁良骏：《丁玲研究资料》，天津人民出版社1982年版，第414~415页。

② 丁玲：《谈自己的创作》，转引自宋建元：《丁玲评传》，陕西人民出版社1989年版，第70页。

因此,又有“边缘人”之称。就其本义而言,“青春”是一个过程而不是一个时期,是一个由不成熟向成熟发展的“成长”过程。莎菲就是一个“边缘人”,她的主要矛盾正是青春个体和社会的矛盾。莎菲这位“边缘人”的生活状态怎样呢?有研究者提醒读者注意莎菲的经济地位:“她有的只是‘破烂的手套’,‘破旧的拖鞋’和‘一些旧的小玩具。而她的思想意识,她的孤寂、苦闷、感伤、颓废……甚至她的一颦一笑,简直无一不可以从她的这个实际的社会经济地位中找到根据和解释,无一不和她的这个实际的社会经济地位有着千丝万缕的联系。”①莎菲所处的那种“公寓状态”,在很大程度上影响了莎菲的情绪,既是莎菲烦恼的重心所在,又是她反抗社会的导火索。请看下面文字:

> 一刮风,就不能出去玩,关在屋子里没有书看,还能做些什么呢?一个人能呆呆的坐着,等时间的过去吗?我是每天都在等着,挨着,只想这冬天快点过去;天气一暖和,我咳嗽总可以好些,那时候,要回南便回南,要进学校便进学校,但这冬天可太长了。
>
> 太阳照到纸窗上时,我是在煨第三次牛奶。昨天是煨了四次。次数虽煨得多,却不一定是要吃,这只不过是一个人在刮风天气为免除烦恼的养气法子。这固然可以混去一小点时间,但有时却又不能不令人更加生气,所以上星期整整的有七天没玩它,不过在没想出别的法子时,是又不能不借重它来象一个老年人耐心消磨着时间。②

一个充满活力的青春生命,呆坐在公寓里,甚至靠煨牛奶来消磨时

---

① 袁良骏:《褒贬毁誉之间——谈谈〈莎菲女士的日记〉》,《丁玲研究资料》,天津人民出版社 1982 年版,第 468 页。

② 丁玲:《莎菲女士的日记》,《丁玲短篇小说选》,人民文学出版社 1981 年版,第 43 页。

光,这实在是青春生命的浪费。青春生命像老年人那样"耐心"消磨时光,这是莎菲"公寓状态"的荒诞性所在,也是莎菲和社会的矛盾所在。这样的青春生命状态,是很容易产生孤独和颓废的。丁玲的写作行为本身,就是对那种"公寓状态"的反抗:"我那时为什么去写小说,我以为是因为寂寞。对社会的不满,自己生活的无出路,有许多话须要说出来,却找不到人听,很想做些事,又找不到机会,于是便提起了笔,要代替自己来给这社会一个分析……因为我只预备来分析,所以社会的一面是写出了,却看不到应有的出路。"①日本的丁玲研究者中岛碧认为,丁玲的初期作品大半是以"具有近代教养,在自我意识中觉醒,有敏锐的感受性而又无法找出人生的明确目的和方向,因而抑郁烦恼的年轻女性为主人公。她们没有清楚地意识到这一点,但敏锐地觉察到了时代闭塞的状况,略微沾染了世纪末的颓废,在官能和理性的纠葛中痛苦烦恼而又无能为力,浪费着自己年轻的生命"②。还有什么浪费比青春生命的浪费更能令人痛心?更能令人同情呢?因此,莎菲的生命状态受到很多读者的共同关注。茅盾先生称莎菲女士是"心灵上负着时代苦闷的创伤的青年女性的叛逆的绝叫者",这种判断属于经典的社会学和青春学视角的评论,也得到丁玲本人的认可。

其次是莎菲"爱情选择"中的矛盾。

在"父母之命,媒妁之言"具有绝对话语权的传统社会,青年根本没有选择爱情的权力,女性青春则处于更加被动的地位。20年代末的"新女性"经过"五四"妇女解放运动的启蒙,加之西方女权主义思潮的横向影响,她们把爱情奉为神圣的价值,在男女公开的

---

① 摘自丁玲:《我的创作生活》,《丁玲文集》第5卷,湖南人民出版社1984版,第381页。

② [日]中岛碧:《丁玲论》,《丁玲研究在国外》,湖南人民出版社1985年版,第170页。

社交生活中，表现出大胆主动的进取姿态，往往把男性置于被选择的地位。接受过现代教育的莎菲认为，女人和男人在精神人格、社会地位上是完全平等的，不存在孰高孰低的问题。在追求爱情的过程中，莎菲不像传统女性那样被动地等待男性的垂青和爱怜，而是始终处于主导地位，通过在不同的男性间区分、选择对象，表达着对女性自我意欲的坚持和肯定。莎菲的身边有两位截然不同的爱情"候选人"：一位是比莎菲大四岁却甘心做她的"苇弟"的老实男孩，另一位则是风度翩翩的新加坡美男子凌吉士。莎菲希望通过凌吉士获得灵肉合一的完美的爱情，获得新生活的希望。然而，她终于发现在凌吉士那高贵的美型里安置着的却是一个卑劣的灵魂，莎菲深深地失望了，但她一时又难于从情感的迷恋中挣脱出来，为此莎菲常常感到羞愧和痛苦。

选择是一种自由，同时也是一种责任。选择爱情就是选择生活方式，就是选择安身立命的婚姻基础。"莎菲将爱情的感知和选择与自己的人生的道路不可分割地联系在一起。只有女性在爱情的选择中对非爱情的因素考虑得更多。无疑这是一个男人的世界。莎菲在凌吉士的真实的感性之美与自己企图赋予他的美好理想之间苦恼。她在这情感的挣扎中，更多的仍是对自己沉湎于感性的自责。"①作为 20 年代末的"新女性"，莎菲在爱情选择中的犹豫和烦恼，既表明青春自身的不成熟，又流露出莎菲对未来生活的担忧。"苇弟"太过老实且不成熟，凌吉士太过成熟以至世故圆滑，莎菲对两位爱情"候选人"最终都投了弃权票。从青春视角看，爱情选择中的犹豫和彷徨是很正常的，青春作为一种由不成熟到成熟的过渡状态，正是在选择的过程中体验爱情和认识爱情的，因为恋爱本身就是一种指向未来婚姻生活的适应和预备。"年轻时，我

---

① 张军：《再读〈莎菲女士的日记〉——兼论丁玲早期小说中的女性意识》，《南方文坛》2002 年第 1 期。

们不懂爱情”这种醒悟，往往是许多“过来人”在回首青春岁月时所发出的沧桑之叹。初出茅庐的莎菲，在面临选择爱情的自由和责任时，那种兴奋与不安、自信与自卑的青春心理，被丁玲惟妙惟肖地描摹出来了，这应该是丁玲为青春文学史做出的一个贡献。

再次是莎菲“青春”自身的矛盾。

即使抛开个人与社会的矛盾以及爱情选择中的矛盾不谈，“青春”自身就是一个矛盾的“存在”。青春是一种由不成熟走向成熟的“成长”过程，在“成长”过程中，“自我”的形成本身就包含着矛盾：一方面只有离开“母体”或者“群体”，才能形成“自我”；另一方面，离开“母体”或者“群体”，就意味着个体的孤独。青春莎菲正处于“自我”形成的时期，孤独和尴尬总是难免的。那种“公寓状态”似乎也象征着莎菲心理上的“边缘”状态：一方面渴望人们体贴她，一方面又对人们盲目的体贴表示反感，甚至会逃避群体，下面一段描写就能说明问题：

> 我总愿意有那么一个人能了解得我清清楚楚的，如若不懂得我，我要那些爱，那些体贴做什么？偏偏我的父亲，我的姊姊，我的朋友都能如此盲目的爱惜我，我真不知他们所爱惜我的是什么；爱我的骄纵，爱我的脾气，爱我的肺病吗？……我真愿意在这时候会有人懂得我，便骂我，我也可以快乐而骄傲了……
>
> 没有人来理我，看我，我是会想念人家，或恼恨人家，但有人来以后，我不觉得又会给人一些难堪，这也是无法的事。近来为要磨练自己，常常话到嘴边便咽住，怕又在无意中刺着了别人的隐处，虽说是开玩笑。①

《莎菲女士的日记》围绕莎菲的同龄朋友设置了蕴姊、苇弟、凌

① 丁玲：《莎菲女士的日记》，《丁玲短篇小说选》，人民文学出版社 1981 年版，第 45 页。

吉士、云霖、毓芳、剑如、安徽人、同乡等人物，属于“庸众”的有剑如、安徽男人、凌吉士等；属于“好人”的有蕴姊、苇弟、毓芳、云霖、金、周、夏等。莎菲同这些人的交往基本上是不即不离，唯一一个精神上的知己蕴姊，又不在身边，只能以书信的形式交往，且蕴姊英年早逝，这样莎菲身边虽不乏友人，却每每有一种处于人群中的孤独感。莎菲选择恋爱，在很大程度上是为了摆脱那种无处不在的孤独感。我们知道，“自我”形成中产生的孤独感正是青春成长的必要的代价，在精神意义上具有“成年礼”的意味。“成年礼”作为考验青年人正式进入成人社会的一种仪式，在一些原始部落里非常盛行，往往采用一些严厉而残酷的手段折磨其肉身或心灵，经受住考验的青年人才有资格得到成人社会的认可和接纳。现代社会的“成年礼”一般只具有精神上的象征意义，但通常是每个成长过程中的青年人所必须经过的心灵的历练的门槛。20 年代末的“新女性”莎菲也并没有例外，她所经历的一切痛苦迷惘、失落与挫折，对其日后走出“公寓状态”，进入社会大舞台具有某种预备或见习的意义。《莎菲女士的日记》结尾，莎菲痛苦地认识到：“凡一个人的仇敌就是自己。”这是莎菲对“自我”和“青春矛盾”的一次深刻感知和体认：“但是我不愿留在北京，西山更不愿去了，我决计搭车南下，在无人无识的地方，浪费我生命的余剩；因此我的心从伤痛中又兴奋起来，我狂笑的怜惜自己：‘悄悄的活下来，悄悄的死去，啊！我好可怜你，莎菲！’”①

《莎菲女士的日记》这个结尾，曾引起许多读者和评论家的误读：以为莎菲绝望了，甚至就要堕落或者自杀了。细读这个结尾，其实有作者一种暗示隐含其中，那便是，尽管不清楚自己的未来何在，但是青春莎菲已经决定要走出那种“公寓状态”了，所以莎菲的

---

① 丁玲：《莎菲女士的日记》，《丁玲短篇小说选》，人民文学出版社 1981 年版，第 81 页。

心“从伤痛中又兴奋起来”。具有象征意义的“公寓状态”，是青春成长中的过渡状态，这种状态的结束如同娜拉“砰”的一声关上家门走向社会，有一种觉醒或重新选择人生道路的意义存在。“她（莎菲）说：悄悄地活下来，悄悄地死去吧！但她的精神，她的心灵并不甘心，所以她是苦闷的。她叫喊：我要死啊，我要死！其实她不一定死，这是一种反抗。那时候，这种女性，这种情感还是有代表性的。”①事实上，在《莎菲女士的日记》第二部中，具有反抗性格的“新女性”莎菲已经走上了革命的道路。女作家丁玲从骨子里了解莎菲，了解莎菲复杂的青春矛盾，也了解20年代末“新女性”的时代性格。“我自己是女人，我会比别人更懂得女人的缺点，但我更懂得女人的痛苦。”②从某种意义上说，丁玲选择莎菲或者莎菲选择了丁玲，是一种青春和青春之间的对话，这种“日记体”对话固然有一定的时代意义，但其超越时代之上的青春学价值应该更具久远和恒定的价值，《莎菲女士的日记》跨越世纪和国界的生命力就是最好的证明。

总之，丁玲通过20年代末“新女性”各种复杂的“青春矛盾”的深刻表现，使得《莎菲女士的日记》具有社会学和青春学的“厚度”，因此，在同类作品中脱颖而出，得到读者和评论家的广泛赞誉，并形成作品自身独特的青春学价值。

三、心理学“青春欲望”

在莎菲所面临的“青春矛盾”中，“灵与肉”的矛盾和冲突，在莎菲的内心世界中占据了相当重要的地位，也得到丁玲深刻而有力

① 冬晓：《走访丁玲》，见《丁玲研究资料》，天津人民出版社1982年版，第195页。

② 丁玲：《三八节有感》，原载1939年3月9日延安《解放日报》。

的表现。由于这些“矛盾和冲突”同“欲望”关系极为密切，因此笔者把这部分内容归入“青春欲望”范畴，从青春学和心理学的角度加以分析研究。

不少研究者都曾指出，《莎菲女士的日记》最主要的艺术特色是大胆、细腻的心理描写。具体说来，丁玲在塑造莎菲形象时，大胆、细腻地进行了“青春”心理的描写，在描写中真诚而严肃地直面了洪水猛兽般的“青春欲望”，把赤裸裸的青春本色或真相呈现出来，作者以其惊世骇俗的率真姿态，引起文坛和社会的极大震惊。

人是动物，就有动物所具有的生存本能，有本能产生的生理需要，那种需要就是欲望的本质。人是欲望动物，也是灵性动物，不过人身上的“灵与肉”经常处于冲突之中。周作人在论述“人的文学”这一概念时，强调“人”应该是“灵肉一致的人”，“我们要说人的文学，须得先将这个人字略加说明。我们所说的人……其中有两个要点：（一）从‘动物’进化的，（二）从动物‘进化’的。”在周作人看来，人性中包含“灵和肉”两个方面，周作人尤其重视肉的方面：我们承认人的一种生物性。他的生活现象，与别的动物并无不同。所以我们相信人的一切生活本能，都是美的善的，应得以完全满足。凡是违反人性不自然的习惯制度，都应排斥改正。

社会文化意义上的青春指由少年到成年的过渡状态；生物意义上的青春期则指青年人的春情萌动阶段，就动物而言则指其“发情期”。处于青春阶段的青年其原始生命力特别旺盛，欲望也就特别强烈；另一方面，既定的社会规范和道德规则总是以精神文明的方式约束着欲望，不允许其越出雷池一步。这样就使得青春生命往往处于激烈的“灵与肉”的冲突之中，从而形成青春期的苦闷甚至心理变态。

正值青春芳龄的莎菲，作为一个现代女性其“青春欲望”是相当强烈的，“灵与肉”处于激烈的矛盾和冲突之中。莎菲知道，“这个社会里是不会准许任我去取得我所要的来满足我的冲动，我的欲望,无论这是于人并不损害的事,所以我只得忍耐着,低下头去”①。而“欲望”的一个特点就是:越受到压抑或禁止,就越可能招致更强烈的满足要求。丁玲真实地记录了莎菲“青春欲望”的燃烧:

今夜我简直狂了。语言,文字是怎样在这时显得无用!我心象被许多小老鼠啃着一样,又象一盆火在心里燃烧。我想把什么东西都摔破,又想冒着夜气在外面乱跑去,我无法制止我狂热的感情的激荡,我便躺在热情的针毡上,反过去也刺着,翻过来也刺着,似乎我又是在油锅里听到那油沸的响声,感到混身的灼热……②

茅盾先生在评价《莎菲女士的日记》时,认为“莎菲女士是‘五四’以后解放的青年女子在性爱上的矛盾心理的代表者”,文中有下面一段描述性评论“(莎菲)在热爱着而又蔑视她的怯弱的灰色的求爱者,然而在游戏式的恋爱过程中,她终于从腼腆拘束的心理摆脱,从被动的地位到主动的,在一度吻了那青年学生的富于诱惑性的红唇以后,她就一脚踢开了她的不值得恋爱的卑琐的青年”③。茅盾先生的这一段描述性评论相当经典,但却多少有些夸大了青春莎菲的“理性”行为,对其“非理性”内心世界的软弱有所忽略。事实上,无论在凌吉士面前还是离开他之后,莎菲都相当矛盾,更多情况下难以摆脱“青春欲望”所造成的“灵与肉”分裂的折磨。不妨参考下面两段日记:

这是爱吗,也许要爱才具有如此的魔力,不是,为什么一个人的思想会变幻得如此不可测!当我睡去的时候,我看不

---

① 丁玲:《莎菲女士的日记》,《丁玲短篇小说选》,人民文学出版社 1981 年版,第 49 页。

② 丁玲:《莎菲女士的日记》,《丁玲短篇小说选》,人民文学出版社 1981 年版,第 78 页。

③ 茅盾:《女作家丁玲》,转引自宋建元:《丁玲评传》,陕西人民出版社 1989 年版,第 61 页。

起美人，但刚从梦里醒来，一揉开睡眼，便又思念那市侩了。我想：他今天会来吗？什么时候呢，早晨，过午，晚上？①

一当他单独在我面前时，我觑着那脸庞，聆听那音乐般的声音，我心便在忍受那感情的鞭打！为什么不扑过去吻住他的嘴唇，他的眉梢，他的……无论什么地方？真的，有时话都到嘴边了："我的王！准许我亲一下吧！"但又受理智，不，我就从没有过理智，是受另一种自尊的情感所裁制而又咽住了。唉！无论他的思想是怎样坏，而他使我如此癫狂的动情，是曾有过而无疑，那我为什么不承认我是爱上了他咧？并且，我敢断定，假使他能把我紧紧的拥抱着，让我吻遍他全身，然后他要把我丢下海去，丢下火去，我都会快乐的闭着眼等待那可以永久保藏我那爱情的死的来到。唉！我爱他了，我要他给我一个好好的死就够了……②

对于莎菲的"青春欲望"，丁玲非但没有回避，而且作了大胆、严肃的表达，帮助人们正视青春的本质以及青春存在的问题。丁玲笔下的"青春"更多地带有"非理性"色彩，"欲望"如同脱缰的野马横冲直撞，弗洛伊德的精神分析理论对此现象有过较有说服力的解释。弗洛伊德认为，每个人的心理结构有三个层面："本我"、"自我"和"超我"。"本我"是心理结构的最原始部分，体现一个人生物学意义上的自然本能、欲望。"自我"是连接"本我"与"超我"的中间地带，对"本我"起监视作用。"超我"是一个人接受父亲指令和文明禁忌并已内化的部分，它的功能是形成个人良知，恐吓不符合伦理规范的本能冲动，建立一个人的自我理想。人的"本我"

---

① 丁玲：《莎菲女士的日记》，《丁玲短篇小说选》，人民文学出版社 1981 年版，第 66 页。

② 丁玲：《莎菲女士的日记》，《丁玲短篇小说选》，人民文学出版社 1981 年版，第 74 页。

是无意识的,基本上由性本能即"力比多"组成,它按"快乐原则"活动;"自我"代表理性,按"现实原则"活动;"超我"代表社会道德,按"至善原则"活动。于是,"本我"和"超我"就经常处于不可调和的矛盾中。《莎菲女士的日记》着力表现的就是莎菲人格结构中"本我"与"自我"、"超我"的冲突,具体表现为"灵与肉"的冲突、"情感与理智"的搏斗。

初登文坛的丁玲能够如此真切、深度地表现"青春欲望",这同作家的写作姿态、青春立场和女性意识有关。青春丁玲按照青春的本来面目表现青春,女性丁玲根据女性的特点描写女性,这种写作姿态、青春立场和女性意识决定了作品的质量与品味。在谈到创作经验的时候,丁玲说:"我当初也并不是站着批判的观点写出来,只是内心有一个冲动,一种欲望。"①带着"冲动和欲望"表现青春,当然比带着"面具和枷锁"描写青春更接近青春的本来面目。美国学者夏志清认为早期丁玲"是一个忠于自己的作家",她最感兴趣的是大胆地"以女性观点及自传的手法来探索生命的意义"②。日本学者中岛碧认为,关于"女人"本质,男女的爱和性的意义问题的描写,丁玲"不是从所谓政治、社会中取得妇女解放、妇女权利的观点提出这个问题,她本身也不一定充分意识到了她自己的这些问题"③。中岛碧高度地评价了丁玲在中国现代文学史上的独特地位,认为丁玲生动地把年轻女主人公的姿态、气息一起告诉了读者。"在这些问题的描写上,丁玲比她先辈或同辈中的任何一位作家(不论男女)都出色。甚至可以说,敢于如此大胆地从女主人公的立场寻求爱与性的意义,在中国近代文学史上,丁玲是第

① 丁玲:《我的创作经验》,载1932年12月《中华日报·文化批判》第2期。

② [美]夏志清:《中国现代小说史》,复旦大学出版社2005年版,第187页。

③ [日]中岛碧:《丁玲论》,《丁玲研究在国外》,湖南人民出版社1985年版,第170页。

一人。"①

在20世纪中国文学史上，与20年代初郁达夫的《沉沦》相比，20年代末的丁玲《莎菲女士的日记》所描写的内容、所塑造的人物略有不同，但却一样是透过主人公复杂的青春心理活动，对不同时代、不同背景下的"青春矛盾"和"青春欲望"进行了如实描写，反映了初步觉醒的一代青年的精神苦闷。这两部青春小说的成功在于：在现代文学史上，他们率先以现代人的眼光、全新的态度来看待青年人的"青春矛盾"，并把"青春欲望"视为青年的自然天性和人类生命中不可缺少的内容。

小　结

综上所述，《莎菲女士的日记》中的主人公"莎菲形象"，由于所具有的丰富内涵以及文学史上所引发的多次争议的轰动效应，已经走出具体文本，在现代文学史上构成了"莎菲现象"。"日记体"形式的"青春叙事"给作品带来文体学上的"热度"；对新女性所面临"青春矛盾"的如实揭示，使作品具有社会学和青春学意义上的"厚度"；大胆、严肃的"青春欲望"的表达，使作品获得心理学意义上的"深度"。初登文坛的丁玲能够如此真切、深刻地表现"青春主题"，这同作家的写作姿态、青春立场和女性意识有关，也使得《莎菲女士的日记》在同类作品中脱颖而出，并形成作品自身独特的青春学价值。

---

① [日]中岛碧：《丁玲论》，《丁玲研究在国外》，湖南人民出版社1985年版，第170页。

第三章 一部乡村版“准青春小说”

——从另一个视角看《小二黑结婚》

赵树理的创作,因有“赵树理方向”而在中国现代文学史上具有非同寻常的意义。最早对赵树理创作进行评论的权威人士当推周扬,他称赵树理是“一位在成名之前已经相当成熟了的作家,一位具有新颖独创的大众风格的人民艺术家”,称赞《小二黑结婚》是“反映农村斗争的最杰出的作品,也是解放区文艺的代表之作。”其后国统区的文坛领袖人物郭沫若、茅盾分别发表评论,高度肯定赵树理创作的意义。这些文艺界权威人士对赵树理及其作品的定位评价,不仅深深地影响了后来数十年文学创作的进程,同样,对赵树理作品的研究,对赵树理作品解读也形成了决定性的影响,甚至成为一种模式。在《小二黑结婚》的解读中,通常正是从主流意识形态的“斗争”话语出发,根据“新人”、“恶霸”、转变中的“落后”农民的阶级分类分析人物形象,从新的民族形式的角度评价其艺术特点。其实,文艺研究中的权威人士的定论很容易构成一种“遮蔽”,特别是当某种定论被僵化成模式的时候。换一种视角分析作家作品,有利于走出“遮蔽”并打破既定的僵化模式。下面笔者拟从“青春”的视角,重新审视《小二黑结婚》这部经典小说,并对赵树理内在的创作矛盾加以简要分析。

一、“恋爱”与“结婚”错位

赵树理的代表作《小二黑结婚》就其题材、内容和人物形象而言，是一部典型的“青春小说”，说得更具体点，是一部反映解放区年轻人“恋爱”生活的“青春小说”。“恋爱小说”应该有恋爱的主题或者说主旋律，“青春小说”应该有青春风格或者说青春精神，而事实上，那种“恋爱主题”和“青春精神”似乎成了小说的副线甚至仅仅是某种象征性的“点缀”。如同歌剧《白毛女》“旧社会把人变成鬼，新社会把鬼变成人”的主题是从“反对封建迷信”的“白毛仙姑”的故事提炼出来一样，

《小二黑结婚》这个“通俗故事”①的“青春”、“恋爱”主题，也被提炼成为意识形态领域的政治话语，即“通过年轻人争取自由婚姻的斗争，表现了什么，歌颂了什么，证明了什么”之类的主题模式。主题当然可以提炼，也应该进行提炼，而就《白毛女》、《小二黑结婚》这些解放区经典而言，恐怕只有如此提炼，才有资格成为典型或“方向性”作品。文学史事实表明，延安时期的毛泽东同志曾亲自指点《白毛女》的主题，而时任中共中央北方局党校党委书记的杨献珍同志，也曾帮助农民出身的作家赵树理修改《小二黑结婚》，甚至没有杨献珍书记的热情支持和彭德怀副司令员的题词，这部作品能否与读者见面都是一个问题。②

《小二黑结婚》问世以后，受到太行区广大群众的热烈欢迎。仅在太行区就行销达三四万册，获得了群众的好评。太行山各村

① 彭德怀曾为该书题词：“象这样从群众调查研究中写出来的通俗故事还不多见。”该题词即印在《小二黑结婚》一书的扉页上。

② 杨献珍：《从太行文化人座谈会到赵树理的〈小二黑结婚〉出版》，《新文学史料》1982 年第 3 期，第 35 页。

庄很流行秧歌剧，许多村子的群众自动地把《小二黑结婚》改编成秧歌剧，自演自唱，可见群众之喜爱了。与此同时，有些知识分子包括知识分子出身的干部并没有发自内心地认同，甚至有些人还进行冷嘲热讽。① 这说明，对于《小二黑结婚》这部作品，存在着民间反响与知识分子阅读两种不同的接受效果。这时候，权威评论家对《小二黑结婚》主题的进一步挖掘就显得格外重要。于是，周扬就站出来写文章了："《小二黑结婚》写的是一个农村中恋爱的故事。……作者是在这里讴歌自由恋爱的胜利吗？不是的！他是在讴歌新社会的胜利（只有在这种社会里，农民才能享受自由恋爱的正当权利），讴歌农民的胜利（他们开始掌握自己的命运，懂得为更好的命运斗争），讴歌农民中开明、进步的因素对愚昧、落后、迷信等等因素的胜利，最后也最关重要，讴歌农民对封建恶霸势力的胜利。"②这种解读方式所挖掘出的主题思想自然有一定的道理，否则也不会成为官方权威评论了；可是，这样政治化的解读未必能为民间读者所接受，那些迷恋《小二黑结婚》的农村读者或听众们，恐怕最感兴趣的仍然是小二黑和小芹的那点婚恋"本事"。然而，这种政治化的解读模式和权威定论，却一直延续到20世纪末，甚至在当今的大学讲堂里，仍然被当作关于《小二黑结婚》这篇小说主题思想的"标准答案"。

权威评论者周扬也认为，《小二黑结婚》写的是一个农村中"恋爱的故事"，但我们看看小说的题目，赵树理压根儿就没有提到"恋爱"二字，却用"结婚"代替了"恋爱"。小说中的情节是二黑和小芹的恋爱受到种种阻力，其过程曲折而紧张，当区长批准小二黑和

① 杨献珍：《从太行文化人座谈会到赵树理的〈小二黑结婚〉出版》，《新文学史料》1982年第3期，第35页。

② 摘自周扬：《论赵树理的创作》，原载1946年8月26日《解放日报》。参见《周扬文集》（第一卷），人民文学出版社1984年版，第497页。

小芹结婚的时候,小说基本上就到了尾声。明明是“恋爱”,赵树理非说是“结婚”,这样“恋爱”与“结婚”在赵树理小说的题目中就发生了错位。显然,这是作者的有意安排,与其创作观不无联系。在乡村民间话语里,“娶妻”“结婚”是老百姓所熟知的字眼,而“恋爱”不过是“民初”和“五四”时代知识分子所用的字眼,乡村百姓未必能够接受,他们在很大程度上把“恋爱”理解为“相好”,甚至多少带有一些贬义色彩。赵树理的创作观就是,要写让老百姓看得懂、听得懂的作品,宁肯俯就乡村话语,也不肯使用知识分子的“学生腔”。他说:“作品语言的选择,首先要看读者对象。写给农村干部看,用农村干部能懂的语言,写给一般农民看,用一般农民能懂的语言。”①赵树理在总结自己的创作经验时说过这样一段话:“我既是个农民出身而又上过学校的人,自然是既不得不与农民说话,又不得不与知识分子说话。有时候从学校回到家乡,向乡间父老兄弟们谈起话来,一不留心,也往往带一点学生腔,可是一带出那等腔调,立时就要遭到他们的议论,碰惯了钉子就学了点乖,以后即使向他们介绍知识分子的话,也要设法把知识分子的话翻译成他们的话来说,时候久了就变成了习惯。说话如此,写起文章来便也在这方面留神。”②俗话说“入乡随俗”,就赵树理而言不仅是“随俗”,还要“随语”,否则“立即就要遭到他们的议论”。相比之下,赵树理所拥有的知识分子话语反倒成了“把柄”似的,须时时提防才不至碰钉子。在这种情况下,具有“五四”启蒙色彩的“恋爱”话语,反而成了羞羞答答的“学生腔”,被赵树理用遮羞布悄悄掩盖起来。在《小二黑结婚中》,“恋爱”与“结婚”发生如此错位,固然是

① 赵树理:《做生活的主人》,参见董大中编:《赵树理写作生涯》,百花文艺出版社1984年版,第113页。

② 赵树理:《也算经验》,参见董大中编:《赵树理写作生涯》,百花文艺出版社1984年版,第1页。

赵树理“学了点乖”,但也从另一个侧面说明赵树理“启蒙”话语的滞后或缺失。试想,都到了40年代了,“五四”新文化运动过去20多年了,写爱情小说连“恋爱”二字都避讳起来,岂不怪哉?

在创作《小二黑结婚》的时候,赵树理为了便于乡村读者理解,采取“入乡随语”的策略,在小说题目上就把“恋爱”换成了正经八百的“结婚”。不仅如此,在小说展开情节的时候,也把小二黑和小芹“恋爱”之事大胆进行省略或者干脆删节。

小说第三节介绍小芹,只流露出“近二三年,只是跟小二黑好一点”一点信息;小说第五节介绍小二黑,有如下交代:“小二黑跟小芹相好已经二三年了。那时候他才十六七,原不过在冬天夜长的时候,跟着些闲人到三仙姑那里凑热闹,后来跟小芹混熟了,好象是一天不见面也不行。”赵树理介绍小二黑和小芹初恋的这两处文字信息看似非常模糊而又含蓄,把二人两三年来的所有的交往细节一概省略,但这些文字非常微妙,显然经过作者精心安排。有两点值得注意:一是把“恋爱”名之为“相好”并一笔带过;二是对小二黑和小芹“初恋”的年龄作了“规定”:小二黑是十六七,小芹的年龄可以推算出是十五六。这种“规定”恰恰与解放区政府颁布的《晋冀鲁豫边区婚姻暂行条例》相配合。1940年公布的《晋冀鲁豫边区婚姻暂行条例》明确规定:“男不满十七岁,女不满十五岁者不得订婚”,“男不满十八岁女不满十六岁者不得结婚”,订婚、结婚都须“在村级以上政府登记”,结婚“须领取结婚证明书”。① 小说第七节,到了小二黑和小芹“恋爱”故事接近高潮的时候,赵树理这样交代:“两个斗争会开过以后,事情包也包不住了,小二黑也知道这事是合理合法的了,索性就跟小芹公开商量起来。”到第八节小芹再次找小二黑商量三仙姑包办婚姻的时候,小二黑说:“不要理她!

---

① 李艳兵:《〈小二黑结婚〉与〈晋冀鲁豫边区婚姻暂行条例〉互动探析》,见《长治学院学报》2006年第4期。

我打听过区上的同志，人家说只要男女本人愿意，就能到区上登记，别人谁也做不了主……”到小说的第十二节，作者写道：“后来两家都准备了一下，就过门。过门之后，小两口都十分得意，邻居们都说是村里第一对好夫妻。”小说最后以小二黑、小芹夫妻们在卧房里说“玩话”而结束。

在《小二黑结婚》题目中，“结婚”取代了“恋爱”，在小说情节里，“恋爱”被“相好”取代，而“结婚”又被“过门”取代。小二黑和小芹这对“相好”的青年人，也只是“商量”了两次，赵树理就让他们很快地“过门”了。就这样，一部青春爱情小说，从题目到内容被作家抽空了“青春”和“爱情”的要素，被置换成一部颂歌式的“教化”小说，尽管其诞生于毛泽东《在延安文艺座谈会上的讲话》之先，也还是被当作《讲话》所催生助成的文艺创作上的丰收成果，成为在很多场合下被“展览”的经典。用“青春”的视角透视《小二黑结婚》，这部作品不过是一部“乡村版”的“准青春小说”，它的确有赵树理式的“独特”和政治上的教化功能，但“青春”和“爱情”在作品中不过是成功的“点缀”而已，“青春”和“爱情”自身的重要内容反而被丢失了。

二、“悲剧”与“喜剧”置换

《小二黑结婚》属于大团圆结尾的喜剧作品，这部喜剧小说的素材取自赵树理从现实生活的悲剧中调查得来的结果。1942 年 5 月，经杨献珍提议、彭德怀同意，赵树理从太行区党委机关报社被调到北方局调查研究室，从此以后，赵树理就经常下到边区的村庄进行一些调查研究工作。赵树理到辽县(今左权县)搞农村调查时，了解到一桩农村干部迫害争取婚姻自由的青年农民岳冬至致死的案件，他就以此为素材写成了《小二黑结婚》。对《小二黑结婚》的原型故事进行分析，有助于更深刻地认识这部作品及其作者的创作心理、创作观。

太行山区辽县城东 80 华里有个村庄叫“横岭上村”，这个村上的自卫队长（也叫民兵队长）叫岳冬至，年龄 18 岁时父母已给他收养了一个八九岁的童养媳，似乎已是有妇之夫。横岭上村还有一户是从武安县白草坪附近迁来的智老成，他的女儿智祥英（小名二艮）生得俊俏，引得村长、青救会主席、农会主席等人魂不附体，但智祥英从不乱来，她只爱岳冬至一个人。这几个村干部经常到智祥英家没话找话说，没事寻事闹，都想欺侮她，占她的便宜。被智祥英多次怒骂拒绝后，这些村干部就怀恨在心，不时地找她的麻烦，并跟踪岳冬至进行打击报复。村长伙同其他几人准备开岳冬至的斗争会，就把他约出去捆起来，岳冬至反抗，就被他们给打死了。之后，几个人又把岳冬至的尸体吊到他家的牛圈里，伪装成岳冬至上吊自杀的现场。经过公安人员的介入，岳冬至被杀案件终于真相大白。在案件调查过程中，赵树理同公安人员在一起住了 20 多天，听取了案件的全过程，还几次到横岭上村和武安县作了调查。赵树理在武安调查中了解到智祥英的继母自作主张，把智祥英许给了一个 40 多岁的商人，使母女关系水火不容。调查中，赵树理还发现横岭上村的干部年纪虽不大，但有的系旧社会的渣滓，有的流氓成性，有的贪污腐化，他们作风恶劣，行为不端，群众痛恨至极，但又不敢惹干部，因为谁惹他们谁就要倒霉吃亏。现实中的爱情悲剧人物岳冬至和智祥英分别就是小说中“小二黑”和“小芹”的生活原型。

要对这个生活原型故事进行分析，离不开对太行山旧婚俗的认识。太行山的早婚、买卖婚姻、童养媳、寡妇守寡、一夫多妻等等不合理的婚姻陋习相沿已久，至抗战前仍表现得十分严重。“父母之命，媒妁之言”被这里的人们奉为经典法规，神圣得连些微小怀疑都被视为大逆不道。什么爱情是婚姻的基础，对他们来讲，简直是天方夜谭，虚无缥缈。妇女在家中更无任何地位可言。当时比较流行的一种说法是"娶到的妻,买回的马,又是骑来又是打"。没有打骂过自己媳妇的男人是被人瞧不起的。新媳妇一下轿,来到男方家里,大家就乱撒草和料,且念念有词:"一把草,一把料,打发媳妇下了轿。"其意为娶到的媳妇好比买来的牲口,一进门就给吃的,等喂饱了以后便可以拉套以供驱使了。①

由此我们知道,太行山区的乡村世界是相当闭塞和保守的,封建思想和意识在这里同一些传统陋习盘根错节,形成了类似集体无意识的某种乡村"潜规则",并渗透到老百姓的日常生活中去。譬如,"横岭上村"的村干部为什么要惩罚岳冬至呢?一方面是由于他们垂涎智祥英,因而嫉妒岳冬至和智祥英的交往,这大概是他们其中个别人的心理状态;另一方面,他们公然以开斗争会的方式整治岳冬至,可能是囿于乡村世界的"潜规则"——岳冬至家的童养媳就等于岳冬至的老婆,"有妇之夫"与智祥英"相好",有伤村里的风化——所以这些村干部们就主动扮演起道德警察的角色,惩罚敢于叛逆乡村风俗的岳冬至。《人命案和〈小二黑结婚〉》一文的作者在回顾岳冬至被杀案件时写道:"中国几千年来的婚姻大事,都是父母之命,媒妁之言,人们的思想上一下子转不过弯来,对自由恋爱看不惯。对于冬至和二艮常来常往也有一些说法,但多数人认为:'打几下教育教育不过分,可是不该打死!'"②看来,"横岭上村"的多数人对自由恋爱看不惯,认为岳冬至理当挨揍!而村干部们在此事件中竟然"顺乎民心",代表了群众的大多数呢!岳冬至被杀案件中,有一个事实令人沉思:打死岳冬至的村长、青救会主席、农会主席等几个人在年龄上没有一个人超过18岁!乡村世界的"潜规则"以集体无意识的形式积淀在年轻人心中,加上"官本

---

① 参见李艳兵:《〈小二黑结婚〉与〈晋冀鲁豫边区婚姻暂行条例〉互动探析》,见《长治学院学报》2006年第4期。

② 一丁:《人命案和〈小二黑结婚〉》,见《文史月刊》2002年第9期。

位”思想的作祟，终酿成了悲剧的诞生。在某种意义上也可以说，正是太行山乡村世界愚昧而落后的封建文化环境，使得敢于“反叛”乡村“潜规则”的岳冬至惨遭不幸。

为进一步加强对边区婚姻法的解释、宣传并对旧婚俗予以揭露和抨击，赵树理在深入实地调查研究的基础上，以岳冬至案件为原型创作了以“乡村版”通俗化面孔出现的小说《小二黑结婚》。在由生活素材到文学题材的转变或提炼中，赵树理用文学上的“喜剧”置换了生活中的“悲剧”，《小二黑结婚》在欢快明朗的气氛中以“大团圆”结尾——小二黑和小芹不仅被解绑，而且允许当场登记结婚，使得有情人终成眷属；三仙姑撤去了 30 年来装神弄鬼的香案，二诸葛也收起了他的鬼八卦；金旺兴旺兄弟则受到了人民民主专政的惩罚，落了个被判刑 15 年的结局。这种由“区长”们“支持着搞了个大团圆”的结局，让小二黑和小芹这对有情人在抗日民主政府的支持下终成眷属，一方面照顾了农民群众的审美接受趣味和赵树理对农民的美好愿望，另一方面更顺应了当时意识形态的需要，也和他所作的宣传工作相符。《小二黑结婚》深得普通群众之心，“它使那些在婚姻问题上痛苦呻吟的男女同胞豁然开朗，好象从暗无天日的洞穴里突然发现了一片投射到眼前的阳光，一条到达理想境界的坦途”①。“实际上，‘小二黑’已经成了太行山农民反对封建思想、追求自由幸福婚姻的化身了”②。无数青年男女正是受到诸如“小二黑”、“小芹”这类榜样的鼓舞而抱定自由恋爱的信念，积极争取美满幸福的婚姻生活。这说明 1943 年 9 月面世的《小二黑结婚》，在当时历史条件下，它在教育落后群众，有力地宣传婚姻法方面所起的政治作用是超乎寻常的。

赵树理选择以“喜剧”置换“悲剧”的创作策略，一方面是由于

---

① 戴光中：《赵树理传》，北京十月文艺出版社 1987 版，第 166 页。

② 苗培时：《〈小二黑结婚〉在太行山》，见 1957 年 5 月 23 日《北京日报》。

乡村世界的现实环境太过残酷了，残酷得令人无法直面；这种环境中的旧势力旧风俗太顽固了，顽固得令人看不到光明；另一方面则体现了赵树理对喜剧的偏爱，他曾直言不讳地说："中国人也许是不懂悲剧，可是外国人也不懂团圆。……我们应该懂得悲剧，我们也应该懂得团圆。"这种置换还实践了赵树理的创作目的——"老百姓喜欢看，政治上起作用！"《小二黑结婚》的确在阐释"解放区的天是蓝蓝的天"方面起到了良好的宣传作用。时任中央北方局妇委书记的浦安修（彭德怀夫人）在看过小说初稿后，对《小二黑结婚》评价甚高，认为自"五四"文学革命以来，许多作家从个性解放的要求出发，对青年男女的爱情作过很多生动的描写，但主人公的命运总是悲惨的，作品的情调总是阴郁的。而在《小二黑结婚》里，我们看到了一对健壮的男女青年在光明的天地里为了自身的幸福在理直气壮地进行斗争，尽管阻挠他们结合的势力一时还很强大，有的来自家长，有的来自社会旧势力，但是，他们毫不软弱，毫不动摇，在最关键的时刻，人民政权保障了他们的正当权利和要求，他们终于结成了一对幸福的夫妻。浦安修认为："《小二黑结婚》在反映青年男女爱情生活的许多作品中，是别开生面的一个杰作，是不可多得的一篇好作品。"①

《小二黑结婚》中，赵树理"喜剧"对"悲剧"的置换策略无疑取得了极大成功，作品在历史上也发挥了其巨大的政治作用。换一种视角来看，这篇作品在某种程度上也忽略了对乡村世界闭塞、落后的一面以及传统文化积习的审视与批判，反映出赵树理"启蒙"话语的滞后或偏颇。当人们从"五四"传统尤其是"鲁迅传统"对《小二黑结婚》进行解读的时候，会更注意到小说中被乡村"规则"控制的传统社会与新社会之间的冲突，注意到封建积习影响的深重，会对小说的"大团圆"结局有所质疑，会看到小说中作者与农民

---

① 孟昭庚：《杨献珍与〈小二黑结婚〉》，见《钟山风雨》2006年第4期。

视角过分重合而导致的种种问题，这些对于深入理解《小二黑结婚》这篇作品不无裨益。

选择从“青春”和“爱情”的视角对这部作品进行透视，我们不能不注意一个被赵树理成功讽刺过的人物——小芹的母亲“三仙姑”，下一部分将对这个人物形象简要分析。

三、乡村“规则”与青春“反叛”

小二黑所在的乡村刘家峧是太行山区闭塞、落后的一个村落。其中的金旺兄弟代表着村上的邪恶势力。《小二黑结婚》里有如下说明：“抗战初年，汉奸敌探溃兵土匪到处横行，那时金旺他爹已经死了，金旺兴旺弟兄两个，给一支溃兵作了内线工作，引路绑票，讲价赎人，又做巫婆又做鬼，两头出面装好人。”后来八路军打来，打垮溃兵土匪，他两人才又回到刘家峧。① 金旺兴旺弟兄两个把持了村政实权以后(村长是外来的，对村里情况不了解)，刘家峧村里不论哪个人都得由他两个调遣。刘家峧的村民对金旺兴旺两个恨之入骨，可是谁也不敢说半句话，都恐怕扳不倒他们自己吃亏。金旺自从调戏小芹碰到钉子之后，就找理由开小二黑和小芹的斗争会。在金旺看来，小二黑是“已有了女人的”(指童养媳)，再跟别人谈恋爱，就是犯法——这恐怕是乡村社会历史上遗留下来的“潜规则”。小二黑偏偏不承认父母给他包办的童养媳，他非要和小芹谈恋爱，等于是向刘家峧传统保守的乡村“规则”挑战，结果招致金旺兴旺的报复暗算。《小二黑结婚》中的刘家峧，令人想起《阿Q正传》中的未庄，时代虽然不同了，但两个村庄却同样封闭、狭隘和落后，容不得任何新生事物的风吹草动。如果说未庄的“假洋鬼子”不准阿

---

① 赵树理：《小二黑结婚》，转引自夏传才主编：《中国现代文学名篇选读》(修订本)(下)，南开大学出版社1993年版，第364页。

Q 革命，那么刘家峧的“道德警察”——金旺兴旺们，则不准小二黑谈恋爱。刘家峧的“道德警察”并非金旺兴旺二人，他们两个只是其代表而已。这些“道德警察”们，对于任何有违传统“规则”的人物或事情，都不轻易放过。

“三仙姑”就是生活在刘家峧那种封闭、沉闷、落后环境中的一个“另类”女性。她才 15 岁就嫁给了“不多说一句话，只会在地里受死”的老实后生于福，成为“前后庄上第一个俊俏媳妇”。“三仙姑”在“嫁鸡随鸡，嫁狗随狗”的婚姻规则下，只好委屈自己。于福父子俩下地劳动后，家里只有新媳妇一个人。“村里的年轻人们觉得新媳妇太孤单，就慢慢自动的来跟新媳妇作伴，不几天就集合了一大群，每天嘻嘻哈哈，十分哄伙。”按照“男女授受不亲”的乡村“规则”，“三仙姑”不该和年轻人嘻嘻哈哈，尽管她也是年轻人，由于是女子身份，便有了不正经的嫌疑。后来“三仙姑”学会了“下神”，这一点乡村“规则”倒是比较宽容——因为村民们需要这一招，所以，“别人也给她烧起香来求财问病，三仙姑的香案便从此设起来了”。“三仙姑”不正经的嫌疑主要在于：“衣服穿得更新鲜，头发梳得更光滑，首饰擦得更明，官粉搽得更匀。”而“三仙姑”打扮自己引起的结果便是“不由得青年们不跟着她转来转去”。——这可不得了，按乡村“规则”推理的“道德警察”们，认为“三仙姑”是为了保住身边的男人们，才费尽心思在外貌上下功夫。“道德警察”们根本不承认“爱美是女人的天性”，他们的乡村“规则”是，“爱美”就是想勾引男人，与众不同就是不正经的“苗头”。而那些不务正业、心怀不轨、寻找各种借口接近有夫之妇的“青年们”并未有任何不妥之处。说到“三仙姑”最大的不道德处便是，30 年过去了，如今“三仙姑却和大家不同，虽然已经四十五岁，却偏爱当个老来俏，小鞋上仍要绣花，裤腿上仍要镶边，顶门上的头发脱光了，用黑手帕盖起来，只可惜宫粉涂不平脸上的皱纹，看起来好象驴粪蛋上下了一层霜"①。刘家峧的"道德警察"们认定,45 岁的女人就不应该再打扮自己,否则就被讥为老来俏;小鞋上不应绣花,裤腿上不应镶边,即便顶门上的头发已经脱光,也不应用手帕盖起来,至于涂脂抹粉那就更不应该了,简直"看起来好象驴粪蛋上下了一层霜。"总之,刘家峧这个乡村世界的"规则"和逻辑就是:男人眼馋漂亮女人无可非议,而女人漂亮、爱打扮,尤其是年老还爱打扮,那便是不正经。而"三仙姑"这个一再破坏乡村"规则"的"另类"女人,自然就应该被冷嘲热讽,极尽揶揄之能事。其实,不仅在刘家峧,就连区上的区长得知"三仙姑"45 岁的年龄时,也竟然冒出一句:"你自己看看你打扮得象个人不象?"看来区长是个更严厉的"道德警察",爱打扮的女人,是不是人都值得怀疑了。区长周围的普通群众,对"三仙姑"这位"四十五""穿花鞋"的女人更是指指点点,唧唧哝哝。

笔者在此拈出"道德警察"这个称呼,旨在说明刘家峧这个乡村世界的封闭与狭隘,落后与保守。刘家峧除了有金旺兴旺弟兄这些恶势力(他们每每充当"道德警察"的代表),还有更多自觉维护乡村"规则"的"道德警察",他们能对付所有的青春叛逆行为,如小二黑和小芹的恋爱;也能对"三仙姑"的"另类"行为进行舆论谴责甚至行为干涉!提醒人们注意的是,写作《小二黑结婚》的作者,在为"三仙姑"画像的时候,竟然也不自觉地加入了刘家峧的"道德警察"之列了。在作者那里,小二黑和小芹的青春反叛被予以大胆肯定,热情歌颂,然而,作者在审视"三仙姑"的时候,却自觉不自觉地站在了刘家峧的乡村"规则"的立场上。难怪一位研究者提出如此质问:"男人眼馋漂亮女人无可非议,而女人漂亮、爱打扮,尤其是年老还爱打扮,那便是不正经。这和普通农民身上的男权思想、

---

① 赵树理:《小二黑结婚》,转引自夏传才主编:《中国现代文学名篇选读》(修订本)(下),南开大学出版社 1993 年版,第 362 页。

大男子主义有何区别？对三仙姑的嘲弄与作践的方法和话语，与一般农民、甚至与长舌妇有何差异？拿了这种落后思想去观照生活，并且凭借其霸权地位传播，后果是不难想象的。”①

从“青春”的视角看，小二黑和小芹对乡村“规则”的青春反叛得到了作者的承认和赞扬；而具有青春叛逆性格的“三仙姑”在残酷现实面前所进行的挣扎与反抗（这种挣扎和反抗也具有某种病态色彩），她对青春生命和对美的热爱，则被置于乡村“规则”的评判和“道德警察”的审视之下，备受揶揄和嘲讽。从反封建的视角看，“三仙姑”装神弄鬼，自欺欺人，理当予以嘲讽和批判；但是，当作者站在乡村“规则”的立场上，用“道德警察”的眼光批判“三仙姑”的时候，一个具有反叛性格的女性形象就遭到了彻底否定，而“三仙姑”背后更浓厚的封建意识和令人窒息的乡村“规则”却被作者忽略过去。给读者造成的印象是，刘家峤揪出了恶霸势力金旺兴旺弟兄，斗倒了装神弄鬼的“二诸葛”和“三仙姑”，反封建的任务已经大功告成。

权威人士周扬在评价赵树理创作的时候，提炼出赵树理创作上的“群众观点”：“作者自己和他的人物在斗争中，站在农民的方面，他是他们中间的一个。没有以旁观者的态度，或高高在上的态度来观察与描写农民。农民的主人公的地位不只表现在通常文学的意义上，而是代表了作品的整个精神、整个思想。因为农民是主体，所以在描写人物、叙述事件的时候，都是以农民直接的感觉、印象和判断为基础的。他没有写超出农民生活或想象之外的事体，没有写他们所不感兴趣的问题。他把每个人物或事件在群众中的反映及所引起的效果当作他观察与描写这个人物或事件的主要角度。因为群众的意见总是正确的。这是创作上的群众观点。”②今

① 苏文清：《对赵树理的历史定位的思考》，《高等函授学报》1999年第2期。

② 周扬：《论赵树理的创作》，原载1946年8月26日《解放日报》。

天看来,权威人士对赵树理的创作观的概括,既是对赵树理的拔高,又是对赵树理的贬低。当一个作家不能深入了解农民生活的时候,写出来的作品一定很难生动活泼,富有时代气息;而当一个作家"以农民直接的感觉、印象和判断为基础"的时候,他就失去了知识分子的立场,也放弃了作家的主体性。在这层意义上,赵树理既是可爱的同时又是可悲的,"赵树理方向"的理论概括本身就包含着难以克服的矛盾。

小 结

综上所述,换一种视角对《小二黑结婚》这篇解放区文学的经典之作进行解读,并非要否定这部作品,而是要走出由权威人士的定论所构成的某种"遮蔽"状态并打破那种既定的僵化模式。《小二黑结婚》就其题材、内容和人物形象而言,是一部反映解放区年轻人"恋爱"生活的"青春小说"。而事实上,那种"青春"和"爱情"不过成了小说的副线甚至仅仅是某种象征性的"点缀","青春"和"爱情"自身的重要内容反而模糊不清。用"青春"的视角透视,《小二黑结婚》这部青春爱情小说,从题目到情节被作家抽空了"青春"和"爱情"的内容,尽管它确有赵树理式的"独特"风格和政治上的教化功能,但高度意识形态化的"话语"掩盖了作品中的青春"叙事",因此,这部作品成为一部"乡村版"的"准青春小说"。《小二黑结婚》中,尽管赵树理"喜剧"对"悲剧"的置换策略取得了极大成功,作品在历史上也发挥了其巨大的政治作用,换一种视角来看,这篇作品在某种程度上也忽略了对乡村世界闭塞、落后的一面以及传统文化积习的审视与批判,反映出赵树理"启蒙"话语的滞后或偏颇。

第四章 “悲凉”的青春 水样的“春愁”①

——萧红、郁达夫散文中的青春主题简析

“青春写作”，并不仅仅是因为写作者的年轻，而更为重要的是作者尝试着向世人展示青春世界的一切情绪和际遇：青春的梦想、无奈、空虚，爱情的羞涩和性的苦闷，以及对世界、社会人生的质疑和慨叹。作为一种流露“真性情”的个性写作，“青春写作”往往直抒胸臆，任性率真，但也每每令人感到作者思想上的凌乱和风格上的清浅。宋代词人辛弃疾自道“青春写作”是“少年不识愁滋味”，“为赋新辞强说愁”，这也不无道理；然而，另一方面，大多数的现代作家的“青春写作”则往往是“苦闷的象征”，由于青春的伤痛和苦闷郁结在心，不发不快。中国现代散文史上，萧红、郁达夫的散文就带有“青春写作”的性质，其散文作品中蕴含着丰富的“青春主题”。如果说萧红的散文大多表现了青春成长的“悲凉”，那么郁达夫的散文则善于表现青春时代“水样的春愁”。下面笔者尝试通过对萧红、郁达夫散文之作的分析，探讨现代散文丰富的青春文化内涵和其独特的青春美学品格。

---

① 本章是由我所带的研究生蒋爱莉同学搜集材料并帮助我写成的，特此致谢。

一、叛逆、流浪的青春私语

萧红的一生是短暂而悲凉的，她的散文记录的大都是童年和青春时代的情感体验，因此可以称之为萧红的“青春私语”或者“青春自传”。萧红短暂而悲凉的一生却不乏叛逆和流浪的经历，她的散文充满了迷离凄清的青春气息。萧红的散文创作，坚定地站在女性的立场上，把自我情感的体验作为艺术的喷泉，让内心深处的情感小溪流淌出来，然后折射外面的世界。萧红的“青春写作”以自己独特的女性生命体验和真情率真的青春笔触，把读者带进她自己那个悲凉而凄美的青春世界。萧红的散文具有比小说更直接、更鲜明的自叙传性质，字里行间提供给我们的是作者由童年到青年，由不成熟到成熟的成长过程。当我们细细咀嚼品味时，感受到的是充满青春气息的、清澈而透明的内心独白，她毫不掩饰青春成长中的痛苦和欢愉，直抒种种哀生叹死的情绪，从某种意义上说，萧红这类散文就是她的青春“生命史”和青春“情绪史”。

在独特的青春视角和女性视角下，萧红的散文写出了“女性青春”的被歧视以及作者“性别意识”的觉醒。

女性“性别意识”的觉醒是青春期发育的一个重要阶段，也是女性“自我意识”走向成熟的标志。中国自古以来男尊女卑的传统思想和道德意识根深蒂固，女性从来都是笼罩在男性的目光之下，当女性能够看世界、看男性并加以言说书写时，是对男权文化的一种精神“叛逆”，其实质是女性在要求获得主体性的地位。男女两性的对视必定发生碰撞和冲突，而在这种两性斗争中，“叛逆”女性往往付出惨重的代价。萧红的散文直面女性青春成长中的苦涩与悲凉，抒写女性成长过程中所遭遇的尴尬和因“叛逆”而付出的惨重代价。萧红散文中“女性意识”的觉醒是受“五四”女性解放思潮的影响而萌发的，萧红以自己独特的女性视角和青春成长的痛苦体验,写出了女性青春在男权社会中的遭遇以及女性成长中的艰难与辛酸,丰富了现代散文中的青春主题内涵。

在散文《永久的憧憬和追求》中,读者可以深刻地感受到,仅仅因为性别是女孩,童年的萧红即遭遇到家长的轻视和怠慢,她的青春成长过程便是一个不断受伤害、被遗弃的过程。萧红的父亲"常常为着贪婪而失掉人性。他对仆人,对待自己的儿女,以及对待我的祖父都是同样的吝啬而疏远,甚至于无情"。因为两匹马,父亲与祖父大动干戈,"终夜的争吵"。母亲死后,父亲就更"变了样","偶尔打碎了一只杯子,他就要骂到使人发抖的程度"。看人的时候,"他那高傲的眼光从鼻梁经过嘴角而往下流着"。① 由此可见,萧红的"成长"是一段充盈着痛苦和屈辱的不堪回首的青春记忆。这在她的另外一篇散文中也有描述。在《镀金的学说》中,萧红写道,当她小学毕业就要上中学的时候,"我的父亲把脸沉下了!他终天把脸沉下",拒绝了萧红升学的要求,这时候,"父亲在我眼里变成一只没有热气的鱼类,或者别的不具着情感的动物。"父亲的神情,在她童稚的心里烙下了难以磨灭的印痕。尽管萧红出生在一个比较富有的地主家庭,可是优越的生活条件并没有为她提供一个相应的精神家园,连她本应接受的义务教育都遭到父亲的反对。不言而喻,萧红的童年是寂寞而又孤独的,她是在"可疑的、阴冷的家庭中长大起来的,被侮辱与损害的恶境中孤零地挣扎过来的"②,"女儿"身份作为一种性别"原罪"注定了萧红在家庭中的地位,萧红敏感地意识到身为女性所面临的歧视,这给她稚嫩的心灵留下了难以愈合的创伤。

萧红女性"性别意识"的觉醒与她刚步入社会的种种遭遇息息

---

① 萧红:《永久的憧憬和追求》,见《萧红散文集》,黑龙江人民出版社1982年版,第1页。

② 萧军:《萧红书简辑存注释录》,黑龙江人民出版社1981年版,第47页。

相关。青春萧红刚步入社会就遭受到来自男性社会的欺凌和压迫。迎接这个中国“娜拉”的是如此不幸的命运——上当受骗、被弃于旅馆,即将临盆而身无分文,在莫大的凌辱中成为“女人”。旅馆老板为了挽回经济上的损失,准备把萧红卖到附近的妓院去,在如此危急的情况下,萧军及时出现在萧红面前,才将她从危难中解救出来。然而,就在“拯救”的同时,另一种“伤害”也开始了。由于萧军性格暴躁,而萧红骨子里是一个刚烈的女子,不会对男性亦步亦趋,因此两人同居后冲突不断。

萧红和萧军的冲突不全是性格冲突和情感矛盾所致,从某种意义上说,这是一种“感情”所无法左右的冲突,即女性不断萌发的“性别意识”与主流意识形态乃至整个社会的冲突。萧红后来放弃了这段难以割舍的感情,离开了萧军。笔者认为,萧红所离异的不只是一个萧军,而是她所生活的男权社会——带给女性精神上屈辱、伤害的现实境遇。萧红哀叹“女性的天空是低的,羽翼是稀薄的,而身边的累赘又是笨重的!”①这种哀叹不仅指青春女性肉体上的易受损伤,更指其精神发展上的举步维艰,它道出了觉醒后的青春女性在夹缝中生存的悲凉现实。正如骆宾基在《萧红小传》中所分析的,一个想在社会关系上获得自己独立性的女子,在这个世界上很难找到支持者,“现在,社会已公认了这一历史的缺陷。那早已开始了这梦想的人,却只有希望于将来”②。很多研究者认为,正是由于这种“历史的缺陷”,萧红的悲剧沿着她生活的每一转折、每一抉择而走向深入。这里牵涉到萧红散文中扑面而来的阴柔、悲凉之气,也涉及她性别意识中某种特殊的自觉。在《三个无聊的人》这篇散文里,萧红通过对三个男性无聊的行为和丑态的描写,表明了她对男性世界的厌恶和警惕,这是她“女性意识”觉醒的文

① 转引自骆宾基:《萧红小传》,黑龙江人民出版社1981年版,第73页。
② 骆宾基:《萧红小传》,黑龙江人民出版社1981年版,第67页。

本记录和无奈流露。

青春时期“女性意识”的觉醒还表现在青春女性渴望经济独立、自尊、自强等方面。只有当女性以平等和独立的姿态进入经济领域后,女性才能真正成为自己的“生命的主体”,才能摆脱男性的经济控制和对男性的人身依附关系。在散文《夏夜》中,萧红通过菱姑的口一再表示,“我希望我有职业,我一定到工厂去”,“我若是你,我早跑啦!我早不在家受他们的气,就是到工厂去做工也可以吃饭”,体现出一种强烈的女性经济独立意识。在《广告员的梦想》一文中,“我”非常渴望得到一份工作,所以看到报纸上登的招聘电影广告员消息时,就去应聘,结果回家后遭到丈夫的埋怨,丈夫甚至还破口大骂,最后喝醉了酒,滚在地板上大嚷:“一看到职业,什么也不管就跑了,有职业,爱人也不要了!”在这篇散文中,萧红一方面写出了青年女性渴望经济独立的自尊、自强心理,同时也写出了在实现女性解放路途上的重重困难和道道障碍,令人感叹青春女性命运的无限悲凉。

在独特的青春视角和女性视角下,萧红的散文还刻画了“女性青春”的漂泊与流浪,写出了其流浪生活的艰辛与悲凉。

在寂寞中悄悄长大的萧红,幸运地受到现代文明的洗礼,接受了个性解放的思想。同其他许多现代青年知识女性一样,她对旧家庭、旧社会的反抗也是从反对父母包办婚姻开始的。为了恋爱自由,为了寻求温暖与爱的家园,叛逆的萧红义无反顾地冲出封建家门,开始了她漂泊不定的青春流浪生活。

青春流浪意味着离开父母走出家庭,进入到外面的世界中去。离开父母走出家庭可能是因为无可奈何的“背弃”,以“弃子”的身份漂泊流浪;也可能因为主动地“反叛”。无论是哪种情况,流浪途中总是经历种种苦难,这对于流浪者的身体、心理和精神都构成种种考验。青春流浪的原因,大都是由于现实中生存的需要和生活的需要引起的,往往带有被迫的性质。萧红是在对父权的反叛中自愿选择流浪的,其散文中的“自我”形象是一个无家可归的流浪者,一个无根基的精神漂泊者。这种漂泊生活的动荡不安促使萧红一直在寻找,可是由于家庭和男权意识的束缚,又使得她一再逃亡、反叛。萧红宛如一片树叶,在青春生命的旅途中不断寻觅和飘摇,感受到的总是流浪路上的艰辛和苦难,孤独和悲凉。

散文《过夜》记述“我”在寒风凌厉的冬夜,又冷又饿,却找不着投宿的地方。“当我经过那些平日认为可怜的下等妓馆的门前时,我觉得她们也比我幸福”。后来“我”被一个陌生女人留宿,付出了一双套鞋一件上衣的代价。第二天离开的时候,虽然脚上只能用“夏季里穿得通孔的鞋子去接触着雪地”,而且明白“假如走出去,外面又是‘夜’”。《初冬》一篇,弟弟极力劝“我”:“天冷了,再不能漂流下去,回家去吧!”萧红的回答是:“那样的家我是不能回去的,我不愿意受和我站在两极端的父亲的豢养……”而当她连妓女的处境都羡慕时,足见其生存状态已经处在绝境的边缘。上述两篇散文写出了作者流浪途中的孤寒和无助,记录了漂泊在外的萧红生存的艰难和心灵的磨难。

萧红有不少散文,内容是关于她与萧军两人在哈尔滨和青岛时期生活的真实记录。萧红以女性作家特有的敏锐和细腻,写出了青春漂泊生活的艰辛和痛苦,文中叙述了她对于饥饿、寒冷、贫穷的感受和忍耐,“饿”、“冷”、“泪”、“孤独”以及“等待”等字样频频在文中出现,我们从中读出了她内心的孤独、愤恨和无聊,这些也许便是青春流浪的沉重代价。

《欧罗巴旅馆》记录了萧红和萧军“从朋友处被逐出来”,不得已住进一家俄国人开的旅馆。因为家具租金太贵,屋里空空如也,只能睡在空床板上。“我”又累又饿,躺在床上只想喝水。“他来到床边,我想他一定举着杯子在床边,却不,他的手两面却分张着”,挖苦说:“用什么喝?可以吧?用脸盆来喝吧!”原来连喝水的杯子也没有,最后幸好“郎华”发现了“刷牙缸”,可以用来喝水。晚饭呢？只有“桌上摆着的黑‘列巴’和白盐”。更糟糕的是，因为房租没付清，招来了警察的光临，最终靠着“郎华”的强硬态度，才免于被扫地出门，但很明显，欧罗巴旅馆再也不能久留。散文《饿》则详细地描绘了饥肠辘辘的“我”，受到了对门以及隔壁挂着的“列巴圈”强烈的诱惑而引起巨大的心理波澜。写到饿得难以忍耐的时候，甚至想要去偷，幸好曹先生的到访，解决了“二萧”一段时期的吃饭问题。这种孤苦流浪的日子以及可悲的处境给萧红精神上刻下深深的伤痕。萧红散文中屡屡出现自己空着肚子，倚在窗前等候萧军归来的情景。《他的上唇挂霜了》中有“我站在小过道窗口等郎华，我的肚子很饿”，“夜间他睡觉醒也不醒转来，我感到非常孤独了！”《搬家》中有：“我饿了，冷了，我肚痛，郎华还不回来，有多么不耐烦！”而文中出现萧军冷漠厌烦的情绪和言语更是屡见不鲜。《他的上唇挂霜了》中，“二萧”之间的对话一个温柔，一个冷淡，交织在一起显得极不协调，他“好像是同我生气”。《广告员的梦想》一篇中，围绕应聘广告员的职位，“二萧”之间出现龃龉，波折不断，“他觉得这是我的过错”，而“我觉得他不应该同我生气”。而且，“走路时他走在前面，总比我快一些，他不愿意和我一起走的样子，好像我对事情没有眼光使他讨厌的样子”。像这样的情形在这一时期萧红的散文中，几乎每篇可见，读起来有一股巨大的悲凉和哀伤。

萧红对流浪途中疾病痛苦的描述也是刻骨铭心的。长期的流浪生活以及妊娠中的焦急与生育前后的困顿，严重损害了萧红的健康，以致身体极度虚弱。对她来说，爬三层小楼就像要爬上天顶，“手扶着楼栏，努力拔着两条颤颤的，不属于我的腿，升上几步，手也开始和腿般颤”①。当时的萧红只有22岁，身子竟虚弱到这个

① 萧红：《欧罗巴旅馆》，见《萧红散文集》，黑龙江人民出版社1982年版，第3页。

地步，足见其青春生命在生存面前所承受的压力和折磨。散文《十三天》里萧红写道，“我”因为生病，要到朋友家去休养几天，一路上汽车颤动着，“我”按着肚子，感觉要解体了，“我”想哭，可没有妈妈的哭向谁去倾诉？人们在痛苦、恐惧之极，总会情不自禁呼唤“妈妈”，这似乎是人的一种本能，然而萧红连这个权利都被剥夺了。女性从肉体到精神的苦难，让年轻的萧红几乎不堪承载，烦闷、失望、哀愁和悲凉笼罩了她青春的天空。

总之，萧红的散文站在女性立场上，用独特而率真的青春笔触，展示了女性青春坎坷的成长之路和现代女性青春复杂而悲凉的内心世界。孤独、苦难与感伤，使得萧红散文中的诗意凄美而悲凉；抗争、逃离与流浪，使得萧红的散文具有别样的女性风骨。萧红散文毫不掩饰青春流浪旅途中的艰辛和痛苦，屈辱和挣扎，她直面人生的勇气让人从柔弱中看到了女性生存的力量。中国现代青春散文史上，萧红的散文对青春主题的表达是别具一格的，作为其青春“生命史”和青春“情绪史”的真实记录，萧红的散文具有独特的青春学价值和可贵的女性文学价值。

二、苦闷、感伤的“春愁”情怀

青春期是每个人成长过程中的必经之路，它也是人们从依赖走向独立的过程。处于青春期的青年人生理机能逐步增强，内分泌机制完善，心理的变化也随着时间的推移相应发生，从而形成一个生理走向成熟而心理尚未成熟的过渡期。心理学、病理学上有青春期“综合征”之说，是指青年人特有的一种生理失衡和由此引发的心理失衡病症，其表现是因人而异、各具特色的。一般主要表现为三个方面：

(1)异性敏感——进入青春期后，随着性意识的发展，青年人对异性的言行举止过分敏感。他们常会把异性对自己的好感当作对自己的“倾心”,而把自己对异性的好感当作“爱情”,从而造成不必要的苦恼。

(2)情感危机——由于青年人情绪波动大,自我控制能力不强,因而当他们在交友、工作等方面出现重大波折时,很容易在极度失望和沮丧的情况下,做出莽撞之事。

(3)心灵空虚——这是一种生活无聊、闲散寂寞的心态,表现为对任何事物都缺乏兴趣,提不起精神,似乎生活中根本没有能引起其兴趣的因素,整天无所事事。心灵空虚是青春期“综合征”中,负面影响最为严重的心理失衡现象。此外,青春期“综合征”还表现为社交障碍,离家出走等现象。

尽管青春期“综合征”不属于严重的心理异常的范畴,可是对青年人而言,这种成长的苦恼和郁闷,往往在他们心灵上笼罩一层灰色的阴影。医学界的人们有一种职业习惯,总是善于在周围人群中发现“病态”或者探讨“病象”,其实青春期上述问题未必构成病态、病象;以青春学的眼光看,上述青春成长中出现的问题,不过是青春心理上的普通现象,并非是所谓“综合征”;以文学的眼光看,苦闷中的青春多情善感,甚至灵感所至,文思泉涌,有益于创造出辉煌的艺术作品,所谓“病蚌成珠”是也。

青春期的所谓“综合征”或者简言之“苦闷现象”,在中国古代并不典型,也不明显,但也还是引起敏感的文人们的特别关注,他们往往把青春期的苦闷和冲动称之为“春愁”或者“思春”之情,并形成一个传统悠久的文学主题,《牡丹亭》、《西厢记》、《红楼梦》等是表现这一主题的经典之作。但是,中国古代的文人们几乎从来不在散文中涉及“春愁”或者“思春”之情,其中的原因不一而足,既同儒家礼教文化有关,也同民族心理乃至散文文体的社会功用有关,但最主要的原因恐怕还在于青春期的苦闷现象并不普遍,或者说“青春期”从根本上说并不是古代社会存在的问题。在现代社会,青年群体数量剧增,接受教育的年限延长,结婚年龄偏大,青春苦闷现象才普遍出现。与之相适应,必然出现表现青春苦闷的文学形式,现代文学中的“春愁”散文即是指侧重表达青春期苦闷现象的一类散文。

郁达夫的“春愁”散文大都带有“青春写作”的色彩,充满了水一般的愁绪。郁达夫所写的“春愁”散文大都是表现少年时代和留学日本这一段时期的事情,这个阶段正好是郁达夫的青春成长阶段。审视郁达夫的“春愁”散文不但可以使我们了解作者青春成长的心路历程,感悟作者的青春生命状态,而且能够使我们认识那个时代普遍存在的青春问题。

郁达夫的“春愁”散文表现了作者在青春期的羞涩和自卑心理。郁达夫曾自称是“自卑狂”,郭沫若《再谈郁达夫》这篇文章中也说过:“鲁迅的韧,闻一多的刚,郁达夫的卑以自牧,我认为是文坛的三绝。”在郁达夫的自传散文中,那种羞涩和自卑心理的流露是非常明显的。在《悲剧的出生——自传之一》中,郁达夫写道:自己出生在“一个小县城里的书香世家”,“不曾发迹过的一家破落乡绅的家里”,“战败后的国民——尤其是初出生的小国民,当然是畸形,是有恐怖狂,是神经质的”。郁达夫出生后的第三年,父亲因病去世,这更让少年时期的郁达夫产生了卑微的心理。少年时期的自卑容易使人离群,怯于与人交往,从而产生孤独、寂寞之感。有文为证——

这相貌清瘦的孩子,既不下来和其他的同年辈的小孩们去同玩,也不愿意说话似地只沉默着在看远处。等那女子洗完菜后,站起来要走,她才笑着问了他一声说:“你肚皮饿了没有?”他一边在石条上立起,预备着走,一边还在凝视着远处默默地摇了摇头。倒是这女子,看得他有点可怜起来了,就走近去握着了他的小手,弯腰轻轻地向他耳边说:“你在惦记着你的娘么?她是明后天就快回来了!”这小孩才回转了头,仰起来向她露了一脸很悲凉很寂寞的苦笑。①

郁达夫回忆自己在洋学堂的学习生活时写道:"从性知识发育落后这一点上说,我确不得不承认自己是一个最低能的人。又因自小就习于孤独,困于家境的结果,怕羞的心,畏缩的性,更使我的胆量,变得异常的小。"②因而作者自称"孤独者",孤独似乎是郁达夫的秉性,其实也是大多数青春期少年存在的问题。"青春"本身就是一个矛盾的"存在","自我"的形成也包含着矛盾:一方面只有离开"母体"或者"群体"才能形成"自我";另一方面,离开"母体"或者"群体",就必然意味着个体的孤独。郁达夫性格的自卑和孤独,既有先天秉性因素,也有青春"自我"形成过程中的个体心灵感受。

初恋是青春期少男少女们一种渴望了解异性、接触异性的朦胧情怀。郁达夫曾说过:"人生从十八九到二十余,总是要经过一个浪漫抒情时代的,当这时候,就是不会说话的哑鸟,尚且要开放喉咙来歌唱,何况乎感情丰富的人类呢?"③处于恋爱的年龄,产生对异性的渴慕是很正常的事情。初恋的羞涩与多情,是多数青年人的共同表征,而郁达夫的羞涩、多情似乎尤为突出、有趣。"那一位赵家的少女,却整整恼乱了我两年的童心"。作者想见她,但同时却又想避开和她的相见,"见面的时候,她或许是无心,只同对于其他的同年辈的男孩子打招呼一样,对我微笑一下,点一点头,但在我却感得同犯了大罪被人发觉了的样子,和她见面一次,马上要变得头昏耳热,胸腔里的一颗心突突地总有半个钟头好跳。因此,我上学去或下课回来;以及平时在家或出外去的时候,总无时无刻

① 郁达夫:《悲剧的出生——自传之一》,见《郁达夫散文集》,上海古籍出版社2002年版,第414页。

② 郁达夫:《水样的春愁——自传之四》,见《郁达夫散文集》,上海古籍出版社2002年版,第466页。

③ 郁达夫:《忏余独白·〈忏余集〉代序》,见1931年12月20日《北斗》第1卷第4期。

不在留心,想避去和她的相见。但遇到了她,等她走过去后,或用功用得很疲乏把眼睛从书本子举起的一瞬间,心里又老在盼望,盼望着她再来一次,再上我的眼面前来立着对我微笑一脸"①。等到朋友强拖他到赵家时,他"没有什么别的方法,自然只好俯着首,红着脸,同被绑赴刑场的死囚似跟她们到了室内"。作者这般的胆小和羞涩,那段爱情的结局可想而知。作者后来去了杭州考中学,那段朦胧的恋情最终只剩得"一点极淡极淡,同水一样的春愁"。在这篇散文中,郁达夫写出了初恋中的"春愁"那种复杂、微妙的心理活动。

郁达夫的"春愁"散文主要表现的是富有才情的知识分子在动乱社会里的忧郁、苦闷、寂寞的心境。郁达夫这类散文里最活跃的就是形形色色的处于苦闷状态的"青年人"。在中国现代散文史上,如果说鲁迅以"匕首投枪"般的杂文著称,周作人以"平和冲淡"的小品文见长,那么,郁达夫则是以擅写"青春苦闷"而占据一席之地。忧郁、苦闷、寂寞这些心理状态是青春成长过程中不可避免的现象。伊·谢·科恩在《自我论》中提到:"绝望、忧郁、苦闷和寂寞等心理现象的发现,是个性和反思发展的重要标志。"②1935 年 4 月,在为中国新文学大系散文选集所写的导言中,郁达夫直陈:"现代散文之最大特征,是每一个作家的每一篇散文里所表现的个性,比从前的任何散文都来得强。"他自己的散文所具有的鲜明个性就是很好的证明。

郁达夫的小说创作大多以自叙传的形式展开故事情节,带有日本"私小说"的特点,其散文创作比起小说创作则更加真实,更接近作者生活的"原生态"。因此,许多读者和研究者都愿意把郁达夫的散文与小说进行参照对比,从而更加深入地走进郁达夫的艺

① 郁达夫:《水样的春愁——自传之四》,见《郁达夫散文集》,上海古籍出版社 2002 年版,第 476 页。

② [苏]伊·谢·科恩:《自我论》,佟景韩译,三联书店 1986 年版。

术世界和心灵世界。

郁达夫的"春愁"散文主要侧重于表现两个方面:性的苦闷和经济困窘的苦闷。郁达夫留学日本时正值青春发育期,因为沉重的精神压力与青春期的孤独,经常陷入性的苦闷中。对于这种性苦闷,郁达夫除了通过小说创作大胆赤裸地宣泄外,还往往通过散文直抒胸臆。《归航》这篇散文记述了作者离日返国时的复杂心情,既厌恶给自己带来屈辱、压抑的异国生活,又有对"雪样的洁白、风样的柔嫩的身体"的眷恋,这种痛苦的心情使郁达夫陷入一种狂放的精神想象中,以至于看到一位"中西杂种的少女","在那里和一个红脸肥胖的下劣西洋人说话",作者"恨不得拿出一把手枪来,把那禽兽似的西洋人杀了"。性的苦闷和性的嫉妒与民族的屈辱掺杂在一起,让郁达夫近乎变态地敏感和冲动。

性欲的冲动而不得满足是青春期苦闷的一个重要原因,青春期成长过程中的意乱情迷原本属于"正常"的心理现象,如果得到适当的引导和妥善处理便可以顺利度过这一"危险期"。但是,由于部分青年自身的内向性格和自卑心理,加之清贫的经济生活的限制,使得他们在青春期无法满足与异性交往的正常欲望,于是便容易"由压抑而产生苦闷,由苦闷而陷入悲观,由悲观而不得不作践自己"①。通过郁达夫的散文我们得知,正是由于其内向的性格和自卑心理,加上身处异国,经济上过于拮据,因而带来了作者青春期的苦闷问题。

对于刚刚走上社会的青年人来说,经济上的拮据对他们的成长非常不利。物质上的匮乏,很容易对青年人稚嫩的心灵造成极大的伤害。郁达夫困顿的生活从童年时就伴随而来,在散文《书塾与学堂》中作者写到自己因为"跳过了一级,升进了一级",认为这"是世界上最光荣的事情",硬要母亲为他买一双皮鞋来,结果他跟

---

① 钱杏邨:《郁达夫论》,上海北新书局 1933 年版。

着母亲“一家,两家,三家,从下街走起,一直走到了上街尽处的那一家隆兴字号”。他们母子两个四处赊账买鞋,却遭到了店主的拒绝和白眼而最终不得。这件事给少年郁达夫带来的心理创伤非同小可,以致作者“自从这一次的风波以后,我非但皮鞋不着,就是衣服用具,都不想用新的了。拼命的读书,拼命的和同学中的贫苦者相往来,对有钱的人,经商的人仇视等,也是从这时候而起的。当时虽还只有十一二岁的我,经了这一番波折,居然有起老成人的样子来了,直到现在,觉得这一种怪癖的性格,还是改不转来”①。

郁达夫从日本学成归国后,充满希望,渴望实现自己的抱负,结果现实生活让他非常地失望,失业、飘零、贫困仍旧缠绕着他。散文《还乡记》写一个穷困潦倒的青年知识分子在生活不如意、人生不得志时回到故乡找荫庇又不甘失败怕别人嘲讽瞧不起的苦闷心境,就像他在文中对自己所剖析的那样,曾经留洋受过“二十世纪的堕落的文明的浸染,既贫贱而又多骄,最喜欢张张虚势,更何况平时是以享乐为主义的我,哪里能够好好的安贫守分,和乡下人一样的蹀躞泥中呢!”“我的脾气,有钱的时候,老把它们填在鞋子底里。一则可以防止扒手,二则因为我受足了金钱的迫害,借此也可以满足满足我对金钱的复仇心理,有时候我真有用了全身的气力,拼死蹂践它们的举动……”②从郁达夫对金钱的复仇心理和“蹂践”金钱的举动中可见,经济上的拮据对于一个青年心理上的影响是很大的。

《还乡记》中的主人公是接受过高等教育的知识青年,自命有些不凡,只因为了保持秉性中的高洁与倔强,不与一般腐败的知识

---

① 郁达夫:《书塾与学堂——自传之三》,见《郁达夫散文选集》,百花文艺出版社 1984 年版,第 257 页。

② 郁达夫:《还乡记》,见《郁达夫散文选集》,百花文艺出版社 1984 年版,第 26 页。

阶级的小人为伍。但那样的年代，终归算是可怜的有识无产者，空有抱负，空有不平，与他那样的脆弱的身体、高亢的精神究有何补？到头来只沦落到生活窘困，流离颠沛的境地。别人是衣锦还乡，他只落得个落魄回乡，一路俯首掩面生怕别人认出他来。读者们不难体会出作者由于贫困而产生的苦闷和压抑的情绪。经济上的苦闷，不仅仅是个人"命途多舛"的折射，而且是那个时代大多数青年的生存状况的投影。郁达夫忧郁哀伤的笔调，透露出对黑暗社会的不平与愤懑。由此可见，作家已经很清醒地认识到了当时社会的黑暗腐败是导致青年人经济贫困的渊源。文中对社会的指责，虽只是寥寥几笔，似乎信手写来，却非闲笔。它使得时代的苦闷与青年知识分子的命运际遇、个性气质的忧郁和谐地融为一体，成为我们认识作家本人及那个时代青年心理秘密的形象显现。

郁达夫的文学创作活动开始于"五四"过后，此时，中国的文学正处在过渡时期，即由打破传统的古典文学向建设新文学过渡。在郁达夫看来，"五四"运动最大的功绩莫过于"个人"的发现，特别是发现了青年。郁达夫的散文创作与小说一样，也体现了"五四"文学革命的青春精神，他的"春愁"散文以独特鲜明的语言、高度自剖的心理，在赤裸裸的自省自视中又包含一种青春的颓废，给新文学创作带来一种"完全特殊的世界"，写出了当时青年们羞涩的青春样态和苦闷的内心世界，反映了初步觉醒的一代青年的精神苦闷，立刻唤醒了当时无数青年的心。总之，郁达夫的"春愁"散文对于我们认识作者的内心世界以及那个时代青年的苦闷具有不可替代的价值，这种价值既是青春学意义上的又是文学和心理学意义上的。

小　结

综上所述，萧红、郁达夫散文中包含着丰富的"青春主题"，他们富有才情饱含感伤的散文从不同方面表现了青春“成长”的生命轨迹，使读者感悟到作者当时的青春生命状态，为我们研究和认识那个时代的青春问题提供了很好的依据。在中国现代散文史上，萧红、郁达夫的散文具有独特的青春美学品格，如果说萧红的散文大多表现了青春成长的“悲凉”，那么郁达夫的散文则善于表现青春时代“水样的春愁”。萧红的散文站在女性立场上，用独特而率真的青春笔触，展示了女性青春坎坷的成长之路和现代女性青春复杂而悲凉的内心世界。孤独、苦难与感伤，使得萧红的散文的基调凄美而悲凉；抗争、逃离与流浪，使得萧红的散文具有别样的女性风骨；在中国现代散文史上萧红给我们留下了“叛逆、流浪的青春私语”。而郁达夫的散文则将时代的苦闷与青年知识分子的命运际遇、个性气质的忧郁和谐地融为一体，在赤裸裸的自省自视中，包含一种青春的颓废和“病态”，可以说，在中国现代散文史上，郁达夫为我们留下了青春世界“苦闷、感伤的‘春愁’情怀”，成为我们认识作家本人及那个时代青年心理秘密的形象文本。通过对萧红、郁达夫散文中“青春主题”的分析，也使我们认识到，从青春学和主题学的角度对20世纪中国散文中的青春主题进行研究，具有相当重要的价值和意义，这方面的工作有待继续展开。

第五章　被埋葬的“青春”

——三读艾青《鱼化石》

写于1978年的《鱼化石》并不是艾青新时期的代表作，但它无论在共和国诗歌史上抑或艾青个人的生命历程中，都具有不容忽略的意义。艾青的《鱼化石》是一块“诗歌化石”，其间蕴含着一代诗人被埋葬的青春（生命青春和艺术青春），浸透了他们无声的血泪。透视这块“鱼化石”，不仅具有诗学意义，更重要的是在透视过程中所获得的对“鱼化石”成因的认识以及对一代诗人生存困境和精神人格的认识。艾青的“诗歌化石”，如同一座冰山浮出水面的部分，其八分之七的水下部分隐藏着许多秘密，也诱惑着探索者的好奇。“三读艾青《鱼化石》”，意在表明探索工作不是一次完成的，每一次探索和透视都会有新的发现和不同的认识。

一、归来的“青春”

谈论艾青《鱼化石》，不能不谈论《归来的歌》，谈论《归来的歌》不能不涉及“归来”的诗人。1980年，艾青把他的一本诗集定名为《归来的歌》，与此同时，流沙河、梁南也写了题为《归来》和《归来的时刻》的诗。“归来”，在此期间，是一种诗人现象，也是一个普遍性的诗歌主题。“归来”与“消失”有关——1950年代的中国诗坛，一些中青年诗人因为政治原因（艺术观念原因尚在其次）被迫离开诗界，并被放逐到偏远地带或封闭、落后地区，长达20年之久。20多年前，他们中的有些人还是风华正茂的青年，有些人也才刚步入中年，可以说他们都处在艺术青春的形成期或旺盛期。当他们从流放地归来的时候，有的年近半百，有的已经年届古稀，他们最好的一段人生岁月丢失在极左政治的暴风雨中。“归来”的诗人，带着遍体创伤和满心的伤痛；“归来”的诗歌，带着命运的沧桑和无声的血泪。然而，诗人的“艺术青春”尚在，精神意义上的“青春”犹存。归来的“青春”作为一种诗人现象，催生了共和国诗歌史上的一次诗歌复苏。归来的“青春”在一段时间里，纷纷把生活道路的挫折、磨难所获得的体验，投射在他们的诗作中。他们追忆着“翅膀被打伤”的那“致命的一击”，以及“跌落在荒野里”的“颤抖”（吕剑《赠友人》），也为终于“活着从远方归来”而欣幸（流沙河《归来》）。这些“天庭的流浪儿”（林希《流星》），由于长时间沉落在社会底层，或处于“弃民”的社会地位，加深了对于历史、人生的体验的深度，也使他们多少与六七十年代的诗风保持了距离。

艾青是归来的“青春”中的代表人物，但他是特殊的一员。从成为右派后的1958年起，他先后到黑龙江农场和新疆生产建设兵团劳动。1961年，摘去右派的“帽子”，但在“文革”中又受到打击。时隔20余年之后，重获写作和发表作品的权利，这时的艾青已经68岁，他把自己戏称为“出土文物”！1978年4月30日，艾青在《文汇报》（上海）发表他“复出”后的第一首诗《红旗》，这是艾青在时隔21年之后第一次在报刊上正式出现。诗人吕剑说：“艾青的沉默和归来，在我们那个年代具有一种典型意义。”艾青的复出，意味着诗人的“政治冬眠”已宣告结束。由于他在诗歌界的“旗帜”的影响，这被看成是诗歌“复活”的具有象征意义的事件：

火是红的，
血是红的，
山丹丹是红的，
初升的太阳是红的；
最美的是
在前进中迎风飘扬的红旗！①

归来的艾青把当年的青春“火把”变成了迎风飘扬的“红旗”，诗人依然保持着青春的风格，而读者也迅速从大批归来者人群中找到了艾青，这说明：读者需要艾青，人民需要艾青。

有一位读者读罢《文汇报》上的《红旗》，立即致信艾青：“我们找你找了二十年，我们等你等了二十年。现在，我们终于找到了你！你终于回来了！……‘艾青’，对于我们不再是一个人，一个名字，而是一种象征，一束绿色的火焰！——他燃烧起一个已经逝去的春天，又预示着一个必将到来的春天。”

需要在此说明的是，这位读者在许多著作或媒体场合都被冠以“一位老工人”的身份，其实这位读者就是“贵州诗人群”的青年诗人哑默，本名叫伍立宪。诗集《归来的歌》出版说明中，出现了哑默的话语，艾青在《艾青诗选》的《自序》中，也将哑默的信摘抄引用。两代诗人惺惺相惜，等待和被等待终于因《红旗》一诗结成缘分。

继《红旗》面世不久，艾青的《鱼化石》就和广大读者见面了。②

动作多么活泼，
精力多么旺盛，
在浪花里跳跃，
在大海里浮沉；

① 艾青：《归来的歌》，四川人民出版社1980年5月版，第7页。
②《鱼化石》和《电》这两首诗以《诗二首》为总题，发表于1978年8月27日《文汇报》。

不幸遇到火山爆发，
也可能是地震，
你失去了自由，
被埋进了灰尘；

过了多少亿年，
地质勘察队员
在岩层里发现你，
依然栩栩如生。

但你是沉默的，
连叹息也没有，
鳞和鳍都完整，
却不能动弹；

你绝对的静止，
对外界毫无反应，
看不见天和水，
听不见浪花的声音。
……

如果说《红旗》一诗发布的信息是“艾青还活着，艾青就要复出了”，那么《鱼化石》一诗则向读者透露出“艾青被埋没的20年就是处于这样的状态，艾青诗歌生命的‘青春’即将复活”这样的信号。

《鱼化石》是一块有灵性的“诗歌化石”，它告诉世人一条“在浪花里跳跃，在大海里浮沉”的鱼，怎样在大自然的灾难面前“失去了自由，被埋进灰尘”。这是一个悲剧故事，而悲剧之后的状态更令人悲伤：那条鱼“鳞和鳍都完整，却不能动弹”，在沉默、静止的特殊环境里，“对外界毫无反应”。谁都知道，在那个年代里，变成“化石”的人太多太多了，而艾青就是其中之一。丁玲在看了这首诗后，她所说的一句话是对的：“这是写艾青自己嘛！”①不错，这首诗正是诗人自己的写照，正是诗人对自己命运的感叹。另一方面，这首诗还具有时代意义：经历过人变“化石”的岁月，艾青形象地概括了无数“右派”知识分子所遭遇到的飞来横祸，一个个活生生的生命体在被埋进地层以后，“连叹息也没有”，“看不见天和水，听不见浪花的声音”，长时间的沉默使得这生命体虽然还“栩栩如生”，但却不见天日，有口莫辩。诗人的内心交织着剧烈的创痛、悲哀和愤怒。诗评家谢冕说道：“《鱼化石》当然有诗人自传的性质，但它提供了典型的意义。这不是一个关于一条鱼死亡的故事，而是一个涉及不同的鱼而拥有一个共同的不幸和悲剧命运的故事，这就是前面说的‘联想到众多的鱼变成了化石’。这是个人遭际与时代风云的叠合。”艾青在《诗论》中也曾说过：“个人的痛苦与欢乐，必须融合在时代的痛苦与欢乐里；时代的痛苦与欢乐也必须揉合在个人的痛苦与欢乐中。”②在经过了 20 多年的政治劫难后，艾青成了“鱼化石”，他把个人的苦难与时代的苦难融合在这块“诗歌化石”中了。艾青还强调诗人必须有时代的使命感：“最伟大的诗人，永远是他所生活的时代的最忠实的代言人；最高的艺术品，永远是产生它的时代的情感、风尚、趣味等等之最真实的记录。”③历史令诗人苦涩的地方在于，艾青的《鱼化石》所记录的不是时代的“风尚与趣味”，而是记录了它残酷的“感情”。《鱼化石》从一条鱼异变为化石的具象描述中建构了一个悲剧性的诗学主题。由于一场突然的灾难，自由的生命瞬间消失，多少亿年后它被重新发现，这个具

① 转引自牛汉、郭宝臣主编：《艾青名作欣赏》，中国和平出版社 1993 年版，第 395 页。

② 艾青：《诗论》，人民文学出版社 1980 年版，第 209 页。

③ 艾青：《诗论》，人民文学出版社 1980 年版，第 160 页。

象的展开不仅仅是诗人个体命运的自我观照,更是对一个灾难时代生命沉埋的悲剧概括。

从诗艺上看,规避描述具体的生活矛盾和场景,善于从具体生活现象中把握一种超越现象本身的体验,在具象化描述中将其推移到象征层次从而获得更深广的内涵,这是艾青"归来"后诗歌在取材和抒写方式上的一个重要特征,《鱼化石》就是一个很好的例子。《鱼化石》具有造型美,为苦难中的知识分子树立了一座心灵上的雕像,为艾青"一首诗必须具有一种造型美;一首诗是一个心灵的活的雕塑"①的美学追求作了很好的注解。这首诗以象征为主要表现手法,将强烈的感受和深刻的思考凝聚在单纯明快的诗句里,精巧的构思却以朴素的形式表达出来。归来后的艾青,语言更加质朴纯净,诗作更趋于冷静、沉郁,更具有内向的特点。《鱼化石》语言质朴,几乎没有运用修辞手法。诗句简短,诗行匀称,在平凡、朴素、明晰的形式中,朴素与深厚相结合,这与诗人坎坷的经历及诗歌创作上更加练达圆熟的风格是一致的。

唐弢先生以《鱼化石》为范例,高度评价了艾青的诗歌创作。对于艾青略带忧郁的诗风,唐弢先生认为:"一个诗人,一个伟大的作家,生在中国这样的社会而没有忧郁或者寂寞之感,那倒真是难以理解的了。艾青的确是忧郁的,那是属于个人气质的带有时代性和民族性的忧郁——一种崇高的忧郁!"②1950年代中期,艾青早在1930年代就形成的独特诗风因为不合主流诗坛的"颂歌模式"而受到指责,"忧郁"甚至成为艾青的政治错误而遭到问罪,"艾青能否为社会主义新中国歌唱"的荒谬命题随之抛出。新时期之初,唐弢先生不但从《鱼化石》一诗中感受到艾青当年的诗歌基调,而且指出艾青是一个伟大的作家,因为他有那种"崇高的忧郁"!

---

① 艾青:《诗论》,人民文学出版社1980年版,第192页。

② 公木主编:《新诗鉴赏辞典》,上海辞书出版社1991年版,第386页。

唐弢还饱含深情地倾吐了自己的心声："我年轻时喜欢徐志摩，中年以后醉心于臧克家，还有戴望舒和卞之琳，如今齿发脱落，垂垂老矣，而我却更爱好艾青。这并不是艾青的诗是写给老年人读的，不，完全不是。归真返璞，我爱好他的朴素、平实，爱读他那平凡的语言，自由的格式，不事雕琢地写出的激动人心的诗篇。"①作为新时期文坛宿将的唐弢先生以《鱼化石》为例，对艾青诗歌高度评价，一方面表明了唐弢先生对"归来诗人"的热烈欢迎，另一方面也说明，1978 年《鱼化石》在中国诗坛的出现，引起了诗歌界和文化界的足够注目。艾青的那块"诗歌化石"不仅有诗学意义而且具有重要的社会意义和文化意义。

以上内容算是初读《鱼化石》的收获与感受吧！借用"山就是山"的命题，可以说"艾青就是艾青"，"《鱼化石》就是《鱼化石》"，不愧为大师大作。

二、残缺的化石

一旦收藏艾青的"诗歌化石"进行仔细鉴赏玩味的时候，许多人就会发现《鱼化石》虽然独具特色，但却是一块"残缺的化石"，算不上耐人寻味的诗歌精品。问题出在哪里呢？就出在《鱼化石》的结尾——

凝视着一片化石，
傻瓜也得到教训：
离开了运动，
就没有生命。

活着就要斗争，

---

① 公木主编：《新诗鉴赏辞典》，上海辞书出版社 1991 年版，第 386 页。

在斗争中前进，
即使死亡，
能量也要发挥干净。

《鱼化石》作为一首咏物诗，具有抒情诗的色彩和哲理诗的品格，开头和中间部分，作者简洁而传神的叙事笔触极富张力，为后来的诗歌结句蓄足了气势，读者也期待着“艾青式”的抒情力度和哲理沉思。然而，作者“凝望着一片化石”，得出的“教训”不过是“生命在于运动”，仿佛当年的鱼们是由于自身的懒惰或不善于运动，才遭到变成化石的厄运，所以“活着就要斗争，在斗争中前进”如此云云。这一番道理的确牵强且相当平庸——如诗中所言，这样的道理“傻瓜”也能得到。道理既然有所不通，抒情自然也就空泛别扭，只得喊口号似的结束全诗。

最后两节直接点明了诗的主旨，诗人将鱼化石形象的写照延伸到对于生存规则和斗争哲学的阐发上来。诗人告诉我们：生命来自运动，斗争实现生存，这是亘古不变的生命逻辑。对于整首诗来说，如此结尾不仅没有达到思想的升华和艺术的提升，反而削减了“鱼化石”这个独特象征物所蕴含的丰富性。同时，最后两节阐述的生存法则与斗争哲学也并不新鲜，还保留着明显的“文革”思维烙印。

艾青怎么了？艾青归来的“青春”怎么了？——发现了“鱼化石”的残缺之后，这些问题很自然地就会在收藏“鱼化石”的“艾青迷”那里涌现。读者也很容易想起另一个“归来”的诗人曾卓的《悬崖边上的树》，人们常常把《鱼化石》和《悬崖边上的树》相提并论，作为“归来的歌”中的两首佳作，谢冕先生就用《鱼化石或悬崖边上的树》作为“归来者”诗人们的诗歌选集。《悬崖边上的树》写道：“不知道是什么奇异的风/将一棵树吹到了那边——平原的尽头/邻近深谷的悬崖上”。像艾青笔下的在浪花里跳跃的鱼一样，那棵树也遭遇到一场灾难。灾难中被吹到悬崖边上的那棵树的处境是这样的:“它倾听远处森林的喧哗/和深谷中小溪的歌唱/它孤独地站在那里/显得寂寞又倔强”。曾卓的诗形象地暗示出“反右”或“文革”这样的事件,改变了中国知识分子的命运,把他们抛到了“悬崖边上”——倔强的树站在悬崖边上,孤独而又寂寞,象征了中国知识分子遭遇政治风暴后的生存状态。曾卓的《悬崖边上的树》是这样结尾的:“它弯曲的身体/留下了风的形状/它似乎即将倾跌进深谷里/却又像是要展翅飞翔……”①这样的结尾没有抽象的概念作结论,全是用形象说话,象征了一代罹难的知识分子在艰难的抗争中,虽然付出了巨大的代价,但他们站立着并没有堕落,那种悬崖边上“展翅飞翔”的姿态,为知识分子完成了一座风雨中的雕像。值得一提的还有另一个“归来”诗人——牛汉。1955年“胡风事件”发生后,牛汉一度被囚禁,“文革”中在湖北的“五七干校”劳动改造。他“归来”后,首先是发表写于“文革”期间的作品。它们“大都写在一个最没有诗意的时期,一个最没有诗意的地点”,却“为我们留下了一个时代的痛苦而崇高的精神面貌”。② 牛汉所体验到的人生的创伤和痛苦,在创伤的“大自然”中寻找到构形和表达的方式。枯枝、荆棘和芒刺所筑的巢中诞生的鹰(《鹰的诞生》);荒凉山丘上,被雷电劈掉了半边,却仍直直挺立着的树(《半棵树》);受伤,但默默耕耘的蚯蚓(《蚯蚓》);囚于笼中,却有破碎滴血的趾爪和火焰似的眼睛的华南虎(《华南虎》)……这些坚韧的、受伤的意象在诗人牛汉的笔下,是一种倔强不屈的精神和品格,是对于陷入困境的美好生命的悲愤和忧伤。

艾青的《鱼化石》比起曾卓的《悬崖边上的树》和牛汉的《半棵树》、《华南虎》这些反映政治灾难的诗歌来,从意象上看《鱼化石》因具有历史厚度而更加凄美,但从诗歌主题和情感的浓度上看,却

---

① 公木主编:《新诗鉴赏辞典》,上海辞书出版社1991年版,第512页。

② 参见绿原为牛汉诗集《温泉》写的序:《活的歌》。

不像曾卓和牛汉的诗歌那样长歌当哭，痛定思痛，尤其不具备那种“宁为玉碎，不为瓦全”的抗争精神。艾青经历过1957年“反右”和10年“文革”这样的劫难，并且在诗歌中写到了人变“化石”悲惨的一幕和成为“化石”后与世隔绝的“半死亡”生命状态，等到对这种毁灭人的现象进行言说的时候，艾青却转换了笔锋——谈论起“生命在于运动”的人生哲理或者生存法则来，这无疑是一种对惨淡历史和苦难的逃避。

历史上的艾青何曾逃避过苦难？大堰河用奶水养大的艾青在国民党监狱里的时候何曾逃避过苦难？“雪落在中国大地上”的时候艾青何曾逃避过苦难？甚至在延安受批判的时候，艾青何曾逃避过苦难？在三四十年代，艾青用他那一只从欧罗巴带回的“芦笛”当作“号角”，一面吹奏忧郁的大地之歌，一面吹奏有力的抗战之歌，诗人的青春从未向残酷的现实低下高贵的头颅，直到1954年，他写的《礁石》仍然保持着艾青的青春诗歌的生命力——“它的脸上和身上/象刀砍过一样/但它依然站在那里/含着微笑，看着海洋……”

这个礁石的形象就是艾青的自画像！然而，当一场政治风暴把诗人变成“鱼化石”之后，归来的艾青似乎失去了对苦难的声嘶力竭的抗议和控诉，他在《鱼化石》中却选了用一个圆滑的结尾阐释一番人生哲学，俨然如一位得道的高僧。

作为一个著名诗人，艾青曾反复宣言：诗人“是一切时代的智慧之标志”，他“给一切以生命”，“给一切以性格”；“他们要审判一切，——连那些平时审判别人的也要受他们的审判”；他认为，“诗与伪善是绝缘的”，诗人“必须有勇气向大众揭示真理”。他说：“诗人只能以他的由衷之言去摇撼人们的心。诗人也只有和人民在一起，喜怒哀乐都和人民相一致，智慧和勇气都来自人民，才能取得人民的信任。”①可是，在《鱼化石》的结尾处，面对政治灾难需要表

① 艾青：《诗人必须说真话》，见《诗论》，人民文学出版社1980年版，第3页。

明立场的时候,“有勇气向大众揭示真理”的诗人哪里去了?寻找灾难原因的求索精神哪里去了?审判制造灾难的罪魁的批判视角哪里去了?“用生命拥护民主政治”的独立精神哪里去了?

鲁迅先生曾说过,真正的勇士敢于直面惨淡的人生。在现实生活中,当一个诗人面对惨淡的政治灾难的时候,当一回勇士是相当困难的。德国哲学家特奥多尔·阿多诺有句名言:“奥斯威辛之后,不再有诗。”这句话有多种解释,甚至人言人殊。因为奥斯威辛所代表的纳粹罪恶是人类的伤口,再揭伤疤是一种残忍。对经历过奥斯威辛集中营的诗人来说,“经历过苦难,再叙述一次”,等于经历两次苦难的梦魇,所以不愿再写。但是,经历过集中营灾难的诗人,又怎能“拒绝言说”?纳粹集中营的幸存者,1986年诺贝尔和平奖得主威塞尔说过这样的话:“忘记大屠杀,就是第二次屠杀。”在奥斯威辛集中营度过短暂童年的2002年诺贝尔文学奖得主凯尔泰斯甚至极端地表达:“奥斯威辛之后只能写奥斯威辛的诗。”其实,阿多诺后来回收了他那句格言,他修正说:“长期受苦更有权表达,就像被折磨者要叫喊。因此关于奥斯维辛后不能写诗的说法或许是错的。”①失忆等于第二次屠杀,回忆等于第二次受难。这种左右为难的“宿命”是在告诫诗人放弃诗歌么?恰恰相反,它暗示奥斯威辛之后真正的诗人无路可逃,只能选择诗。“尽管诗有可能毁灭诗人,却可以慰藉全世界”②。巴金先生是经历过“文革”而又能够直面“文革”的作家,在某种意义上,直面一场政治灾难也是直面自己的灵魂,因为反思自己在政治灾难中的所作所为正是“直面”的重要内容。巴金带着“文革”血淋淋的记忆,一方面控诉“吃

---

① 转引自王晓渔:《“奥斯威辛”之后,不写诗是野蛮的》,《人民文学》2005年第8期。

② 王晓渔:《“奥斯威辛”之后,不写诗是野蛮的》,《人民文学》2005年第8期。

人”者的残暴，另一方面对自己在“吃人”者面前的软弱，甚至自己也曾“吃人”的梦魇进行回忆，他的《忏悔录》可以说代表一个民族进行忏悔。

那么，艾青怎么了？艾青归来的“青春”怎么了？那个吟咏痛苦的忧郁歌手在哪里？那个沉思的哲理诗人在哪里？——那块“残缺的化石”沉默着，不能回答。

以上内容算是第二个阶段的阅读感受吧！借用“见山不是山”的命题，可以说“艾青不再是艾青”，《鱼化石》不是“化石精品”，而是一块“残缺的化石”。

三、无声的血泪

面对一块残缺的“诗歌化石”，我们有理由质问艾青为何不能面对“把人变成化石”的灾难进行反思等一系列问题。但是，仅仅质问还远远不够，我们需要“穿越文本”的深度调查，搞清《鱼化石》残缺的真正原因。

俗话说“知人论事”，其实也应该“知人论诗”。诗人艾青一生与政治结下了不解之缘，他热爱艺术但不是“为艺术而艺术”的象牙塔里的诗人。1932 年，他在法国度过 3 年的留学生活后，回到民族危机深重的祖国，同年 5 月加入“中国左翼美术家联盟”，并作为鲁迅支持的美术团体“春地画会”的成员。但到 1932 年 7 月，艾青同其他十几位青年美术工作者一起被诬，以“危害民国”、“颠覆政府”的罪名被捕入狱，经受了 3 年多的囚禁生活。1942 年艾青在延安《解放日报》上发表《了解作家　尊重作家》一文，呼吁要尊重作家“艺术创作的独立精神”，并提出：“作家并不是百灵鸟，也不是专门歌娱乐人的歌妓。……他只根据自己的世界观去看事物，去描写事物，去批判事物。”“作家除了自由写作之外，不要求其他的特权，他们用生命去拥护民主政府理由之一，就因为民主政府能保障他们的艺术创作的独立精神。"①这篇文章受到批判。② 在被邀请和毛泽东谈话之后,《解放日报》刊登出了艾青经过毛泽东修改过的论文《我对目前文艺工作的意见》。艾青在论文中写道:"革命的文艺创作是从情感开始到理智去影响人走向革命,组织人为革命而生,为革命而死。"从作家到革命作家暗示着艾青知识分子身份的退隐和革命者身份的确认。延安时期的艾青,配合形势写过叙事诗《吴满月》,他自己也认为并不成功。其实艾青"轻而易举"地配合政治写诗的倾向,在重庆时期就露出端倪。③

新中国成立后,从延安来的艾青以胜利者的身份进驻北京,但这并不意味着艾青可以无忧无虑地自由写作。紧随 1951 年的知识分子思想改造运动之后,发生了所谓的"胡风反革命集团案"和"丁、陈反党集团"案,这两起案件都是针对文艺界内部一些有影响的知识分子的学术异见而搞的。从此,"反革命"这一名词就成为包括艾青在内的许多知识分子的恐怖的字眼。胡风这位马克思主义理论家都可以被打成"反革命",关押在大牢里,哪一个知识分子敢说自己绝对安全?何况艾青写于 1954 年的《礁石》一诗曾受无端指责?有人甚至发出艾青"还能否为社会主义歌唱"这样带有挑衅性的问题。中国作家协会诗歌组对他"帮助",周扬在大会上公开点名批评他。1956 年 5 月 2 日,毛泽东在最高国务会议上宣布"双百"方针后,艾青发表了《养花人的梦》、《蝉的歌》两则讽刺现实的寓言,结果种下了祸根。姚文元曾写过一篇洋洋大文《艾青的道路》,对艾青作出"修正主义"的总体评价,指出:"艾青的基本方

① 艾青:《了解作家　尊重作家》,见沈默编:《野百合花》,花城出版社 1992 年版,第 38 页。

② 1940 年代初,在新知识分子最集中的延安,出现了以丁玲、萧军、罗烽、艾青、王实味等新知识分子为主体的"暴露派"。后来"暴露派"遭到清算,王实味竟被处决。

③ 骆寒超:《艾青评传》,重庆出版社 2001 年版,第 213 页。

向是资产阶级方向……他的一切诗歌都是围绕着资产阶级的民主自由的轴心而旋转的。"1957 年 5 月,毛泽东在《事情正在起变化》一文中警告他所说的右派有两条出路:一条,夹紧尾巴,改邪归正;一条,继续胡闹,自取灭亡。但即使是态度表现好的那些知识分子也没有被完全宽容,包括艾青在内的大批知识分子受到惩罚。最高领袖毛泽东一度怀疑艾青有历史问题,特别指示查一查艾青,中国作协的领导人商量后,形成一致意见,认定艾青当时不是共产党员,历史问题不能成立,这样艾青才躲过比"右派"更可怕的罪名。

但从此,艾青就从中国诗坛消失,1958 年来到北大荒,1959 年来到新疆乌鲁木齐,"文革"以前由于受到王震将军的特别保护,艾青未受较大的政治冲击。在"文革"中,艾青遭遇"造反派"的抄家和批斗,并被遣送到被称为"小西伯利亚"的沙漠边缘的农场劳动改造。年近 60 的诗人艾青一度被安排打扫厕所,经过 6 年的"西伯利亚"生活,才被迁往新疆石河子。由于条件艰苦加上病情被耽误,艾青的右眼彻底失明,左眼视力也极其微弱。1975 年 5 月,艾青离开石河子回北京治疗眼疾,从此在一个年轻朋友的帮助下,艾青一家人作为没有户口的"黑人"悄悄在北京住下了。此后,艾青经历了 1976 年的天安门"四五"运动和"四人帮"倒台,他密切关注着政治"解冻"的一切信息。

像大多数知识分子一样,艾青并不深懂政治,他是个受感情支配的艺术家,因此在一连串的政治运动中往往陷入难以自拔的泥淖之中。艾青早在三四十年代就形成的对于诗人的社会地位、职责和独立权利的艺术家方式的理解,在当代中国社会政治格局中,自然会引发严重的冲突。这种"个人和时代相抵触、'天才'和'世俗'相对立的情绪",导致他在当代,必然地会"沦入""一个难以想象的深渊"。① 陷入政治灾难的知识分子不仅被剥夺了从事学术研

① 冯至:《论艾青的诗》,《文学研究》1958 年第 1 期。

究和艺术创造的权利，而且陷入牛马之境，他们最宝贵的尊严被一扫而空，甚至连做一个普通人最起码的尊严都无法保持。无怪乎在这一时期中国知识分子自杀现象特别之严重。据谢泳先生揭露，1949～1976年间中国知识分子自杀的数量是惊人的，尤其是1957～1967年前后约10年之间。这10年中知识分子自杀的原因和1957年的反右运动及1966年的"文化大革命"密切相关。自杀者中很多都是著名知识分子，如翦伯赞、傅雷、老舍、储安平、陈梦家、邓拓、范长江、上官云珠、吴晗、杨朔、闻捷、罗广斌、周瘦鹃等等。"文革"这场大浩劫降临到文艺界之后，"批判、斗争、关牛棚、蹲监狱自不待言，被他们迫害致死的，仅列入第四次文代会上宣读的《为被林彪、'四人帮'迫害逝世和身后遭受诬陷的作家、艺术家们致哀》中的就有近200人。"①

当时的中宣部部长周扬，虽然是建国后一系列政治批判运动的组织领导者，但在其内心深处，也有掩抑不住的苦闷与困惑。在私人场合，周扬曾意味深长地讲过这样一些话：满清时代虽有文字狱，"但却还是让文人学者搞了四部丛刊！""鲁迅死的时候才56岁，可已做了不少的工作了！"开国以来文艺界的历次运动是必要的，但"扫清道路是为了建设，现在应该从正面切切实实做一些工作了。一年四季都搞运动总不成的"②。其中分明流露出对建国之后接连不断的政治运动的厌烦，为许多作家被糟践了年华而痛惜。可以说，在接连发生政治灾难的那些年，知识分子甚至不问政治都不行，他们必须被迫表态，必须被迫表示顺从，还要按照指定的方式改造自己的思想，否则——连最基本的生存都是问题。诗人艾青，就是从这样的政治风暴中一路走过来的，他活着走到了1978年的春天。

---

① 党秀臣主编：《中国现当代文学》，高等教育出版社1994年版，第338页。
② 沙汀：《沙汀日记》，见《新文学史料》1988年第2期，第203页。

1978 年春天,艾青的政治问题还没有解决。这时候的艾青对政治能不敏感吗?政治局势的风吹草动跟艾青的命运息息相关。这时候,艾青在尚未平反的情况下被允许发表作品了。1978 年 4 月 30 日,《文汇报》发表艾青《红旗》一诗。这是作者在“四人帮”倒台之后于报刊上发表的第一篇作品。

艾青曾这样讲述了写作与发表此诗的经过:“1978 年我复出的时候,有人对我说,你要写诗了,否则人家会以为你与‘四人帮’有什么关系。这样我就写了一首诗骂‘四人帮’,寄给上海《文汇报》。清样打出来之后,《文汇报》一个朋友寄来一封信,说‘四人帮’倒台一年多了,你写这样的诗已经跟不上形势了。然后我就写了一首《红旗》。”①

艾青这段话透露出一个重要信息,当年因政治灾难而处于封闭状态的艾青,跟“鱼化石”一样,“对外界毫无反应”,至少他写诗的时候还判断不准政治风向,为稳妥起见,就写诗批判“四人帮”,以至被认为“跟不上形势”。饱受政治灾难之苦的艾青一方面为粉碎“四人帮”而高兴,另一方面,宛如惊弓之鸟的诗人又担心新的政治力量把自己划归“四人帮”路线上的人物——政治风云的变幻莫测以及政治流氓的卑鄙手段,艾青深深领教过了,他又怎能不忐忑不安、小心翼翼!

也就是在这样的文艺生态环境中,艾青在《文汇报》上发表了他的《红旗》,这是一次投石问路,所以基调高昂,最终以“带着胜利的欢呼/奔向共产主义……”结尾。1978 年 8 月 27 日,还是在《文汇报》上,《鱼化石》发表了,与《红旗》的发表时间相距不到 4 个月。这时的艾青虽然“浮出”,但仍然没有平反——也就是说,他所披戴的“灵魂上的枷锁”并没有真正解开。这个时候的艾青,已经写出了《鱼化石》,这就难能可贵了。《鱼化石》的结尾正如《红旗》的结

① 见《艾青王蒙答客问》,载 1981 年 1 月 15 日香港《新晚报》。

尾一样，主流而高调，为的就是向主流社会发出一种信息，希望尽快“复出”！

这时已经68岁的艾青刚刚被解开诗歌的翅膀，暂时的麻木使他不可能飞到九霄云外；戴着灵魂的枷锁，我们又怎能奢望艾青能反思历史并上升为诗歌哲理？

艾青在《我也曾经是青年》一诗中写道：“年年都有一个春天/春天去了能回还/人生只有一度青春/青春去了不复返//……/我也曾经是青年/不知哪儿去找青春/流浪、失业、坐监牢/剩下的是烽火、硝烟//一九五八年/春天我到北大荒//一九五九年/冬天我到新疆//……/在遥远的戈壁滩/整整度过了二十年//肉体里找不见年轮/我已匆匆忙忙到老年/谁愿意苟延残喘/挨过这风烛残年”。

这首诗其实就是艾青晚年对自己一生所走过的路进行的一个“自传性”的总结，一生的坎坷中，特别难忘的是“肉体里找不见年轮”的20年流放生活。1982年，饱经沧桑的艾青在回忆往事时说：“一辈子不知摔过多少次跤。摔了自己爬起来，拍拍身上的灰土就完了”；“许多比我年轻的死在我前面了，我却还活着。要是在七八年前死了和死了一条狗没什么两样。从1932年发表《会合》开始，到今天已经度过半个多世纪了。这就是我的创作生涯。有时，真像穿过一条漫长、黑暗而又潮湿的隧道，自己也不知道能不能活过来……”①

但诗人艾青终于从政治灾难中活过来了。作为“归来”的诗人，艾青在《鱼化石》之后，终于写出了《光的赞歌》、《古罗马的大斗技场》、《盆景》等一系列佳作，又爆发出艺术上的第二个青春。在所有“归来”的知识分子中，艾青是最早对“文革”浩劫和在此之前政治灾难进行控诉和反思的作家之一。1979年2月1日，中国

① 牛汉、郭宝臣主编：《艾青名作欣赏》，中国和平出版社1993年版，第460页。

作家协会作出"关于艾青同志'右派'问题的复查结论",宣布为他平反。而在此之前的1979年1月,艾青在一个文艺工作者座谈会上就发出了这样的声音:

1919年的"五四"运动到1976年的"四五"运动,走了漫长的57年!而我们今天好像还在补57年前的课,要求科学、要求民主。我们怎么敢随便地抛弃这两面光辉的旗帜呢?难道我们中国人非得是永远愚昧无知、任人摆布的奴隶吗?绝对不可能了!①

这是反思历史的声音,这是愤怒的反抗之声!

曾经有一个英国人说过:"宁可失去一个印度,却不愿失去一个莎士比亚。"②这原因就在于,莎士比亚是英国人为之骄傲的伟大诗人,他的作品可以支持一个民族的自尊心理,从而不只换到一个印度。在中国,仅仅一场政治风波,国人为之骄傲的诗人艾青,就可以被流放到"小西伯利亚"打扫厕所,能苟延残喘地活着就算他幸运了。中国的胡风有一句不祥的预言:"反胡风以后中国文坛就要进入中世纪。"③果然,反胡风之后,艾青这位大诗人就被变成了"鱼化石"……

一旦我们了解到艾青坎坷的人生经历和《鱼化石》诞生的背景,对这块蕴含着诗人们"无声的血泪"的"诗歌化石"就有了沧桑之感。借用"见山还是山"的命题,那么"艾青还是艾青","《鱼化石》还是《鱼化石》"。这块"诗歌化石"虽然残缺,但却更加真实,因而也就更具有收藏价值和研究意义。

---

① 艾青:《谈艺术民主》,转引自骆寒超:《艾青评传》,重庆出版社2001年版,第319页。

② 转引自艾青:《了解作家 尊重作家》,参见沈默编:《野百合花》,花城出版社1992年版,第39页。

③ 周扬:《周扬文集》,人民文学出版社1985年版,第410页。

小　结

综上所述,艾青的《鱼化石》是一块“诗歌化石”,其间蕴含着一代“归来”的诗人被埋葬的“青春”(生命青春和艺术青春),浸透了他们无声的血泪。“三读《鱼化石》”不是一般的文本解读,在“肯定—否定—重新肯定”曲折的穿越文本的过程中,我们也穿越到中国当代文学史的深处,感受到历史的无限悲凉。在某种意义上,《鱼化石》是包括艾青本人在内的中国受难的知识分子的一座心灵纪念碑,它虽有风剥雨蚀后的残缺,但更见其历史的真实。透视这块“诗歌化石”,不仅具有诗学意义,更重要的是在透视过程中所获得的对“鱼化石”成因的认识以及对一代“归来”的诗人们生存困境和精神人格的认识。中国知识分子如何避免“鱼化石”悲剧的重演,既要有知识分子自身的抗争和突围,更要依赖政治环境的宽松、法制建设的完善和民主氛围的形成。

第六章 分裂中的青春挣扎
——食指诗歌与青春主题研究

食指是“文革”时期一位独特的“地下”诗人，也是20世纪中国诗歌史上一个独特的存在。他几乎被那个非正常的时代淹没，几乎被某种叵测而残酷的命运彻底击溃。然而，食指终于顽强地浮出了水面，最终迈出了精神病院的大门。作为一个时代的代言人和另一个时代的预言家，他所具有的“奇里斯玛”①性格气质，使得其荆冠之上又多出一道神秘的光环。20世纪80年代以来，越来越多的人开始关注食指、关心食指、研究食指。林莽、张清华、陈超等几位先生分别选取独特的视角写出了颇具分量的《食指论》，对食指其人其诗进行了深入透辟的研究，食指诗歌的精神魅力和美学品格逐渐获得其应有的文学史和心灵史意义。这里，笔者从青春主题的角度重新审视食指，不但注意到食指诗歌中丰富的青春主题内涵和独特的青春美学品格，而且触及食指创作中的精神和心理层面的某种隐秘情结。

① 英文为charisma，本义是神圣的天赋，后指带有神秘色彩的非凡魅力。

一、"文革"中的"另类"青春写作

史无前例的"文革"作为一场浩劫,显然是共和国历史上的一种"非正常状态"。在那种"非常态"下,其实并不缺乏诗歌,非但如此,诗歌作为一种被高度政治化了的工具,成为阶级斗争的大舞台上举足轻重的文化道具,更成为对青年一代进行教育的首选材料。只是诗歌的灵魂被抽空了,诗歌的美感被剥离了,诗歌的名声被玷污了。赤裸的颂歌、肉麻的鼓吹加上理直气壮的谩骂,使得那些制造诗歌的人、利用诗歌的人和被迫叫喊诗歌的人,一时间都忘记了什么是诗歌,或者说使得他们太清楚地知道了什么叫做"诗歌"。"文革"那种"非常态",说到底也是一个民族心理上病态的表现,诗歌的病态源于社会的病态。当一个民族普遍地患上狂躁症的时候,怎敢奢望诗歌的清新和健康?然而,正当一个民族普遍地患上狂躁症的时候,一个青春诗人却在那里清醒地迷惘着——这个人,就是食指。

1966～1969年是食指最为辉煌的创作期,这时的食指恰恰处于18～21岁的青春年华时段,其代表作《相信未来》、《这是四点零八分的北京》就诞生在这一阶段。

不同于主流诗歌的欢乐、亢奋、狂躁与虚空,食指的诗歌是低调而扎实的,却不回避感伤与迷惘,如果说主流诗歌在天空四处飘扬,食指的诗歌则是在大地上匍匐而行;不同于主流诗歌的政治挂帅和集体抒情,食指诗歌是基于青春生命体验的个体抒情,如果说主流诗歌关注的是外在现实,食指诗歌看重的则是内在心灵。因此,食指的诗歌创作属于"非常态"下的另类青春写作,从一开始就注定了不会见容于主流社会。"四人帮"之一的江青就把食指说成是一个"灰色诗人",《相信未来》一诗不过是对现实的否定而已。的确,相对于铺天盖地的红色而言,食指的青春诗歌蒙上了一层

"灰色",相对于虚假的快乐和无知的盲从,食指的青春诗歌选择了真实的感伤和迷惘中的思考。当青春感觉连同青春判断也遭到政治话语恣意扭曲的时候,食指用自己的笔忠实地为本真的青春留下了时代肖像,尽管色调有些灰色,类似于铅笔素描,但其真实度却令每一个"过来人"啧啧称道,也让那些为青春造假的诗人们感到汗颜。评论家林莽在《生存与绝望》一文中曾说:"他的作品中充满了青春的力量,但绝没有虚拟的欢乐。"他认为食指"以诗人的敏锐与天分为一代人立言"。笔者认为,林莽先生的判断显示出一个诗人兼诗评家的洞见,若要更具体地表达,也可以说,食指以诗人的敏锐与天分"为一代青春立言"。这一代青春便是在"文革"中先是狂热躁动、盲目服从继而迷惘失落、无所适从的"红卫兵""知青"一代人。《相信未来》一诗,既是食指个人的青春思考和青春信念,又属于一代青年的诗歌纪念碑,难怪它自诞生之日起就得到青年人的认可、喜爱、传抄和保护。该诗虽然属于"地下诗歌",但它却生就一双诗歌的翅膀,曾到达过全国许多"知青点"所在地,也可以说,这首诗曾经在许多青年们的心灵世界里飞翔过,停留过,并且向他们形象地阐释过什么是真正的青春诗歌。

《相信未来》之所以成为"非常态"下的"另类",首先在于它直面现实的勇气。这首诗面对的社会现实和心理现实是——"蜘蛛网无情地查封了我的炉台"、"灰烬的余烟叹息着贫困的悲哀"、"紫葡萄化为深秋的露水"、"鲜花依偎在别人的情怀";这首诗表现出的青春勇气在于——"固执地铺平失望的灰烬",带着"我们腐烂的皮肉"和"那些迷途的惆怅、失败的苦痛"以及"那无数次的探索、迷途、失败和成功",焦急地等待着后来人对他们"热情、客观、公正的评定"!其次,这首诗站在青春本位的立场,执著地相信属于青春的未来。无论现实怎样糟糕、命运多么冷酷,抒情主人公始终执著地"相信未来人们的眼睛","相信不屈不挠的努力/相信战胜死亡的年轻"。这首诗歌的智慧在于,它指出一个事实:未来不属于现实，但属于青春。有论者指出：“从诗的外在形式及思维框架上看，食指显然也没有摆脱一般的政治抒情诗的范式。”笔者认为，从青春主题的视角看，食指这首诗既立足于社会现实又超越了特定的社会现实，从而具有永恒的青春品格。立足现实不仅显示了青春诗歌的诚实品格而且表现了青春诗人的敏锐和勇敢，该诗由此具备一代青年青春纪念碑的历史意义；而超越现实的一面则表现在，这首诗写出了青春本真的一面，揭示出青春属于未来的特性以及青春不屈不挠的执著品格，从而赋予青春永恒的精神价值和美学品质，在此意义上，这首诗的生命力和价值不仅仅属于一代人，而属于更多的乃至未来的读者群。

一切诗人都是敏感的，青春诗人尤其敏锐。青春食指很早就感知到生活的疼痛和忧伤，命运的冷酷和无情，写于 1967 年的《命运》便是证明：“我的一生是辗转飘零的枯叶/我的未来是抽不出锋芒的青稞……哪怕荆棘刺破我的心/火一样的血浆火一样地燃烧着/挣扎着爬进那喧闹的江河/人死了/精神永不沉默！”①这首诗歌，流露出青春诗人对命运的猜测与颖悟，似乎为食指后来的全部写作定下了沉郁悲壮的基调。“飘零”、“血浆”、“燃烧”、“死亡”、“精神”，这些主题词或者说诗歌母题，在其后来的诗歌创作中如同乐曲的主旋律，一再出现，耐人寻味。不少食指诗歌研究者特别推重食指早期的长诗《海洋三部曲》和《鱼儿三部曲》，我觉得食指早期的《命运》、《烟》、《酒》、《寒风》和《还是干脆忘掉她吧》，更具有震撼人心的力度。在那个诗歌中充满廉价快乐的时代，青春也被覆盖上虚假的面具，只允许以欢乐的面孔出场。食指的这些诗歌大胆而真实地表现了青春的迷惘、忧伤和疼痛，青春在“寒风”中的孤独，青春在命运面前的苦涩和无奈。在一个诗歌高度政治化的时代，年轻的食指把青春主题从政治话语中剥离出来，将其置于心

① 食指：《食指的诗》，人民文学出版社 2000 年版，第 20 页。

中最纯净最敏感的方寸之间。这些诗歌流淌着青春的“血浆”，燃烧着青春的激情，诗歌的背后，则折磨着诗人稚嫩的心灵，疼痛着诗人过敏的神经——这当然需要某种撕裂自我、抉心自食的勇气。陕西《女友》杂志社《文友》编辑部曾把如下的授奖词赠予食指：“他在他的时代里，独立承担了一位大诗人所应承担的。”其实，食指有些诗歌（如上述几首）并未承担时代的所谓重任，然而，食指作品中，几乎所有厚重的诗歌都承担着个体青春和个人命运的重负。当青春和痛苦遭遇的时候，当个体和命运搏斗的时候，当信仰和虚无较量的时候，那种“克尔凯郭尔式”的面对孤独和独自担当，比起时代的重任更加沉重，也更加令人惧怕。可是年轻的食指却迎上去了，用笔记录，用诗说话，无论面对自己还是面对时代，食指都用真诚言说。

《这是四点零八分的北京》以孩子气的叙述方式，记录了“知青”离家那一特定时刻的青春感觉，单纯然而真实。这首诗歌以其真诚的青春品格，在“知青”上山下乡运动的高音喇叭中，加进了一声低调的“青春叹息”。甚至诗人当时也未必料想到，这一声低调的青春叹息，后来却颠覆了一个时代的“青春神话”，促进了许多青年的精神觉醒。——这首诗歌的力量或者说精神价值，就在于青春诗人食指凭良知表达了内心真实的青春感受，再低调一点说，食指并没有像其他诗人一样讲假话而已。这个多情而固执的青春诗人，即使时代与骗子合谋欺骗了年轻的他，他也并不辜负时代，更不欺骗众生。这种青春品格是食指的诗品，更是其人品。——这，正是食指其人其诗的魅力和大气所在吧！

二、分裂中的青春挣扎

1970～1980 年食指处于 22～32 岁的青壮年时期，这一阶段的创作诗人经历由“停滞期”到“再创期”的过渡。那个固执地相信未来的青春诗人在现实中遭遇到一连串的风暴:由插队到参军,继而精神忧郁、退伍,1973 年,25 岁的食指被诊断为精神分裂症。1978~1980 年,处于精神崩溃状态下的食指,在挣扎中完成了这一时期的代表作《疯狗》和《热爱生命》。

早在食指精神崩溃之前,他的诗歌中就存在着某种分裂,精神崩溃后创作的诗歌更见其内在裂痕,这种现象为不少研究者所关注并试图作出解释。研究者令狐兆鹏认为,食指的诗歌所体现的精神状态是复杂的:既有对当时时代的控诉,也在一定程度上回归主流,挣扎与顺从成了食指诗歌精神的标志。① 研究者周丹认为,食指在"文革"时期的诗歌创作,一方面,他以个人情怀的渲染对个性缺失的文学模式进行了"变格";另一方面,他与"主流"合拍,写了一些肤浅的应时之作。食指诗歌中的青春"自我"也曾被"人民"所取代:"让我们在人民的手中/小一些/小一些/再小一些吧//用我们全身的筋骨和皮肉/铸造一颗不生锈的螺丝钉/联结起通向胜利的钢轨/让时代的列车一路通行"②。当"自我"在人民集体力量面前变得渺小时,那个特立独行的青春形象随之淡化消失。

周丹认为,"文革"期间食指有些诗歌更重于展示公共空间,多叙述政治生活事件,以集体运动的场面取代了私人空间。在一些作品中,我们看到的是诗人在努力地与时代潮流合拍,肤浅地随声唱和。"食指的诗歌一方面努力摆脱'文革'文学虚假浮夸的标语口号模式,使诗歌不再是政治的附庸,而力争实现其独立性;另一方面,他对于传统的因袭又无法像后继者那样决绝地背叛和反抗。

---

① 令狐兆鹏:《挣扎与顺从:诗人食指诗歌精神探讨》,见《重庆邮电学院学报(社会科学版)》2006 年第 1 期。

② 食指:《我们这一代》(1970 年),见《食指的诗》,人民文学出版社 2000 年版,第 58 页。

这种'变格'与'不变'的矛盾成为导致诗人精神分裂悲剧的原因之一。"①研究者李恒久较早注意到了食指内心矛盾的一面:"食指成长在一个正统的革命干部家庭里,他从小接受着共产党的传统教育,就在他比常人看到整个社会都被一种政治所扭曲,并在他的诗中抒写着强烈的不满时,他对国家,对共产党、对党的领袖还是不改初衷的怀着深深的眷恋之情……郭路生的思想是深刻的但又是矛盾的,他的目光是敏锐的,但他自幼接受的正统教育给予他的信念又是顽强的。"②

应该说,食指精神崩溃的原因是多方面因素集中造成的:极左政治对热爱纯诗歌艺术的青年不断地压抑与威吓,内心的理想与现实持久的冲突,人们对他的嘲弄指责,再加上恋爱受挫……总之,诗人敏感的精神在来自四面八方的压力下终致崩溃。食指的精神崩溃很容易使人们产生习惯性联想,将诗人食指与人类精神史、艺术史上的尼采、荷尔德林、凡·高、陀思妥耶夫斯基、普拉斯……等整合到一条系谱中。就 20 世纪中国诗歌史而言,诗人多多认为:"郭路生是自朱湘自杀以来所有诗人中唯一疯狂了的诗人,也是 70 年代以来为新诗歌运动趴在地上的第一人。"③在对诗人食指精神崩溃现象的研究中,张清华先生有其深刻而独到的见解,他认为,伟大的诗人总是用生命燃烧去完成写作,他所信奉的理想从未与生活妥协,所以只有疯狂。"因为他坚持生命与诗的合一,不肯使自己的人格陷于分裂,所以只有使精神不堪重负而被撕裂……一个矛盾的荒唐和分裂的时代撕裂了他,这个时代被暴力扭

① 周丹:《"变格"与"不变":食指"文革"诗论》,《内蒙古农业大学学报》2007 年第 1 期。

② 李恒久:《郭路生和他的早期的诗》,《黄河》1997 年第 1 期。

③ 多多:《被埋葬的中国诗人》,见廖亦武主编:《沉沦的圣殿——中国 20 世纪 70 年代地下诗歌遗照》,新疆青少年出版社 1999 年版。

曲并被幻象诱惑导致疯狂的语言与思维方式撕裂了他，这个时代疯了，而和时代一起疯掉的狂欢者们由于发泄而卸掉了自己的精神包袱，而食指却由于坚守了自己的内心而被无情的飓风摧折。"①张清华先生高度评价了食指的诗歌和食指写作的意义，认为食指诗歌特殊的生命力在于它的心灵性，心灵的战栗，用血和泪为那个时代写下了永恒的祭文。在当代所有诗人中，最真诚地面对现实，面对生活和面对内心写作的，应首推食指。笔者认为，食指敏感的青春世界与外部社会有着激烈的不可调和的矛盾，他执著于内心的真诚，而外部社会却嘲弄真诚，因此诗人选择了沉浸于自我的内心世界而拒绝返回社会，按照世俗社会的逻辑食指便成为疯子。法国哲学家吉尔斯·德留兹甚至把这类精神分裂作为解放的力量："精神分裂者拒绝社会认可的正常的意义，因此社会也拒绝了他。……精神分裂的这种状态比正常状态更接近于'真正'的意义。（这样的）精神分裂者（不是一般意义上的）病人，他们不是正常社会中的疯人，而是疯狂社会中的正常人。"②

关于食指精神崩溃的心理分析与文化阐释有不少说法，有些观点难免相互抵触甚至构成悖论，但这些或者并不重要，笔者更为看重的是——崩溃状态下的诗人食指，仍然拿起手中的诗笔，记录下生命中不可承受之重压；他的青春生命在同命运搏斗中所留下的道道泪痕和血迹，一次又一次震撼着人们的心灵。

写于1978年的《疯狗》，是食指向病魔和命运挑战的泣血文字，在疯狂状态中显示了诗人作为"人"的清醒和尊严。"病魔"二字本身就带有些许宿命色彩，显出人在某些疾病面前的无奈，人受制于疾病如同受制于恶魔的摆布与捉弄。食指这首直面病魔的诗

---

① 张清华：《从精神分裂的方向看》，《当代作家评论》2001年第4期。

② 赵敦华：《现代西方哲学新编》，北京大学出版社2001年版，第276～277页。

作，在某种意义上也是向命运抗争，向虚无抗争——

受够了无穷的戏弄之后，
我不再把自己当人看，
仿佛我成了一条疯狗，
漫无目的地游荡人间。

我不是一条疯狗，
不必为饥寒去冒风险，
为此我希望成条疯狗，
更深刻地体验生存的艰难。

我还不如一条疯狗！
狗急他能跳出墙院，
而我只能默默地忍受，
我比疯狗有更多的辛酸。

假如我真的成条疯狗，
就能挣脱这无形的锁链，
那么我将毫不迟疑地
放弃所谓的人权。①

精神病患者的内心痛苦与无奈，肉身遭受的拘禁与折磨，世人对患者的戏弄包括医生对患者的隔膜与误解，这一切生存境遇，使得诗人发出“我比疯狗有更多的辛酸”的悲叹，为挣脱病魔的锁链，诗人宁愿放弃人权，做一条疯狗！

某编辑在入选《疯狗》这首诗作的时候，给它加上了一个副标题“——对人权的嘲讽”，这实在是对食指诗歌的严重误读。此时食指所表达的，绝非政治层面上的所谓人权嘲讽，甚至也不是为一代人共同的“命运”代言（如《相信未来》）。这里的食指，是在生命

① 食指：《食指的诗》，人民文学出版社2000年版，第88页。

的层面上体验病魔的凶残与命运的歹毒，是一个被抛出社会轨道、而自己也主动放弃这一切的诗人，独自承担个人的孤独"命运"。这种病魔和命运，"健康人"很难理解，更无法直面，而真正的"疯子"又无法将其表达出来。于是，"命运"再一次选择了食指，让其担当起诗歌表达的重任。而才华与疯狂并存的食指也似乎心领神会，他说："疯了倒好了。疯了就可以面对命运。要不面对命运就坏了……只有这样，有波折，感情上有起伏，有撞击，才能写诗。像波德莱尔说的：痛苦产生诗。别的不成为诗，只有痛苦才产生诗。诗人就是化苦难的生命为艺术的神奇。"①——"疯了就可以面对命运"，这句残酷的断语让食指成为食指。

命运在造就一个诗人的时候，竟用如此残酷的手段，把诗人击成碎片，变成疯子，然后再给他带上遍布荆棘的诗歌冠冕！而诗人食指天生是具有向命运挑战这种青春性格的汉子，他"流浪儿般地赤着双脚走来"，"每走一步都留下一道血痕"，纵使他"把握不住自己命运的前程"，但他"有向命运挑战的个性，虽是屡经挫败，我绝不轻从"。诗人食指在《热爱生命》一诗中，反复告诉人们"热爱生命"，诗人"能顽强地活着，活到现在"，秘诀就在于：相信未来，热爱生命。食指的诗歌就是如此简单而又如此深刻，如此透明而又如此深奥。在《热爱生命》这首诗中，我们又看到它和《相信未来》之间的某种精神联系：青春的力度和勇气坚韧不拔，青春的精神流贯其中，对理想和信仰都有着"九死未悔"的执著。有论者把《热爱生命》当作《相信未来》的姊妹篇，看来不无道理。具体说来，食指崩溃状态下青春的挣扎使得《热爱生命》这首诗保持了"病态下的健康"——困境中不放弃追求与信仰——比起《相信未来》，似乎更加哀婉而深情，凄凉而执著。或许诗人正是借助青春力量的抗争与

① 廖亦武主编：《沉沦的圣殿——中国 20 世纪 70 年代地下诗歌遗照》，新疆青少年出版社 1999 年版，第 85 ~ 87 页。

挣扎,靠着相信未来与热爱生命的“食指式”的执著,若干年后,食指终于迈出了精神病院和福利院的大门,步入相对正常的社会生活——食指1993年加入北京作协,1997年加入中国作协。2000年,《食指的诗》由人民文学出版社出版,2001年,食指获“第三届人民文学奖”。2002年食指出福利院,至今居家写作。

“心儿颤抖着,我写歌”①——这,就是食指执著的写作姿态。

食指创作的《疯狗》(1978年)、《热爱生命》(1979年)、《我的心》(1982年)、《诗人的桂冠》(1986年)、《受伤的心灵》(1987年)、《在精神病院》(1991年)、《诗作》(1994年)、《诗人命苦》(1995年)、《在精神病福利院的八年》(1998年)、《我这样写歌》(1997年)等,这些掺和着生命的血与泪的诗篇,不仅具有相当高的美学、社会学和青春学意义,而且还具有某种精神分析学和心灵史研究的价值。

三、世纪末的青春记忆

1980~2000年食指处于32~52岁的生命成熟期,而他本阶段的创作更多的是对生活的总结与回顾,林莽先生称之为“历史回顾期”。这一时期诗人的诗作有对世纪末社会现实的描写和思索,更多的则是对青春岁月的记忆和反思。

“过去的事情一时记忆不详/只记得那时迷恋在艺术的殿堂/一个多么令人着迷的世界/令人着迷,令人迷得发狂。”这首《想到过去》的开头几句诗,似乎奠定了青春回忆的基调。创作于2000年的《青春逝去不复返》深情回忆了人生长河中的一次次历险,面对即将步入的人生秋季,作者一次次感叹“那健康野蛮的激情朝

---

① 食指:《我这样写歌》,见《食指的诗》,人民文学出版社2000年版,第181页。

气”、“矫健身姿、满头黑发”，随青春逝去不复返！

写于1994年的《我的青春》是一首颇具深度的小诗：

正值我生命中朝气蓬勃的春天/遇到了冰和铁的时代特有的心寒/我一腔青春热血被冰冻三尺/抑郁的心情化作了首首诗篇

像洁白的雪片熄灭了红色的火焰/黑灰色的柴堆上腾起一缕青烟……①

这首小诗一方面用形象的语言比喻自己青春遇到的厄运，那个年代青春成长的残酷代价，以至于现实的“雪片”熄灭了青春“红色的火焰”，青春的梦幻遂化成“一缕青烟”；另一方面，这首小诗揭示出诗人诗歌创作的奥秘所在——诗人的“青春热血”被冰冻三尺，“抑郁的心情化作了首首诗篇”。“青春热血”是食指诗歌创作的能量所在，被压抑的“青春热血”一旦寻找到突破口，每一次喷涌都是能量的释放，每一次释放都有诗歌诞生。所以，即使告别了“文革”时代，食指的诗歌创作依然是青春写作中的“另类”，他有分量的诗歌几乎都是“带血含泪的诗行”。由此看来，青春并不是食指诗歌中的摆设或点缀，它是食指诗歌创作的源泉或动力，是食指诗歌中无法剥离的生命基因，离开青春，很难从本质上阐释食指甚至很难言说食指。

食指写于1994年的《因为那时我们正年轻》，描写了“那时”青春的虎气生生和浪漫如梦。“那时”青春生涩、幼稚得可笑：“半瓶子乱晃荡也算有个响声/异性面前脸红脖子粗地争论不停/不知懂不懂就争得拦都拦不住”，其实这些尽可得到谅解，不为别的，“因为那个时候，我们正年轻”。食指对“那时”青春状态的诗意描述和追忆，其实远远超越了“那时”的具体社会背景和个体成长经历，食指通过诗歌策划并组织了一次温柔的青春还乡。每一位趟过青春

① 食指：《食指的诗》，人民文学出版社2000年版，第151页。

河流的“过来人”，都有值得追忆的“那时”，每一个成熟的生命，都曾经生涩过、幼稚过，也都有一个青春梦。

青春，作为一个生命阶段，每个人都亲历过，甚至是无可逃避的；但是这一阶段所包含的社会内容、生命内容、心理内容和情感内容却非但“因代而异”并且“因人而不同”。就诗人食指而言，他的创作爆发于青春，他的精神崩溃于青春，他的诗歌被传抄于青春，他的人生道路被锁定于青春。可以说，食指是用青春的头颅撞击过命运大门的人，是用青春的热血染红过诗歌也染红过读者的诗人。成耶？败耶？——无论如何，食指都和青春脱不了“干系”。食指似乎有一种以生命阐释青春内涵的使命感，他展示青春的伤痕而不言苦，讴歌青春的希望而不矫情；他暴露青春的分裂而不自知；他圆满青春的人格而不骄傲。食指仿佛永远走不出他的青春“情结”，一旦离开“青春”，一旦摆脱和青春的“干系”，食指好像就不再是食指了，连同他的诗歌也似乎显得浮飘而苍白。——所有这些，或许是对食指青春记忆的一个说明。那么，对食指而言，要告别青春，实际上是相当困难的。写于1989年的《向青春告别》一诗，三次用“别了，青春”作为段首起句，一再缅怀“那通宵达旦的狂欢”、“那争论时喷吐的烟云”和“那骄阳下暴雨中的我们”。在这首诗中，食指用青春的我与“中年”的我相对照，用青春的意气和激情嘲笑“中年”的拘谨和平淡。在诗歌的高潮处，食指用青春批判了世人的功利和圆滑，感慨世人沉湎于物质生活上的舒适却丧失了青春的灵魂——“七分的聪明被用于圆滑的处世/终于导致名利奸污了童贞//挣到了舒适还觉得缺少点什么/是因为丧失了灵魂。别了，青春！”

世纪末的中国经历着社会的转型和文化的嬗变，既经历着经济的发展又面临着理想失落、道德滑坡以及精神的物化和庸俗化。依靠单纯而透明的青春性格，世纪末的诗人食指稳健地占领了精神领域的高地，以他诗人的纯净和诗歌的纯粹，赢得读者普遍的尊敬。在欲望膨胀、利令智昏的世俗社会,多少贪官锒铛入狱,多少良心被金钱收买,甚至一些作为知识者和艺术家的学者诗人也洗不净自己的名声。在如此喧嚣而躁动的背景下,食指的生活依然简单而朴素,食指的艺术良知依然清醒而敏感。食指 1985 年写有一首《我的小房间》,那个处于北京第三福利院的"小房间""零乱又温暖",里面有聂鲁达的诗卷,有乘着酒性争论或者谈论诗歌、艺术或生活的年轻的伙伴。这个"小房间"是一个象征,代表着自由、诗歌、青春和朋友,它存在于北京第三福利院,也存在于世纪末的中国社会,我把它称之为食指的"青春房间"。食指拒绝成人世界的利欲熏心、圆滑透顶和钩心斗角,他甚至躲在自己的"青春房间"中,拒绝长大。生活中的食指更像一个单纯的孩子,许多接触过食指的人们都有同感。遭受精神疾患折磨的食指,有相当长的时间是在精神病院和福利院度过的,是特殊的生存环境"保鲜"了食指的青春人格,还是食指先天具有"不会成熟"的诗人性格?食指在《愤怒》一诗中写道:"虽然我的脸上还带着孩子气/尽管我还说不上是一个强者/但在我未完全成熟的心中/愤怒已化为一片可怕的沉默。"该诗也流露出诗人对某种"未成熟状态"的自我认同。在艺术史和诗歌史上,许多大艺术家大诗人具有某种不同于世俗社会的单纯与稚嫩,有人称之为"童心"、"孩子气",有人则称之为"未成熟状态"——这种心态与性格上的单纯与稚嫩并不妨碍艺术家和诗人的深刻与敏锐,我宁愿把食指划入这类艺术家和诗人之列,把食指的那种单纯而透明、热情而执著的性格称为"食指式"的"青春性格"。

食指在他特殊的"青春房间"里,涵养着他的青春性格,固守着他的青春人格。借此食指获得了观察世界的独特视角和抗争世俗、批判精神堕落的坚实支点,因此,世纪末的食指在生活上是站立的,在精神上是昂扬的,在诗风上是健朗的。食指在《欲望》一诗中,对世纪末充满欲望的学术界进行了有力的针砭。"从加冕'著名'两字肉麻地相互捧场/到金钱的诱惑令人心寒地横冲直撞/学术界之中不带脸红的自我吹擂/明显地是在提高自己身价的分量”。针对这种“文明的肮脏”,食指辛辣地指出:“欲望,到处是压抑不住的冲动——/这市场上最不值钱的叫得最响”。面对耀眼的“诗人的桂冠”,食指本人低调而清醒,认为“诗人的桂冠和我毫无缘分”,他认为自己“只是那个不公正年代里/一个无足轻重的牺牲品”。

在《世纪末的中国诗人》这首力作中,食指为诗人完成了一幅画像:“生就了一副建安风骨/是吃得了苦的灵气出生/脚踏黄土,学贯中西/几千年血缘浑然天成”。

这么一位诗人,在世纪末的“苦寒之中”,“精心守护着艺术的火种”,“化苦难的生活为艺术的神奇/净化被金钱异化了的灵魂”。

这就是食指!“相信未来”、“热爱生命”的食指,曾被命运异化为“疯狗”的食指,“诗人命苦”的食指,配称“中国诗人”的食指!——当然,也还是那个“青春”的食指!

小　结

综上所述,如果把食指的诗歌创作大致分为三个阶段的话,每个阶段都与青春主题密切相关。从某种意义上说,离开青春,要想从深度上理解和言说食指,是非常困难的。就诗人食指而言,他的创作爆发于青春,他的精神崩溃于青春,他的诗歌被传抄于青春,他的人生道路被锁定于青春。可以说,食指是用青春的头颅撞击过命运大门的人,是用青春的热血染红过诗歌也染红过读者的诗人。食指“文革”的诗歌创作属于“非常态”下的另类青春写作,从青春主题的视角看,食指的诗歌立足于社会现实又超越了特定的社会现实,从而具有永恒的青春品格。20世纪末的食指,在同病魔斗争的过程中固守着他的诗学品格青春人格,并由此获得了观察世界的独特视角和抗争世俗、批判堕落的坚实支点。食指似乎有一种以生命阐释青春内涵的使命感，他展示青春的伤痕而不言苦，讴歌青春的希望而不矫情；他暴露青春的分裂而不自知，他圆满青春的人格而不骄傲。食指的诗歌是其青春生命在同命运搏斗中所留下的道道泪痕和血迹，那些掺和着血与泪的诗篇，不仅具有相当高的美学、社会学和青春学意义，而且还具有某种精神分析学和心灵史研究的价值。因此，可以得出结论，食指不仅是“文革”时期一位独特的“地下”诗人，也是20世纪中国诗歌史上一位独特的“青春诗人”。

第七章 痛苦的结晶 青春的升华

——青春诗人舒婷诗歌简论

立足新世纪中国诗坛回首当年风起云涌的朦胧诗大潮，不能不提到当年的青春诗人舒婷。“诗歌是青春期的流感”——这是舒婷的自白，在这个意义上，舒婷正是一位青春诗人，她的诗歌才华爆发于青春期，“朦胧诗”运动之后就基本辍笔了。在那次“青春期流感”中，舒婷的名字在诗坛已经家喻户晓，对其诗歌创作的评论文章数量之多远远超出一般人的想象，就连新生代诗人们提出的“Pass 舒婷”的口号也被一本本教科书翻来覆去地引用，成为一种庸俗的时髦。20 世纪 80 年代初的那场朦胧诗论争中，如她本人所说：“我的名字象踢烂的足球在双方队员的脚边盘来盘去，从观众中间抛出的不仅是掌声、嘘声，也有烂果皮和臭鸡蛋。”①一个青春诗人的名字被反复言说，这个事实本身就耐人寻味。朦胧诗的大潮退却之后，国内诗坛又很经历了一些风风雨雨，几番热闹几番落寞，如今连论争的意气和兴趣也渐渐消隐，舒婷写诗的手笔转向散文领域也已经多年了。然而就在这时，烟消云散风平浪静之后，反

① 舒婷：《以忧伤的明亮透彻沉默》，见《舒婷诗文自选集》，漓江出版社 1997 年版，第 260 页。

观舒婷的诗并参照其文验证其诗,倒有一种“走出庐山看庐山”的清澈明朗了。回首,在某种程度上与展望具有同等价值,或者说正是为了展望人们才去回首。鉴于此,笔者立足当今,对青春诗人舒婷的诗歌创作从几个方面加以重新审视和探讨。

一、舒婷的诗歌是痛苦的结晶

离开舒婷的青春经历和其诗歌创作的特定语境就难以理解舒婷,她的诗歌是苦难和匮乏的产物。在《惠安女子》这首诗中,舒婷提示人们在欣赏那位优美地站在海天之间的惠安女子时,切莫忽略了她的裸足所踩过的碱滩和礁石。舒婷本人不就是那位“惠安女子”么?1952 年,舒婷出生在厦门鼓浪屿,她从刚懂事时起就品尝到生活的苦涩。父亲被打成右派遣送到边远的山区,母亲大概为了不使孩子受政治牵连而和父亲离异,舒婷的童年就在外婆家度过。感情丰富而性格纤弱的母亲愁肠百结,过早地离开了人世。这种童年经历给自幼敏感的舒婷以极为深刻而又久远的影响。后来她在不同的人生阶段和人生境遇中有多首诗歌是写给母亲的,有的是悼念,有的则是向母亲哭诉苦衷。1969 年,17 岁的舒婷在“上山下乡”洪流中到闽西山区插队劳动。沉重的体力劳动和贫困的物质生活给年轻的女诗人上了一堂严肃的农村生活课。也就是在这个时期舒婷开始了诗歌创作。她最初的一些诗,几乎都是附在信中写给朋友的。这形成了她后来诗歌创作的一个特点:许多诗最初都有具体对象。这个时期的舒婷同知青们“目睹了血腥的光荣”,也“记载了伟大的罪孽”,她甚至“发誓要写一部艾芜的《南行记》那样的东西,为牺牲的整整一代人作证”。也正是在这个时期舒婷获得了对现实人生的深刻感受,酝酿了对土地的丰厚感情。后来她在《馈赠》一诗中写道:“我的全部感情/都是土地的馈赠。”《土地情诗》中舒婷表白:“我爱土地,就象/爱我沉默寡言的父亲……我爱土地,就象/爱我温柔多情的母亲。”在舒婷的感觉世界里,大地——是“血运旺盛的热乎乎的土地/汗水发酵的油浸浸的土地”,是“冰封的、泥泞的、龟裂的土地/忧愤的、宽厚的、严厉的土地/给我肤色和语言的土地/给我智慧和力量的土地”,是“黑沉沉的、血汪汪的、白花花的土地/葳蕤的、寂寞的、坎坷的土地/给我爱情和仇恨的土地/给我痛苦和欢乐的土地”,而诗人把自己的诗行比作“沙沙作响的相思林/日夜向土地倾诉着/永不变质的爱情”。① 理解舒婷对土地的感情对理解舒婷的诗歌世界至关重要。土地,既是生活又是现实,是诗人一切情感的立足点。有这个立足点和没这个立足点是不一样的。在诗歌中,思接千载情游八荒、高蹈逸韵天马行空式的对现实世界的超越是可行的也是可爱的,甚至有没有这种超越成为衡量诗歌艺术境界高下的标准之一;但是,只有立足于大地之上的超越才是真正的超越。大地伤痕累累,依旧养育了一代儿女。舒婷以她忧郁的歌声深情地唱道:“我是你河边上破旧的老水车,/数百年来纺着疲惫的歌;/我是你额上熏黑的矿灯,/照你在历史的隧洞里蜗行摸索;/我是干瘪的稻穗;/是失修的路基;/是淤滩上的驳船/把纤绳深深/勒进你的肩膀;——祖国呵!”②这样的诗句决不是一般意义上的颂歌,在那假大空诗风笼罩四野的语境里,舒婷以带血的歌喉在和土地对话。面对灾难深重的大地,诗人艾青也曾深情地唱道:“为什么我的眼里常含泪水?/因为我对这土地爱得深沉。”俄罗斯诗人普希金也有对苦难大地的哀歌。别林斯基在评论普希金时精辟地指出:“普希金特有的因素是主宰(他的)这些诗的一种哀歌式的忧郁。普希金的忧郁绝不是

① 舒婷:《土地情诗》,见《舒婷诗文自选集》,漓江出版社 1997 年版,第 76 页。

② 舒婷:《祖国呵,我亲爱的祖国》,见《舒婷诗文自选集》,漓江出版社 1997 年版,第 62 页。

温柔脆弱的心灵的甜蜜的哀愁,不是的。它永远是一颗坚强有力的心灵的忧郁。"普希金、艾青、舒婷在对苦难大地的忧郁的哀歌中,都包含着震撼人心的力量和强度。

朦胧诗诞生于中国大地苦难岁月的黑夜时分,有着鲜明的历史烙印和历史感。面对那个荒谬的时代,北岛以冷峻决绝的方式、叛逆挑战的姿态独自审判着时代的荒谬;顾城以心中童话般纯银的钥匙试图开启理想国的大门,成为那个真善美女儿国中的无冕之王;舒婷呢,她以忧郁的歌声、流泪的眼睛为大地虔诚地祈祷上苍,以风中燃起的一盏盏灯笼同每一个夜归人真情对话,而她自己身边却没有取暖之火。1972 年,舒婷以自己姨妈继女的身份被照顾回城。这年我们的女诗人 20 岁,正值风华岁月。然而,生活并未在女诗人面前铺满鲜花。舒婷渴望工作渴望自立渴望有一个献身生活的岗位,但却整整待业三年。她做过多种临时工:泥水匠、炉前工、灯泡焊接工、织布工、统计员、推销员、讲解员……基于自己生活境遇的切身体验,舒婷用诗表达着对美好人际关系的向往,用诗关注着弱小生命的生存,用诗安慰着进取的勇士和受伤的心灵,用诗表达着一个普通女性所应有的自尊自爱自强。现实中所匮乏的,舒婷就用她的诗歌构筑。痛苦,一旦上升为同情别人的泪,她的诗就插上了超越的翅膀。在这个层面上,舒婷又是一个典型的理想主义者。《船》描写搁浅在礁岸上的一只小船,距离海面只有几米,"咫尺之内/却丧失了最后的力量","隔着永恒的距离/他们怅然相望"。对此情景,诗人发出激情的追问:"难道真挚的爱/将随着船板一起腐烂/难道飞翔的灵魂/将终身监禁在自由的门槛"①。这首创作于 1975 年的诗,在那个匮乏自由的年代里抒发了对自由的强烈呼唤。《致橡树》既是对理想爱情的大胆追求又写出了觉醒的女性对自由平等人际关系的追求和想望:"我必须是你

① 舒婷:《船》,见《舒婷诗文自选集》,漓江出版社 1997 年版,第 12 页。

近旁的一株木棉/作为树的形象和你站在一起”，这种独立自尊的女性人格，赢得一代青年的认可、赞赏和崇敬。匮乏的年代最主要的还是精神的匮乏，阶级斗争口号充斥社会生活各个角落的时代，人心干枯如同沙漠，普遍需要精神交流中的真情和温情。诗人舒婷相信，“通往人心的道路总可以找到”，她愿意尽可能地用诗来表现对“人”的一种关切。对朋友，无论是诗友学友工友还是忘年交，舒婷都以诚相待以诚相交，她的友情诗蕴涵着强烈的情感浓度而又毫无矫情和做作；对于众多素不相识的普通读者，舒婷亦敞开心扉以其诚挚细腻的温情慰藉、鼓励着一颗颗受伤、失落、迷惘的心。在《赠》这首诗中舒婷为一位困境中的朋友“扼腕而叹”，又为其思想的觉醒“举手加额”。“如果你是火/我愿是炭……如果你是树/我就是土壤”，这诗行中蕴涵的深意怎能不令困顿者振奋精神重获力量？在《这也是一切》这首著名的赠答诗中，诗人写道：“不是一切大树/都被暴风折断；/不是一切种子/都找不到生根的土壤；/不是一切真情/都流失在人心的沙漠里；/不是一切梦想/都甘愿被折掉翅膀。/……不是一切火焰/都只燃烧自己/而不把别人照亮；/不是一切星星/都仅指示黑夜/而不报告曙光；/不是一切歌声/都掠过耳旁/而不留在心上……”①诗歌《也许？》写道：尽管“我们的心事总是没有读者”、“路开始就错结果还是错”，甚至“我们点起一个个灯笼/又被大风一个个吹灭”、“燃尽生命烛照黑暗/身边却没有取暖之火”，诗人仍然执著地相信：“泪水流尽，土壤更加肥沃”、“肩上越是沉重，信念越是巍峨”，甚至“为一切苦难疾呼，对个人的不幸只好沉默”，并且“由于不可抗拒的召唤，我们没有其他选择”。② 这不仅仅是对友人的鼓励，也是对自己内心信念的表白和

① 舒婷：《这也是一切》，见《舒婷诗文自选集》，漓江出版社 1997 年版，第 59 页。

② 舒婷：《也许？》，见《舒婷诗文自选集》，漓江出版社 1997 年版，第 43 页。

确立。这样的诗既是个人化色彩很强的“私语”,又是特定时期一代青年心和心的交流与对话。“黑夜给了我黑色的眼睛/我却用它寻找光明”,从历史的废墟中站起的女诗人舒婷以她柔弱的肩膀自觉地承担着责任,寻找着意义和价值。甚至“为开拓心灵的处女地/走入禁区,也许——/就在那里牺牲/留下歪歪斜斜的脚印”,也要“给后来者/签署通行证”。① 这就是舒婷。立足现实的苦难使她的诗歌获得沉甸甸的分量,对苦难现实的超越使她的诗歌温婉灵动昂扬向上——“像沉重的叹息,又像英勇的火炬”。

二、舒婷的诗歌饱含青春的泪水

我国著名女作家冰心说:“世界上若没有女人,这世界至少要失去十分之五的‘真’,十分之六的‘善’,十分之七的‘美’。”②舒婷的诗歌世界是一个真善美的世界,里面却饱含着复杂的泪水。有位朋友在 1976 年致信舒婷:“正是鼓浪屿的花朝月夕,才熏陶出一颗玲珑剔透的心。”舒婷则告诉他:“不知有花朝月夕,只因年来风雨见多。”像人们忘情地欣赏“惠安女子”的优美而每每忽略其裸足所踩过的碱滩和礁石那样,诸多诗歌评论者往往忽略舒婷诗歌中的泪水。舒婷的不少诗歌具有心灵日记的特点,透视其心灵日记中的斑斑泪痕对探测诗人心路历程中的情感轨迹不无裨益,它为从心理心态角度研究诗人诗歌创作提供了一个独特的视角。舒婷诗歌世界之饱含复杂的泪水具有主客观双重原因,蕴涵着丰富斑驳的现实人生因素和精神情感内容。就客观方面而论,正是特定

---

① 舒婷:《献给我的同代人》,见《舒婷诗文自选集》,漓江出版社 1997 年版,第 47 页。

② 冰心:《关于女人·后记》,选自《中国散文鉴赏文库》(现代卷),百花文艺出版社 1990 年版。

年代里现实世界人生的苦难和匮乏构成了诗人流泪的外部原因，对此上文已有论及；就主观方面而论，由于受母亲敏感多情血质的影响，童年时代的舒婷就依恋温情、性格孤傲、泪腺丰富，加之父母婚姻的不幸、母亲过早地离世、辍学下乡、回城待业、朦胧诗论争中屡遭善意误解抑或恶意毁谤，这一切都使舒婷的心灵经历痛苦的炼狱。中国俗语云："山高泉多，人善泪多。"舒婷的泪水一部分是缘于自我身世自我不幸，更多的则是缘于对别人的同情乃至对众生的博爱。当舒婷徘徊于心灵的炼狱之途时，老诗人蔡其娇伸出热情之手及时提携点拨："痛苦，上升为同情别人的泪！"舒婷深有感触，将老诗人的诗句压在书桌的玻璃板下，成为砥砺精神的座右铭。在《以忧伤的明亮透彻沉默》这篇散文中，舒婷写道："敏感，依恋温情，不能忍受暴力，是人类的善良天性之一。善良造成痛苦，人间的痛苦形形色色，每一种痛苦都可能是一剂毒药，如果没有理想的太阳高高照耀，如果不是'为了不可抗拒的召唤'，人怎能有力量翻越这无穷的障碍奔向目标呢？"①在《生活、书籍与诗》一文中舒婷写道："痛苦，上升为同情别人的泪。早年那种渴望有所贡献，对真理隐隐约约的追求，对人生模模糊糊的关切，突然有了清晰的出路。我本能地意识到为人流泪是不够的，还得伸出手去。'如果你是火，我愿是炭。'当你发光时，我正在燃烧。鼓舞人、扶持旁人，同时自己也获得支点和重心。"②对人，尤其是对人的心灵的关切，在舒婷，一方面是作为价值尺度成为其人生追求和审美理想；另一方面则是作为其创作的关照方式，通过对人的不幸、痛苦和哀伤的理解、抚慰和激励，来表达她对人的信念和人生关注。受过伤痛的

---

① 舒婷：《以忧伤的明亮透彻沉默》，见《舒婷诗文自选集》，漓江出版社1997年版，第259页。

② 舒婷：《生活、书籍与诗》，见《舒婷诗文自选集》，漓江出版社1997年版，第255页。

心灵最具资格抚慰破碎中的心灵。舒婷收到过一封来自劳改农场的信,来信者还是个诗歌爱好者。舒婷复信鼓励这个年轻人,希望他经得起一时冷落的考验,将来以一个堂堂男子汉的身姿汇入社会人生。舒婷写道:"……爱诗的人至少是个会梦想的人。但诗可能是块坚硬的磐石,也可能是根柔嫩的柳枝,只有当你自己站直的时候,它才是你心中的灯,而不会变成草尖上的露水。"①舒婷看重诗歌对人心灵的慰藉作用,但并没有夸大其价值从而把诗歌当成挽救世道人心的实用工具,她是从艺术审美的层面上理解诗歌的。"通往心灵的道路是多种多样的,不仅仅是诗;一个具有正义感又富于同情心的人,总能找到他走向世界的出发点,不仅仅是诗;一切希望和绝望,一切辛酸和微笑,一切,都可能是诗,又不仅仅是诗。"②舒婷对诗歌的理解饱含着对生活与艺术切身融入后的颖悟,充满辩证思维,闪耀着单纯而又丰富的思想光芒。

世俗世界每每嘲笑和鄙夷泪水,泪水常常跟女人连在一起,而女人又跟软弱连在一起。莎士比亚有句名言:"女人啊,这是弱者的名字!"中国也有"无为在歧路,儿女共沾巾"、"男儿有泪不轻弹"之说。其实,任何泪水都不应受到嘲笑和鄙夷——因为泪水不像笑容那样廉价和媚俗,它常常包含着悔恨和思索、不满和抗议,它蕴藏一种悲壮之力。舒婷诗歌世界中的泪水既是柔弱的又是刚强的。《珠贝——大海的眼泪》一诗中,舒婷认定珠贝即是"大海滴下的鹅黄色的眼泪",它是"无数悲喜中/被抛弃的最崇高的诗行;……无数年代里/被遗忘的最和谐的音乐。""撒出去——/失败者

① 舒婷:《无憾与有愧》,见《舒婷诗文自选集》,漓江出版社 1997 年版,第 289 页。

② 舒婷:《生活、书籍与诗》,见《舒婷诗文自选集》,漓江出版社 1997 年版,第 254 页。

的心头血，/矗起来——/胜利者的纪念碑。”①这里有大海的“泪水情结”，更有作者本人生命和诗歌创作中的“泪水情结”。再看如下诗句——“也许藏有一个重洋，/但流出来，只是两颗泪珠”（《思念》）；“也许有一个约会/至今尚未如期/也许有一次热恋/永不能相许/要哭泣你就哭泣吧，让泪水/流呵，留呵，默默地”（《四月的黄昏》）；“不是一切后果/都是眼泪血印，而不展现欢容”（《这也是一切》）；“也许泪水流尽/土地更加肥沃”（《也许？》）；“与其在悬崖上展览千年/不如在爱人肩头痛哭一晚”（《神女峰》）……笔者无意在此收藏舒婷诗歌中的泪水，其间蕴涵丰富复杂的精神内容和情感层次。需要提示的是舒婷还有部分诗歌，表现的是流不出的泪水。《呵，母亲》这首诗表达了那种无泪的悲痛——“……为了一根刺我曾向你哭喊，/如今戴着荆冠，我不敢，/一声也不敢呻吟。/呵，母亲，/我常悲哀地仰望你的照片，/纵然呼唤能够穿透黄土，/我怎敢惊动你的安眠？”……“呵，母亲，/我的甜柔深谧的怀念，/不是急流，不是瀑布，/是花木掩映中唱不出歌声的古井。”②《在诗歌的十字架上》抒发了献身者内心深处欲哭无泪、最软弱而又最悲壮的苍凉情怀。“我献出了/我的忧伤的花朵/尽管它被轻蔑，踩成一片泥泞……我钉在/我的诗歌的十字架上/任合唱似的欢呼/星雨一般落在我的身旁/任天谴似的神鹰/天天啄食我的五脏/我不属于自己，而是属于/那篇寓言/那个理想……虽然我累了，妈妈/帮助我/立在阵线的最前方。”③为了诗歌，为了理想，为了真理，这位柔弱温情的女诗人表现出何等刚毅的精神力量！

---

① 舒婷：《珠贝——大海的眼泪》，见《舒婷诗文自选集》，漓江出版社1997年版，第10页。

② 舒婷：《呵，母亲》，见《舒婷诗文自选集》，漓江出版社1997年版，第15页。

③ 舒婷：《在诗歌的十字架上》，见《舒婷诗文自选集》，漓江出版社1997年版，第80页。

三、青春在诗歌中升华

狄尔泰说:“诗把心灵从现实的重负下解放出来,激起心灵对自身价值的认识。……诗扩大了对人的解放效果,以及人的生活体验的视界,因为它满足了人的内在渴求:当命运以及他自己的抉择仍然把他束缚在既定的生活秩序上时,他的想象则使他去过他永不能实现的生活。诗开启了一个更强大的世界,展示出新的远景。”①海德格尔也说:“诗人能在世界黑夜的时代里道出神圣。”他还大声呼喊:“哪里有贫困,哪里就有诗性。”现实的苦难和匮乏不但没有泯灭舒婷的诗性反而激起了她对自身价值的认识。在《语言为舵》这篇散文中,舒婷写道:“写诗最初只是拯救自己的一种手段,它令我在失学失业以及超负荷的体力劳动轧压得心力交瘁的岁月里,坚持了最低限度的自尊。无论在贫乏的从前或是奢侈的现在,自尊仍是必不可少的品质之一。这种精神的自助后来变成了他人的火把与拐杖,是因为他们的困境和我的相似。”②靠着写诗这种自救手段,舒婷战胜了苦难和匮乏,并且构建了一个真善美的艺术世界,她在黑夜里燃起了熊熊的精神火炬,温暖了自己也照亮了别人。在舒婷的诗歌世界里,真,主要表现在情感的真挚上面。如果说诗歌是“生活溶解于心灵中的秘密”,那么舒婷善于表现的就正是那种“心灵秘密”。无论是在“假大空”诗风盛行的年代里还是在朦胧诗被质疑的岁月里,舒婷都以心灵日记的形式大胆披露内心深处隐秘的感情。诗人献出了自己“忧伤的花朵”和“最初的

---

① [德]狄尔泰:《生存哲学》,转引自刘小枫:《诗化哲学》,山东文艺出版1986年版,第168页。

② 舒婷:《语言为舵》,见《舒婷诗文自选集》,漓江出版社1997年版,第339页。

天真”,尽管“被轻蔑,踩成一片泥泞”、“被亵渎,罩着怀疑的阴云”,甚至“被钉在诗歌的十字架上”,但她并没有丝毫退缩。“从前是这样,现在还是这样;写什么?怎样写?都听从内心不可抗拒的召唤。”——舒婷如是说。一代国学大师王国维曾把诗人分为“主观诗人”和“客观诗人”,主观诗人偏重于表现自己的内在世界,客观诗人则擅长于再现外在世界。就其骨子内的气质来看,舒婷显然应该划归主观诗人的行列。难能可贵的是,作为内倾型的主观诗人,舒婷并未对现实闭上眼睛,一味沉浸在自我情感的世界里,而是将自我与时代结合起来,从时代的发展趋势提升自我的情感要求,以诗的方式呼唤人性的尊严。她的《致橡树》、《神女峰》等作品,因为具备时代精神的高度而受到人们的赞誉。当下的诗歌创作界有一种疏离现实的倾向,“躲进小楼成一统,管它冬夏与春秋”,殊不知诗人在疏离现实的同时,现实也疏离了诗人。所以舒婷的诗歌对当下诗坛仍然具有启示意义。在舒婷的诗歌世界里,善,主要表现在把个人的痛苦上升为同情别人的眼泪。同其他朦胧诗人一样,舒婷把人道主义和个性主义作为其诗歌的思想内核,这一点同“五四”文学的主题内容是极为相似的。在舒婷的诗中,表现最多的是对自由人格的追求和对奴性人格的否定、对个体价值的肯定和对人性情感的宣泄,《流水线》表达了失却自我的忧伤,《神女峰》表达了对压抑人性的道德戒律的抗争,《一代人的呼唤》和《人心的法则》等诗篇则大声呼唤真理和言论自由。社会正义、价值理性、人性自由、精神启蒙构成了舒婷诗歌世界的精神支点和情感依托,也构成其诗歌世界善的主要内容。从这点上说,舒婷的诗歌既是对“五四”启蒙文学传统的继承,也是对20世纪六七十年代以“白洋淀诗群”为代表的“文革地下诗歌”的启蒙精神的接续。在舒婷的诗歌世界里,美,表现在多个方面,从而形成舒婷诗歌的艺术个性。首先,从美学风格上看,舒婷诗歌既有“温柔敦厚”的古典美,又有“激扬奋发”的现代美,她的诗歌成功地熔古典美和现代美于一炉，就在这种融合中凸现出自己的风格。舒婷的诗歌有温柔敦厚的一面，“满蕴着温柔，微带着忧愁，欲语又还休”。当年冰心笔下描写梦中诗神的句子正好可用来形容舒婷诗歌的古典情调，她那女性特有的温柔而又忧伤的诗句总是给人以精神慰藉；舒婷的诗歌又有激扬奋发的一面，《致橡树》、《神女峰》等诗歌表现出的现代女性意识和叛逆精神，使得舒婷的诗歌情怀从根本上有别于古典诗歌的闲情逸致或落寞闺怨，那个“迷惘”、“深思”、“沸腾”的抒情形象体现了舒婷诗歌中鲜明的时代感和现代精神，而那些激扬奋发的诗句又总是给人以思想启迪。其次，从情与理的关系上看，舒婷诗歌中的情感和思想结合得较为完美。朦胧诗的代表诗人中，就思想的深度而论，舒婷不如北岛；就想象的诡秘和奇异而论，舒婷不如顾城。舒婷的诗歌以其独特的风格赢得数量众多的读者的喜爱，其魅力就在于情和理的完美结合。诗歌可以言理，但它在本质上却是抒情的；而以抒情为主的诗歌又往往因为缺乏理的介入而流于浮泛浅薄，尤其是女性作家诗歌易患此症。舒婷的诗歌一方面蕴含着丰富的情感，以情动人，以情取胜；另一方面，由于理的恰当融入使其情感具有了风骨，情与理交融辉映，相得益彰。第三，从艺术手法上看，舒婷对象征、隐喻、意象、蒙太奇等手法运用得非常熟练，为其诗歌增色不少。舒婷善于为自己的内在情感寻找恰当的外在对应物：大海的珠贝，搁浅的小船，双桅船，橡树和木棉……这些意象在舒婷的诗歌里都具有丰富的象征意蕴。象征和隐喻手法的运用使得舒婷的诗歌含蓄蕴藉，耐人寻味。同是运用象征手法，舒婷不同于艾青。艾青善用整体象征意象，舒婷则善用分散象征意象；艾青的意象单纯，舒婷的意象密集。同是运用密集意象，舒婷不同于北岛。北岛的意象隐晦而寒冷，舒婷的意象明净而温暖。同是使用蒙太奇手法，北岛的切换神踪诡秘，舒婷的切换则有迹可寻。另外，舒婷还善于使用排比、对照、特殊句式等艺术手法，这些手法既丰富了舒婷的诗歌艺术世界，又成为其诗歌艺术个性的独特标志。第四,从语言运用上看,舒婷的诗歌体现了现代汉诗的语言美感:用闻一多的表达则是“音乐美”、“绘画美”和“建筑美”。“音乐美”方面,舒婷的诗歌讲究韵律,可读可诵,朗朗上口;“绘画美”方面,舒婷的诗歌讲究词语的运用,新颖别致雅俗得当,追求陌生化而又不流于晦涩难懂;“建筑美”方面,舒婷的诗歌没有固定模式,但每首诗在排列上都注意大致的整饬、和谐、匀称。可以看出,在艺术上,舒婷的诗歌比较和谐地融合了古典美和现代美,在现代诗歌民族化方面迈出了可喜的一步。

小　结

综上所述,无论就思想还是就艺术而言,青春诗人舒婷的诗歌创作都给当代诗坛带来许多重要的启示。作为当代诗坛上一道亮丽的风景线,舒婷也得到了诗人应有的光荣,舒婷的诗歌名句和名篇已为当代诗歌爱好者耳熟能详。舒婷说过:“诗歌是青春期的流感,来势迅不及防,热度一下窜得很高,然后很可能就消退得无影无踪。能把这场流感转化成激素永久保存体内的还不定是真正的诗人。有些人因为环境,他们的工作与写实有关;有些人因为功利,他们的社会地位与写诗有关;还有些人出于对自身气质、禀赋、倾向的误解,为伊消得人憔悴,不过是一场单相思症罢。”①不知道舒婷究竟为何放弃写诗?随着岁月的流逝,当年的朦胧诗诗人大都风流云散了,戴着诗人桂冠的舒婷也放下了手中的诗笔改作散文。其散文固然不乏诗情,可那个诗人舒婷哪里去了?真的已被别人打倒?抑或诗人经历了太多的心灵的风雨,再也受不住钉诗歌十字架的苦难?舒婷在《语言为舵》一文中表白:“既然肉身的沉

---

① 舒婷:《诗的成人礼》,见《舒婷诗文自选集》,漓江出版社 1997 年版,第 336 页。

重超过了翅膀,我清醒地选择了尘世。"①舒婷选择了做贤妻良母。这当然是她的自由,毕竟是女人嘛!——是否算得上贤妻良母,舒婷的丈夫和儿子才最具发言权;而对其诗歌创作的评论,众多的读者才是真正的裁判。"将来我们都要站在上帝面前的。"舒婷曾引用过《圣经》上的这句话,笔者在此不妨转引,收束此文。

---

① 舒婷:《语言为舵》,见《舒婷诗文自选集》,漓江出版社 1997 年版,第 339 页。

参考文献

1. 孙景尧:《简明比较文学》,中国青年出版社 1988 年版。

2. 卢康华、孙景尧:《比较文学导论》,黑龙江人民出版社 1984 年版。

3. 陈惇、刘象愚:《比较文学概论》,北京师范大学出版社 2000 年版。

4. 王纪人:《文学:理论与阐释》,三联书店 2006 年版。

5. 朱立元:《当代西方文艺理论》,华东师范大学出版社 1997 年版。

6. 钱理群、温儒敏、吴福辉:《中国现代文学三十年》,北京大学出版社 1998 年版。

7. 陈思和:《中国当代文学史教程》,复旦大学出版社 1999 年版。

8. 钱理群:《钱理群文选——拒绝遗忘》,汕头大学出版社 1999 年版。

9. 贺麟:《文化与人生》,商务印书馆 1988 年版。

10. 金国华:《青年学》,中国青年出版社 1999 年版。

11. 冯友兰:《贞元六书》(下),华东师范大学出版社 1996 年版。

12. 杨义:《中国现代小说史》,人民文学出版社 1986 年版。

13. 徐志啸:《中国比较文学简史》,湖北教育出版社 1996 年版。

14. 朱寨:《中国当代文学思潮史》,人民文学出版社 1987 年版。

15. 于海:《西方社会思想史》,复旦大学出版社 1993 年版。

16. 童庆炳、王纪人:《文学概论》,武汉大学出版社 2000 年版。

17. 朱德发:《中国五四文学史》,山东文艺出版社 1986 年版。

18. 陈平原、夏晓虹:《二十世纪中国小说理论资料》,北京大学出版社 1997 年版。

19. 李泽厚:《中国思想史论》,安徽文艺出版社 1999 年版。

20. 杨守森主编:《二十世纪中国作家心态史》,中央编译出版社 1998 年版。

21. 谢冕:《论二十世纪中国文学》,河北教育出版社 1998 年版。

22. 洪子诚:《中国当代文学史》,北京大学出版社 1999 年版。

23. 戴燕:《文学史的权力》,北京大学出版社 2002 年版。

24. 陈思和、李辉:《巴金论稿》,人民文学出版社 1986 年版。

25. 张民权:《巴金小说的"生命"体系》,上海文艺出版社 1989 年版。

26. 王富仁:《中国反封建思想革命的一面镜子》,北京师范大学出版社 1986 年版。

27. 周海波:《青春文化与"五四"文学》,百花文艺出版社 1996 年版。

28. 邓伟志:《近代中国家庭的变革》,上海人民出版社 1994 年版。

29. 顾鉴塘、顾鸣塘:《中国历代婚姻与家庭》,商务印书馆 1996 年版。

30. 朱德发等:《爱河溯舟——中国情爱文学史论》,天津教育出版社 1991 年版。

31. 袁忠岳:《诗学心程》,山东文艺出版社 1999 年版。

32. 宋益乔:《十年心路渺茫》,南海出版公司 1993 年版。

33. 李小江、朱虹、董秀玉:《性别与中国》,三联书店 1994 年版。

34. 刘小萌:《中国知青史——大潮 1966 ~ 1980》,中国社会科学出版社 1998 年版。

35. 定宜庄:《中国知青史——初澜 1953～1968》,中国社会科学出版社 1998 年版。

36. 杨健:《中国知青文学史》,中国工人出版社 2002 年版。

37. 许子东:《为了忘却的集体记忆——解读 50 篇文革小说》,三联书店 2000 年版。

38. 梁启超:《自由心影录——梁启超散文精品》,四川文艺出版社 1998 年版。

39. 刘豪兴:《社会学概论》,高等教育出版社 1999 年版。

40. 张永杰、程远中:《第四代人》,东方出版社 1988 年版。

41. 杨东平:《城市季风》,东方出版社 1994 年版。

42. 吴义勤:《中国当代新潮小说论》,江苏文艺出版社 1997 年版。

43. 钱穆:《中国文学论丛》,三联书店 2002 年版。

44. 许全兴等:《中国现代哲学史》,北京大学出版社 1992 年版。

45. 李大钊:《李大钊文集》(上),人民出版社 1984 年版。

46. 王富仁:《灵魂的挣扎》,时代文艺出版社 1993 年版。

47. 黄侯兴:《"青春型"诗人——郭沫若》,山东人民出版社 1994 年版。

48. 沈小榆:《失落的文明:印加》,华东师范大学出版社 2001 年版。

49. 陈恒:《失落的文明:古希腊》,华东师范大学出版社 2001 年版。

50. 杨伯峻:《论语译注》,中华书局 1980 年版。

51. 秦永洲:《中国社会风俗史》,山东人民出版社 2000 年版。

52. 许晖:《"六十年代"气质》,中央编译出版社 2001 年版。

53. 方克强:《文学人类学批评》,上海社会科学院出版社 1992 年版。

54. 朱狄:《原始文化研究》,三联书店 1988 年版。

55. 梅子涵等:《中国儿童文学 5 人谈》,新蕾出版社 2001 年版。

56. 田仲济、孙昌熙:《中国现代小说史》,山东文艺出版社 1984 年版。

57. 李泽厚:《论语今读》,安徽文艺出版社 1998 年版。

58. 欧阳光伟:《现代哲学人类学》,辽宁人民出版社 1986 年版。

59. 陈建宪:《神祇与英雄——中国古代神话的母题》,三联书店 1994 年版。

60. 刘小枫:《儒家革命精神源流考》,三联书店 2000 年版。

61. 谢选骏:《神话与民族精神》,山东文艺出版社 1986 年版。

62. 刘长林:《中国人生哲学的重建》,华东师范大学出版社 2001 年版。

63. 张宝明:《自由神话的终结》,三联书店 2002 年版。

64. 周国平:《尼采:在世纪的转折点上》,上海人民出版社 1986 年版。

65. 王元明:《人性的探索》,南开大学出版社 1993 年版。

66. 陈建宪:《神话解读——母题分析方法探索》,湖北教育出版社 1997 年版。

67. 蔡翔:《一个理想主义者的精神漫游》,浙江文艺出版社 1987 年版。

68. 徐大同:《二十世纪西方政治思想》,天津人民出版社 1991 年版。

69. 张伟:《"多余人"论纲——一种世界性文学现象探讨》,东方出版社 1998 年版。

70. 许子东:《郁达夫新论》,浙江文艺出版社 1985 年版。

71. 王同坤:《百年中国文学的主题话语》,香港华夏文化出版社 1999 年版。

72. 戴光中:《赵树理传》,北京十月文艺出版社 1987 年版。

73. 阎月君等:《朦胧诗选》,春风文艺出版社 1985 年版。

74. 黄仕忠:《婚变、道德与文学》,人民文学出版社 2000 年版。

75. 王伟、高玉兰:《性伦理学》,人民出版社1992年版。

76. 林毓生:《热烈与冷静》(朱学勤编),上海文艺出版社1998年版。

77. 杜维明:《一阳来复》,上海文艺出版社1997年版。

78. 李亦园:《人类的视野》,上海文艺出版社1996年版。

79. 钱穆:《论语新解》,三联书店2002年版。

80. [德]马克思:《1844年经济学—哲学手稿》,人民出版社1979年版。

81. [法]帕斯卡尔:《思想录》,何兆武译,商务印书馆1995年版。

82. [德]兰德曼:《哲学人类学》,张乐天译,上海译文出版社1988年版。

83. [保]瓦西列夫:《情爱论》,赵永穆等译,三联书店1986年版。

84. [古希腊]柏拉图:《理想国》,郭斌和、张竹明译,商务印书馆1986年版。

85. [美]周策纵:《五四运动史》,岳麓书社1999年版。

86. [奥]弗洛伊德:《弗洛伊德后期著作选》,林尘等译,上海译文出版社1986年版。

87. [美]胡克:《历史中的英雄》,王清彬等译,上海人民出版社1964年版。

88. [法]米歇尔·福柯:《疯癫与文明》,刘北成、杨远婴译,三联书店2003年版。

89. [法]卢梭:《社会契约论》,何兆武译,商务印书馆1982年版。

90. [德]恩斯特·卡西尔:《人论》,上海译文出版社1985年版。

91. [美]玛格丽特·米德:《代沟》,光明日报出版社1988年版。

92. [德]康德:《历史理性批判文集》,何兆武译,商务印书馆1990年版。

93. [法]萨特:《辩证理性批判》,商务印书馆1963年版。

94. [英]塔里克·阿里,苏珊·沃特金斯:《1968年:反叛的年代》,范昌龙等译,山东画报出版社2003年版。

95.[美]夏志清:《中国现代小说史》,复旦大学出版社2005年版。

96.[英]汤因比:《历史研究》,上海人民出版社1964年版。

97.[苏]鲍·季·格里戈里扬:《关于人的本质的哲学》,三联书店1984年版。

98.[美]考夫曼:《存在主义哲学》,商务印书馆1963年版。

99.[美]伊恩·P·瓦特:《小说的兴起》,三联书店1992年版。

100.[美]马斯洛:《动机与人格》,华夏出版社1987年版。

101.[美]房龙:《圣经的故事》(插图珍藏本),陕西师范大学出版社2002年版。

102.[日]池田大作:《我的人学》,北京大学出版社1992年版。

103.[美]威廉·贝内特:《美德书》,何吉贤等译,中央编译出版社2002年版。

104.[加拿大]诺思罗普·弗莱:《批评的剖析》,百花文艺出版社1998年版。

105.[美]威廉·奥格本:《社会变迁——关于文化和先天的本质》,浙江人民出版社1989年版。

106.[苏]伊·谢·科恩:《自我论》,佟景韩译,三联书店1986年版。

107.[美]多萝西·罗吉斯:《当代青年心理学》,张进辅等译,湖南人民出版社1988年版。

108.[美]玛格丽特·米德:《萨摩亚人的成年》,浙江人民出版社1988年版。

109.[美]马尔库塞:《爱欲与文明》,上海译文出版社1987年版。

110.[俄]赫尔岑:《赫尔岑论文学》,辛未艾译,上海译文出版社1989年版。

111.［德］利奇德:《古希腊风化史》,杜之、常鸣译,辽宁教育出版社 2000 年版。

112.［美］弗洛姆:《理性的挣扎》,台北志文出版社 1975 年版。

113.［美］罗洛梅:《爱与意志》,蔡伸章译,甘肃人民出版社 1987 年版。

后 记

2000年我考取苏州大学博士研究生，导师为上海师范大学的王纪人先生。几乎三年的读书时光都是在上师大校园里度过的，居住三年之久的“东九126”宿舍也成为我生命中永久的记忆。2001年秋季的一天，学友WHOOPS和子清之间的一次讨论碰撞出这样一个题目：百年中国文学的青春档案。经过导师的认可，《百年青春档案——20世纪中国小说中的青春主题研究》便成为我的博士论文题目。从此，我与20世纪中国文学的青春主题研究结下不解之缘。2005年2月，在博士论文基础上形成的专著《百年青春档案——20世纪中国小说中的青春主题研究》由中国社会科学出版社出版。2006年4月，我进入上海师范大学中国语言文学博士后流动站，继续对20世纪中国文学中的青春主题进行深入研究。

百年中国文学青春主题的文化阐释是一项复杂而艰巨的系统工程，既需要文学理论的宏观指导，又需要基本概念的界定和研究方法的选取，同时更需要扎扎实实的史料搜集工作，这个宽广而丰富的研究领域，对我来说既具有挑战性又富有吸引力，几年来，我带着浓厚的兴趣和极大的热情在这个领域里埋头耕耘，坚持不懈。本书是我有关青春主题研究方面的第二本专著，一方面作为我在上师大博士后流动站的出站报告，另一方面又作为“山东省社会科学规划研究项目文丛·重点项目”和“山东省教育厅科研基金资助项目"这两项研究课题的结题著作,本书对我的学业进修和研究工作具有举足轻重的作用和意义。我在写作过程中自然付出不少精力和心血,其中酸、甜、苦、辣种种况味无所不包,这倒不必在此赘述——因为,当一个农夫收获劳动成果的时候,那种丰收的喜悦和对未来的展望已经远远胜过对往日辛勤劳作的沉重记忆。需要提及的是,长期以来,我的学业和研究工作承蒙聊城大学、山东师范大学、上海师范大学和苏州大学许多学界长辈的殷切关怀和同仁学友的热情鼓励,恕我不一一列出名字,谨在此向他们致以由衷的谢忱。

关于20世纪中国青春文学史研究,要说的一些内容笔者已在本书中说出;未说的、遗漏的内容当然还有很多,这将在我的下一本书里继续言说;说错的、写错的地方在所难免,恳请各位方家批评指正,笔者将虚心领教并衷心感谢。

在此特意和读者朋友分享一篇散文诗——《青春》:

青春不是年华,而是心境;青春不是桃面、丹唇、柔膝,而是深沉的意志,恢宏的想象,炙热的恋情;青春是生命的深泉在涌流。

青春气贯长虹,勇锐盖过怯弱,进取压倒苟安。如此锐气,二十后生而有之,六旬男子则更多见。年岁有加,并非垂老,理想丢弃,方堕暮年。岁月悠悠,衰微只及肌肤;热忱抛却,颓废必致灵魂。忧烦,惶恐,丧失自信,定使心灵扭曲,意气如灰。无论年届花甲,拟或二八芳龄,心中皆有生命之欢乐,奇迹之诱惑,孩童般天真久盛不衰。人人心中皆有一台天线,只要你从天上人间接受美好、希望、欢乐、勇气和力量的信号,你就青春永驻,风华常存。

一旦天线下降,锐气便被冰雪覆盖,玩世不恭、自暴自弃油然而生,即使年方二十,实已垂垂老矣;然则只要树起天线,捕捉乐观信号,你就有望在八十高龄告别尘寰时仍觉年轻。

这首散文诗的作者塞缪尔·厄尔曼(1840~1924)出生在德国一个犹太人家庭,后随父母举家移民美国,《青春》写于厄尔曼的古稀之年。散文诗《青春》深得美国将军麦克阿瑟的喜爱,他在日本担任占领军盟军最高司令期间,曾将该诗的一个版本抄录下来,挂在其东京司令部办公室的墙壁上自咏自励,还在演说中时常援引诗文中的华章警句。由于麦克阿瑟在日本政要中的卓越影响力,很快就使得该诗风靡全日本,成为日本全民上下重建国家、重塑民生的精神动力。

塞缪尔·厄尔曼的散文诗强调了青春的心理内容和精神品格。近年来,这首散文诗也流传到中国一些城市和地区,引起一些中国读者对青春的思索与共鸣。我在本书后记中推荐、介绍《青春》,是因为这首散文诗所传达的青春精神同本书希望传达的精神内容具有相同之处。不言而喻,21世纪的中华民族需要青春人格、青春理想和青春精神;而重塑民族性格,很重要的一面就是使我们的国民性格活泼一些,青春一些,健朗一些。祈愿我们的民族更加青春,也祝愿看过此书的读者诸君在精神上永葆青春!

上海师范大学中国语言文学博士后流动站的王纪人先生、孙逊先生、郑克鲁先生、孙景尧先生、曹旭先生、李时人先生在开题报告和中期检查工作中曾给书稿提出宝贵的指导意见,导师王纪人先生更是悉心指导并惠赐佳序,特此鸣谢。

聊城大学的领导和科研处的同志一直关注此书的出版,聊城大学文学院院长石兴泽先生百忙中审阅了书稿,并为出版事宜费心奔波,本书付梓之际,谨表谢意。

2007年国庆节谨识于聊城大学

图书在版编目（CIP）数据

二十世纪中国青春文学史研究——百年文学青春主题的文化阐释/刘广涛著. —济南：齐鲁书社，2007. 12

（二十世纪中国文学回顾与反思书系）

ISBN 978－7－5333－1952－6

Ⅰ. 二... Ⅱ. 刘... Ⅲ. 文学史—研究—中国—二十世纪 Ⅳ. I209. 6

中国版本图书馆 CIP 数据核字(2007)第 197881 号

二十世纪中国文学回顾与反思书系

二十世纪中国青春文学史研究

——百年文学青春主题的文化阐释

刘广涛 著

出　　版	齊魯書社
社　　址	济南经九路胜利大街 39 号
邮　　编	250001
网　　址	www. qlss. com. cn
电子信箱	qlss@ sdpress. com. cn
印　　刷	山东新华印刷厂潍坊厂
开　　本	880×1230　32 开
印　　张	10. 375
插　　页	2
字　　数	270 千
版　　次	2007 年 12 月第 1 版
印　　次	2007 年 12 月第 1 次印刷
标准书号	ISBN 978－7－5333－1952－6
定　　价	25. 00 元